Research on the Practice of Financial Asset Management Company

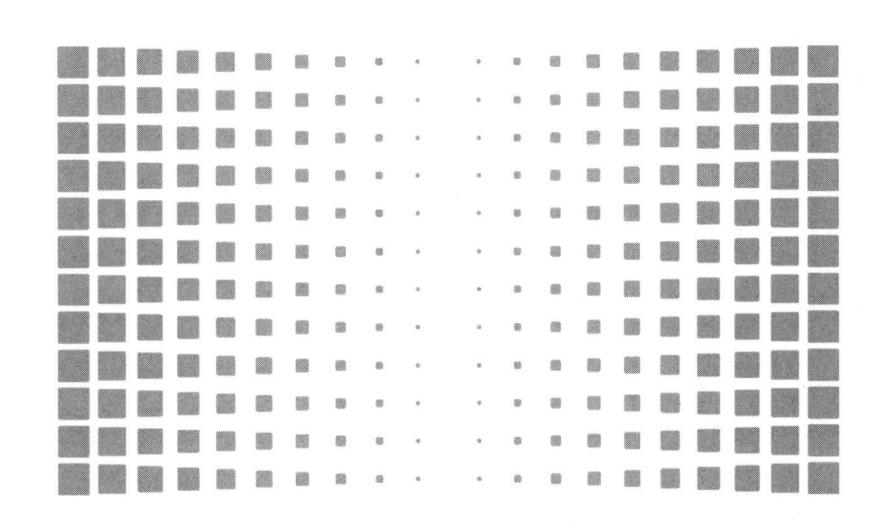

# 金融资产管理公司实务研究

王元凯 李 嵘 / 编著

中国财经出版传媒集团
经济科学出版社
Economic Science Press

## 图书在版编目（CIP）数据

金融资产管理公司实务研究/王元凯，李嵘编著．
—北京：经济科学出版社，2020.6
ISBN 978 – 7 – 5218 – 1470 – 5

Ⅰ.①金⋯　Ⅱ.①王⋯②李⋯　Ⅲ.①金融公司–
管理–研究–中国　Ⅳ.①F832.3

中国版本图书馆 CIP 数据核字（2020）第 060192 号

责任编辑：宋艳波
责任校对：李　建
责任印制：李　鹏　范　艳

### 金融资产管理公司实务研究

王元凯　李　嵘　编著
经济科学出版社出版、发行　新华书店经销
社址：北京市海淀区阜成路甲 28 号　邮编：100142
总编部电话：010 – 88191217　发行部电话：010 – 88191522
网址：www.esp.com.cn
电子邮件：esp@esp.com.cn
天猫网店：经济科学出版社旗舰店
网址：http://jjkxcbs.tmall.com
北京季蜂印刷有限公司印装
710×1000　16 开　20.25 印张　260000 字
2020 年 7 月第 1 版　2020 年 7 月第 1 次印刷
ISBN 978 – 7 – 5218 – 1470 – 5　定价：68.00 元
（图书出现印装问题，本社负责调换。电话：010 – 88191510）
（版权所有　侵权必究　打击盗版　举报热线：010 – 88191661
　QQ：2242791300　营销中心电话：010 – 88191537
　　　　　电子邮箱：dbts@esp.com.cn）

# 前　言

2019年2月22日下午，中共中央政治局就完善金融服务、防范金融风险举行第十三次集体学习。中共中央总书记习近平在主持学习时强调，要深化对国际国内金融形势的认识，正确把握金融本质，深化金融供给侧结构性改革，平衡好稳增长和防风险的关系，精准有效处置重点领域风险，深化金融改革开放，增强金融服务实体经济能力，坚决打好防范化解包括金融风险在内的重大风险攻坚战，推动我国金融业健康发展。这为中国的金融资产管理公司指明了发展方向，要充分发挥金融资产管理公司化解风险的独特功能，提高金融资产管理公司实务经营水平。

1999年，中国华融、中国长城、中国东方、中国信达四家金融资产管理公司应运而生，为化解金融风险、促进国有银行和国有企业改革发展发挥了重要作用。到2016年，这四家国家级的金融资产管理公司先后完成了政策性收购处置任务、商业化发展转型和股份制公司改革，部分资产公司实现了公开上市，取得了一系列成绩。与其同时，以收购处置不良资产为主业的地方资产管理公司在全国各地相继设立发展，商业银行发起设立的金融资产投资公司积极介入不良资产业务，海外资本、社会资本也不断涌入到不良资产领域。时到今日，围绕不良资产，已经形成了尽调、收购、管理、处置、重组等业务链条，聚集了金融资产管理公司、地方资产管理公司、金融资产投资公司、外资及社会资本主导的资产管理公司、律师事务所、资产评估所、会计事务所等各类组织。

  但是,近年来不良资产领域也出现了一些问题,发生了重大案件。对于经营不良资产业务的金融机构而言,迫切需要更好地完善自身,在更好的经营实践中进一步发挥化解风险的独特功能。实务经营与功能作用是互为关联的,化解风险的功能作用为金融资产管理公司的实务经营提供了方向,高水平的实务经营使金融资产管理公司的功能作用得以更好发挥。为此,在金融系统从业多年的李嵘先生、王元凯博士,从金融资产管理公司的业务、经营、管理、制度等角度,精心组织数篇文章,科学设计全书框架结构,形成了以提高实务经营水平促进金融资产管理公司发挥功能作用的文集。此书的出版问世,离不开李嵘先生的精心修订、科学指导及有关单位支持。希望读者可以从本书中更加了解金融资产管理公司和不良资产业务,增强金融服务能力,更好地服务实体经济。

# 目 录

## 第一部分　AMC 金融功能定位

国有资产管理公司金融功能的国际比较 …………………………………… 3
金融资产管理公司的金融中介本质 ………………………………………… 17
金融资产管理公司的首位功能是化解金融风险 …………………………… 26
中国金融资产管理公司不同时期的功能定位及其演变 …………………… 34
金融资产管理公司的功能与控股股东问题探论 …………………………… 41

## 第二部分　AMC 业务经营发展

金融资产管理公司处置不良资产的国际比较 ……………………………… 63
金融资产管理公司化解内生不良房地产项目 ……………………………… 74
金融资产管理公司开展投贷联动业务设想 ………………………………… 81
AMC 银行子公司开展投贷联动业务探析 …………………………………… 87
AMC 集团内金融产品的交叉销售探论 ……………………………………… 94
AMC 服务"问题企业"的协同对策探析 ………………………………… 101
AMC 盘活大型债务违约企业的投资投行对策探析 ……………………… 111
AMC 服务"问题国有企业"的金融探析 ………………………………… 118
比较研究 AMC 与银行的市场化债转股业务 ……………………………… 124

债转股的关键定价及最优投资模式……………………………… 130
市场化债转股的实施难点及改进措施……………………………… 134
AMC 如何加快发展分公司业务
　　——以 BJ 分公司为例 …………………………………………… 138

## 第三部分　AMC 内外科学管理

金融资产管理公司的业务分类与团队建设………………………… 149
金融资产管理公司的资产配置与业务发展………………………… 155
金融资产管理公司的资金与资产匹配……………………………… 161
金融资产管理公司行政管理机制探析……………………………… 168
金融资产管理公司如何对接地方政府资源………………………… 176
资产管理行业变化及 AMC 的应对 ………………………………… 183

## 第四部分　AMC 改革发展研究

金融资产管理公司支持"一带一路"建设探析…………………… 193
央行支持 AMC 融资的路径探析 …………………………………… 202
AMC 服务经济高质量发展探析 …………………………………… 214
地方资产管理公司需要打好"三张牌"…………………………… 223
法律金融学视角下的《金融资产管理公司条例》研究…………… 231

## 附录　现行关于金融资产管理的相关政策条例

附录一：金融资产管理公司条例…………………………………… 247
附录二：中国银监会、财政部、中国人民银行、中国证监会、中国保监会
　　　　关于印发《金融资产管理公司监管办法》的通知 ……… 253
附录三：中国银监会、国土资源部关于金融资产管理公司等机构业务经营
　　　　中不动产抵押权登记若干问题的通知………………………… 294
附录四：金融资产管理公司资本管理办法（试行）……………… 296

# 第一部分
# AMC 金融功能定位

# 国有资产管理公司金融功能的国际比较[*]

2013年韩国资产管理公司与其他5家资产管理公司共同发起成立了国有资产管理公司,说明资产管理公司在国际金融体系中愈加重要。20世纪70年代以来,为应对金融危机,解决巨额不良资产,美国、日本、韩国、中国等国先后都成立了资产管理公司。历史表明,这些资产管理公司在处置不良资产、救助问题金融机构和企业、防范和化解系统性金融风险等方面取得了显著成绩。但是,这些资产管理公司实际发挥的金融功能存在显著的差异。从国内看,在2007年商业化转型之后,中国华融、中国长城、中国东方、中国信达四家国有资产管理公司的金融功能发生了变化,地方资产管理公司不断扩容,也需要进一步探索完善其金融功能。为了更好地发挥资产管理公司的金融功能,服务金融经济发展,作者回顾了国际资产管理公司的主要金融功能,进行比较并发掘其内在差异,为国内资产管理公司的改革发展提供建议。

## 一、国际资产管理公司金融功能研究

1. 美国资产管理公司在金融体系中的功能

20世纪70年代以后,由于两次石油危机,加上美国联邦储备系统(以

---

[*] 原文发表于《新金融》2015年第3期。

下简称"美联储")为应对通货膨胀而不断提高基准利率,改变了美国银行业的经营环境,引发美国大量的储贷机构陷入危机。据悉,1988年美国监管机构关闭了185家储贷机构。为此,美国决定动用财政资金解决储贷机构危机,美国重组信托公司(RTC)于1989年应运而生,并成为处置商业银行不良资产的历史典范。从1989年成立到1995年解散,美国重组信托公司成绩斐然,处理了问题储贷机构747家,处置了问题资产总值达4025亿美元,这些资产大约占1989年储贷机构总资产的23.2%,占整个银行及储贷机构总资产的8.5%,资产回收率近40%。

次贷危机爆发后,美国政府推出了一项7000亿美元的不良资产救助计划(Troubled Asset Relief Program,TARP),2009年3月23日盖特纳针对TARP进行改进,提出了"盖特纳计划",即"公私合营投资计划(Public-Private Investment Program,PPIP)"。在PPIP中,美国财政部与投资者按照50%比例出资共同组建公私投资基金(Public-Private Investment Fund,PPIF)收购银行、保险公司、各类基金等金融机构的不良贷款,成为美国处置不良贷款的新型组织。

从成立背景到运作成效看,美国重组信托公司及后来的PPIF,在金融体系中发挥了重要的金融功能。一是具有金融机构处置功能。美国重组信托公司的核心成员来自联邦存款保险公司和政府机构,其对问题金融机构主要是采用接管—处置,或者是快速处置等手段。在处理的747家储贷机构中,重组信托公司采用收购与承接的方式处置了497家机构,采用快速处置方式的有39家。二是具有系统性风险处置功能。重组信托公司的诞生离不开美国联邦存款保险公司,其核心人员主要来自该存款保险公司。重组信托公司成立的目标就是要降低对金融市场体系的冲击,通过处置问题金融机构,降低信贷市场的信用风险,防止信用风险的快速传递,防范银行业风险及其引发的系统性金融风险,维护金融市场体系的稳定。三是具有一定的存量资产盘活功能。在处置问题资产方面，重组信托公司具有多种创新，不仅包括资产出售，还包括存量资产的经营。重组信托公司运用股权合伙企业处置资产，将从问题金融机构获得的金融资产，出售给重组信托公司与私人投资者组建的新的合伙企业，为新成立的合伙企业安排融资，对其出售的资产享有股息，私人投资者作为普通合伙人行驶合伙资产的经营权。四是不良资产的快速出售功能。美国重组信托公司及后来的公私合营投资计划，主要承担了不良贷款的快速出售功能。尤其是次贷危机爆发后，为了加快销售不良贷款，出现了 PPIF 等新型组织。

2. 日本资产管理公司在金融体系中的功能

20 世纪 90 年代，日本经济泡沫破灭后，银行业显现的和隐形的不良资产非常普遍。1995 年日本整个金融体系不良债权资产激增到 45 万亿日元，并且在随后的亚洲金融危机中出现了大量金融机构倒闭。为解决不良资产问题，日本陆续成立多家金融资产管理公司。1996 年日本分别成立住宅金融债权管理公司和整理回收银行，前者管理和处置 7 家金融专业公司的债权，后者作为破产信用组合的常设收购机构。1999 年住宅金融债权管理公司和整理回收银行合并为整理回收机构，并由日本存款保险公司全额出资。为了帮助问题实体企业继续发展，日本存款保险公司还在 2003 年设立产业再生机构，在美国次贷危机后成立企业再生支援机构。

为应对银行业不良资产，促进金融体系再生和产业再生，日本成立的资产管理公司包括整理回收机构、产业及企业再生机构，在金融体系中发挥了重要功能。一是处置救助金融机构。日本整理回收机构从住宅金融债权管理公司承接了 7 家住宅金融专业公司的债权，累计收购了 173 家倒闭金融机构。根据存款保险公司及相关法律要求，整理回收机构通过购买金融机构股份（购买对象包括地方银行和政策性银行，购买股份包括金融机构的优先股），以提高金融机构的资本充足率，促进金融机构健康。二是处置系统性风险功能。日本资产管理公司通过收购有问题的金融机构和不良资产，隔离银行业风险的传染；通过清理处置倒闭金融机构和不良资产，尽快处置风险；通过产业及企业再生机构，促进银行业和实体产业的良性互动。在日本20世纪90年代经济泡沫破灭及次贷危机之后，整理回收机构收购均发挥了处置系统性风险的功能，主要是收购住宅金融专业公司资产、倒闭金融机构和健康金融机构的不良资产，并且参与了实体企业的再生。三是大量盘活存量资产和促进企业再生功能。整理回收机构收购从2002年重点转向企业再生，截至2010年3月末共参与了630家企业的再生。产业再生机构通过与银行、企业一起努力，共同推进产业和企业的再生，提高产业竞争力。企业再生支援机构，称为地方版的产业再生机构，主要是支持具有技术和经营资源的陷入债务困境的地方中小骨干企业。日本资产管理公司通过将处置不良资产与促进产业再生相结合，盘活了大量存量资产，使一批企业重新获得生机，改善了金融体系。

3. 韩国资产管理公司在金融体系中的功能

亚洲金融危机爆发后，为迅速摆脱危机影响，韩国成立了资产管理公司，通过剥离不良资产，救助问题金融机构。韩国资产管理公司的业务范围是管理和运营"不良资产整理基金"，收购和处置金融机构的不良贷款，重组陷入困境的企业，管理和处置政府财产及投资国际不良资产等。韩国资产管理公司由韩国产业银行的附属机构——成业公社转变而来，并作为永久性的不良资产处置机构。在2008年末，全球金融危机爆发的时候，韩国资产管理公司也再次全面介入韩国不良资产市场。

韩国资产管理公司成立的首要目的是帮助银行和国家化解金融风险，发挥了重要的金融功能，成为亚洲地区资产管理公司成功转型的代表机构。一是收购处置不良资产，维护金融稳定功能。截至2004年末，韩国资产管理公司完成处置政策性不良资产近518亿美元,回收242亿美元,有助于商业银行剥离不良资产,促进金融机构健康运行。在2008年次贷危机爆发后,韩国资产管理公司回收巨额不良资产,为韩国抵御全球金融危机做出了重要贡献,促进了韩国金融体系的健康发展。二是创新处置方式,促进企业再生功能。韩国资产管理公司除了直接现金清收以外,还主要通过资产重组、项目合资、企业重组等手段,盘活存量的债权资产,促进韩国企业和产业的健康发展。2001年末,韩国资产管理公司运营的"不良资产整理基金"规模达到166亿美元,不仅实现了盈利,也通过资产重组、企业重组、项目合作、再融资等方式,促进了一批实体企业再生。

## 二、中国资产管理公司金融功能研究

20世纪末,亚洲金融危机对中国经济造成了冲击,导致银行业不良贷款率较高,金融体系变得越加脆弱。为应对亚洲金融危机冲击,化解国有银行不良资产带来的风险,在借鉴国际处置不良资产经验的基础上,中国华融、中国长城、中国东方、中国信达四家金融资产管理公司[①]于1999年应运而生,专门处置工、农、中、建等国有银行剥离的不良资产。

自成立以来,中国的金融资产管理公司总体上经历了三个大的发展阶段。第一阶段是从1999年成立到2006年底的政策性资产处置阶段;第二阶段是2007年以来AMC的转型发展阶段;第三阶段是2014年成立了10家地方资产管理公司。从1999年成立至今,不管是政策性资产处置时期,还是商业化转型发展时期,四家大型金融资产管理公司及10家地方资产管理公司都始终以不良资产收购处置为主要业务,总体上形成了两大金融功能:一是

---

① 金融资产管理公司(Asset Management Corporation,AMC),是指我国1999年成立的中国华融资产管理公司、中国长城资产管理公司、中国东方资产管理公司、中国信达资产管理公司(简称:华融公司、长城公司、东方公司、信达公司)。

防范和化解风险的金融稳定器功能；二是越发重要的存量资产盘活功能。

1. 政策性资产处置时期的金融功能

在1999年成立到2006年底的政策性资产处置阶段，根据《金融资产管理公司条例》，四家金融资产管理公司成立的主要目的是接收和处置国有银行政策性剥离的巨额不良资产，主要经营目标是最大限度保全资产、减少损失。有关数据表明，1999年四家AMC按面值接收了四家国有商业银行和国家开发银行剥离的政策性不良资产约1.43万亿元。到2006年末，四家AMC已经圆满完成国家赋予的政策性资产处置任务。

在第一阶段，金融资产管理公司主要功能是防范和化解金融风险，成为经济金融体系的稳定器、防火墙和救火队。一是具有逆周期金融功能。亚洲金融危机爆发后，在经济下行阶段，四家AMC大量收购处置商业银行的不良资产，帮助金融机构恢复流动性，在后面的经济上行阶段，伴随着经济恢复和资产价格上升，出售并实现资产价值。二是处置系统性金融风险功能。四家AMC在较短时间内完成收购国有银行的巨额不良资产，有效隔离了不良资产的风险传染，降低了商业银行的不良率，促进金融机构健康发展，有效化解了金融系统性风险。三是金融救助和重整功能。四家AMC先后托管重组了汉唐证券、辽宁证券、浙江信托、新疆金融租赁等一系列问题金融机构，以及"德隆系"等问题企业，通过投资银行、并购重组等手段，有效地化解全局性和局部性风险。

2. 商业化转型时期的新金融功能

在2007年以来AMC的转型发展阶段，四家AMC在完成政策性资产处置任务后并没有解散，而是迈上了商业化转型发展之路。2007年以来，AMC商业化转型发展成果显著，信达公司已经于2013年12月在香港公开发行股票并上市，华融公司已经完成了股改和引进战略投资者工作，长城公司和东方公司也在积极筹备股改工作。与其同时，2014年10家地方版本的金融资产管理公司获批设立，进一步扩大了不良资产市场的参与主体，改变了金融资产管理行业的竞争发展结构。

随着内外环境的改变，AMC在2007年以来的商业化转型发展中发挥的金融功能也出现了新的变化。在不良资产市场化发展的过程中，金融资产管理公司的存量资产盘活功能越发显得重要。一是具备强大的存量资产盘活功能。在金融不良领域，AMC通过收购不良资产，改善存量的金融机构的不良率，提高其流动资产，改进其资本充足率，化解潜在的金融机构风险。并且，通过并购重组等手段，重整问题金融机构，调整金融子行业的产业组织结构及效率。在非金融不良领域，AMC通过收购不良的应收账款等资产，利用债务重组、资产重组等方式进行处置，提高实体企业的资金来源。同时，创新资产处置方式，通过债转股等方式，扶持并发展实体产业和企业。在盘活存量资产的同时，AMC逐步成为资产管理行业的探索者，并形成金融控股公司形式，开展多元化金融服务。二是依然具有防范和化解金融风险功能。不管是政策性时期，还是商业化转型时期，金融资产管理公司始终坚持从事逆周期的不良资产收购处置为主业，是不良资产市场的主要参与者，继续对金融机构和实体企业发挥着重要的风险化解和产业再生作用，依然起到了金融稳定器功能。

3. 地方资产管理公司的金融功能

为解决地方不良资产，2014年成立了10家地方资产管理公司。地方资产管理公司是指各省（自治区、直辖市）人民政府依法设立或授权的资产管理或经营公司。根据2012年初财政部、银监会联合下发的《金融企业不良资产批量转让管理办法》和2013年11月28日银监会的《关于地方资产管理公司开展金融企业不良资产批量收购处置业务资质认可条件等有关问题的通知》，允许各省份原则上只可设立或授权一家地方资产管理公司，参与本省范围内金融企业不良资产批量转让工作、收购和处置业务。2014年7月末，中国银监会正式公布了首批可开展金融不良资产批量收购业务的地方资产管理公司，包括江苏、浙江、安徽、广东、上海五地；11月底地方资产管理公司再次扩容，北京、天津、重庆、福建和辽宁五地获得银监会批复并允许设立资产管理公司参与本省（市）范围内不良资产批量转让工作。

虽然新近成立的10家地方资产管理公司尚处在起步阶段，未披露太多运营及监管信息，但是其即将发挥的金融功能不可忽视。一是处置地方不良资产，维护地方银行业稳定。中国经济进入新常态之后，长三角、珠三角等地区不良贷款相续爆发，地方资产管理公司有助于处理新发生的不良信贷。目前，中国金融体系是以银行业金融机构为主，地方资产管理公司的成立有助于改善城商行、农商行等地方金融机构的资产结构和资本充足状况，有利于维护地方法人银行业金融机构的稳定发展。二是救助地方问题企业。地方资产管理公司对购入的不良资产，应当采取债务重组的方式进行处置，不得对外转让。地方资产管理公司通过合资合作等方式具备不良资产处置技术和能力，对地方问题企业具有信息优势，有助于救助地方问题企业。三是防范和化解地方金融风险。中国经济增速从高速换挡到中高速，经济结构转型调整，伴随企业债务率高，银行不良贷款率提高，地方融资平台债务风险加大，这些加重了部分地区的金融风险。地方资产管理公司对地方债务风险具有缓释功能，有利于解决地方企业债务、地方政府债务及地方金融机构不良资产等局部性金融风险。

### 三、资产管理公司金融功能的比较结论

20世纪70年代以来，为应对经济金融危机，无论是发达国家，还是新兴市场国家，都成立了资产管理公司来解决大量的不良资产。但是，由于

金融体系、产业结构、企业状况及经济制度等存在差异，各个国家资产管理公司的金融功能也存在差别。

第一，成立资产管理公司，发挥防范和化解金融风险功能，是国际通行做法。1989年美国开创性地成立重组信托公司，取得了商业银行不良资产处置的良好成绩。之后，为应对金融危机、解决不良资产，瑞典、日本、韩国、泰国、中国等国都先后纷纷成立了专门的资产管理公司。在不良资产收购处置方面，美国重组信托公司处置了问题资产总值达4025亿美元，大约占1989年储贷机构总资产的23.2%；韩国资产管理公司在2004年末合计完成处置政策性不良资产近518亿美元；中国四家AMC在1999年按面值接收了国有银行政策性不良资产约1.43万亿元，地方资产管理公司专注于地方不良资产处置；日本整理回收机构、产业再生机构及企业再生支援机构也收购并处置了巨额不良资产。这些不良资产的及时收购和处置，有效地隔离了金融风险，防止金融风险通过不良资产在各个金融机构之间进行传递。美国、日本、韩国及中国等各国的资产管理公司，托管并救助了大量的金融机构，包括商业银行、证券公司、信托公司、住宅金融公司等，促进金融机构健康发展。历史实践证明，这些资产管理公司确实起到了防范和化解金融风险的功能，发挥了经济金融体系中的稳定器、防火墙及救火队的独特作用。

第二，各国资产管理公司注重发挥"存量资产盘活"功能，但存在差异。按照处置时间，可以初步将不良资产处置方式大体分为快速出售和资产盘活。美国重组信托公司主要通过联合拍卖、密封投标、批发出售、证券化等方式，采用快速出售来处置不良资产，加快回收现金，对少部分存量资产采用股权合伙企业模式处置并促进其发展。日本和韩国资产管理公司都非常注重发挥"存量资产盘活"功能，并大量实施产业和企业再生计划。为盘活陷入债务困境中的实体企业，日本专门成立了产业再生机构和企业再生支援机构，分别支持发展全国性大型企业和地方中小骨干企业，日本整理回收机构收购也从2002年重点转向企业再生。韩国资产管理公司主要通过资产重组、项目合资、企业重组等手段，盘活存量的债权资产，促进韩国企业和产业再发展。同时，韩国还成立"不良资产整理基金"，通过资产重组、企业重组、项目合作、再融资等方式，促进了一批实体企业再生发展。2007年商业化转型发展以来，中国金融资产管理公司越来越注重存量资产盘活功能，通过债转股、并购重组、债务重组等投资银行手段，其中地方资产管理公司通过债务重组，促进了大量的问题企业获得再发展。

第三，国家控制金融资产管理公司具有普遍性，有利于发挥其金融功能。世界各国资产管理公司的成立，主要是应对金融风险，具有一定的外部性，采用国家控制方式是普遍的做法。美国财政部在重组信托公司整个运作过程中，发挥了国家信用背书的重要作用，并提供1051亿美元作为损失基金，占到当时重整资产总额的近1/4。重组信托公司是从联邦保险公司分立出来的，实际上是由联邦存款保险公司和美国财政部共同控制。日本整理回收机构和产生再生机构是由日本存款保险公司全额出资，企业再生支援机构被日本存款保险公司绝对控股。韩国资产管理公司的前身是韩国产业开发银行的一个附属机构，在1999年更名时的股权结构中，政府投资占40%以上，产业银行占近27%，其他银行占31%左右，由于产业银行的政策性质，其实质上是由国家控制。中国四家AMC在成立时都是由财政部全额出资，在2007年商业化转型发展之后，中国信达公司和中国华融公司均完成了股份制改革，依然是财政部绝对控股，中国长城公司和中国东方公司在积极筹备股改，目前依然是财政部全额出资。地方资产管理公司在引入民营资本的同时，依然由地方政府控制。从世界各国实践看，各国对资产管理公司的控股控制，有利于资产管理公司发挥其独特的金融功能，为防范和化解金融风险提供保障。

第四，金融资产管理公司的存续及功能发挥，受到各国的经济金融体系影响。中国、美国、日本、韩国等国的资产管理公司的存续情况，存在差异。美国重组信托公司成立于1989年，到1995年解散，但是培育了美国不良资产市场。日本产业再生机构2003年成立，于2007年3月解散，但是在次贷危机爆发后，日本成立了企业再生支援机构，存续期为5年，说明日本资产管理公司的成立与解散与其外部的经济环境密不可分。1999年韩国资产管理公司获得更名，在2004年末宣布基本完成政策性不良资产处置计划，随后进入市场化转型发展阶段，逐步成为亚洲资产管理公司转型的典范。韩国资产管理公司是韩国政府指定的唯一一家不良资产处置机构，垄断地位为其提供了经营不良资产的有利环境。中国四家资产管理公司在2007年也走上了商业化发展转型的道路，新设立地方资产管理公司，这些与中国的金融制度和经济发展存在密切联系。纵观世界资产管理公司存续历史，各国的不良资产处置市场化程度、资产管理公司的垄断地位、债权资产或商业银行在金融体系的比重等都影响着资产管理公司的存续，进而影响资产管理公司的功能发挥。

## 四、金融资产管理公司发展的相关建议

根据国际经验，中国成立金融资产管理公司对解决不良资产，防范和化解金融风险，起到金融稳定器的功能，存在合理性。但是，随着不良资产处置市场的逐步发展，地方版资产管理公司的不断发展，中国的金融资产管理公司应该更加注重"存量资产盘活"功能。2007年以来，中国金融资产管理行业发生了新的变化，四家AMC及10家地方资产管理公司的市场化发展得到加强，中国的资产管理公司应该形成"金融稳定器功能"和"存量资产盘活功能"的双重功能。

为充分发挥资产管理公司的金融功能，继续发挥金融稳定器功能，加强发挥存量资产盘活功能，应该从国家政策、市场及机构等多个层次完善发展资产管理公司。

一是高度重视财政控股金融资产管理公司。目前，中国的金融资产管理行业由四家全国性 AMC 和 10 家地方资产管理公司组成，预计后期地方资产管理公司可能会逐步扩容。中央财政控股四家全国性 AMC，有利于发挥其强大的不良资产处置能力，有利于防范和化解系统性金融风险。地方资产管理公司基本上是地方财政控股或控制，少数是引入民营资本参与，有利于防范和化解局部性风险。从国际经验看，到期解散的美国、瑞典等国的资产管理公司在存续期内，依然是政府控制或控股；存续期到期之后转型发展的韩国资产管理公司等，不管是存续期，还是存续之后，都是采用了政府控制或控股模式。在强调市场发挥资源配置基础性作用的情况下，与重视财政控股 AMC 是不矛盾的。

二是将金融资产管理公司有效地纳入系统性金融风险防范和处置体系中。美国、日本、韩国等资产管理公司与本国的存款保险公司及财政部关系密切，是防范和化解金融风险体系中的关键环节。日本在次贷危机时期还成立了地方版的资产管理公司。借鉴这些国际经验，四家金融资产管理公司应该是防范和化解金融风险体系中的全国性机构，地方资产管理公司是地方局部性风险防范体系中的关键环节。一方面，全国性的四家 AMC 可以有效地纳入宏观审慎管理制度框架中，进一步发挥其强大的系统性风险处置能力。另一方面，地方资产管理公司可以纳入地方金融体系风险管理体系中，与地方金融管理部门及地方金融机构密切联系，发挥其地方不良资产处置能力。

三是加强和完善金融资产管理公司的不良资产处置技术，发挥其存量资产盘活功能。各国资产管理公司取得良好成绩的背后，离不开其优秀的不良资产处置技术。日本整理回收机构、产业及企业再生机构，以及韩国资产管理公司通过并购重组、再融资、基金运营等处置技术，都非常重视企业再生，注重发挥"存量资产盘活"功能。地方资产管理公司成立不久，其债务重组技术有待提高。中国的四家 AMC 处置不良资产的技术还有进步的空间，应该更加注重发挥其金融全牌照的优势，加强银行、证券、信托、基金、地产等子公司对不良资产的处置协同作用。商业化转型之后，中国积累的巨额非金融领域存量资产，也为资产管理公司提供了广阔发展空间。

四是根据金融经济环境，动态地发挥金融资产管理公司的不同金融功能。金融资产管理公司的发展受到外部环境的影响，尤其是不良资产供给，或是金融危机等。由于市场化程度高，美国重组信托公司及后来的 PPIF 主要在于快速销售不良贷款。日本在次贷危机爆发后，又设立了地方版的资产管理公司企业再生支援机构。中国在商业银行不良资产增多的情况下，新成立了 10 家地方资产管理公司。这些表明，金融资产管理公司的功能发展应该是动态调整的，在不良资产增多、金融体系风险加大的情况下，也可以适当加强四家 AMC 的金融功能，可以考虑其与其他宏观审慎政策工具的联合使用。

**参考文献**

［1］吕晓：《韩国不良资产处置经验对中国金融机构债务重组的启示》，载于《世界经济研究》2003 年第 4 期。

［2］金融资产管理公司改革和发展课题组：《我国金融资产管理公司的改革和发展》，载于《金融研究》2006 年第 4 期。

［3］张乔、杜凯华：《日本银行业不良资产处置的启示》，载于《日本问题研究》2007 年第 1 期。

［4］周小川：《金融政策对金融危机的响应——宏观审慎政策框架的形成背景、内在逻辑和主要内容》，载于《金融研究》2011年第1期。

［5］胡建忠：《充分发挥金融资产管理公司盘活存量的独特功能》，载于《金融资产管理》2014年第2期。

［6］沈晓明：《金融资产管理公司理论与实务》，中国金融出版社2014年12月版。

# 金融资产管理公司的金融中介本质*

我国金融资产管理公司成立于1999年，在化解金融风险和支持实体经济发展方面取得了巨大成绩。从成立至今，对金融资产管理公司的理论研究和实务研究成果丰富。例如，中国人民银行在《我国金融资产管理公司的改革和发展》中论述了我国金融资产管理公司的绩效、问题、挑战、国际经验，并指明商业化转型的发展方向；银监会编著的《金融资产管理公司理论与实务》更是系统地研究了金融资产管理公司的发展概况、业务发展、金融控股组织形式及监管等。与这些研究不同，本文着力回答"金融资产管理公司是什么"这一基础性问题。《新帕尔格雷夫经济学大辞典》指出，金融中介是从事经营金融资产事业的企业。根据这一思路，本文从业务变迁的角度研究金融资产管理公司的定义，以及这些定义的变迁，并试图对金融资产管理公司做出一个经济学的定义。

## 一、金融资产管理公司定义的变迁与比较

从经济学研究的角度看，金融资产管理公司还没有一个较为统一的定义。根据现在已有的理论研究及实务运行，金融资产管理公司各类定义的差异在于其经营目标、开展业务、组织形式及监督管理等。这里主要从业

---

\* 原文完成于2014年，本书对部分内容作了补充、更新。

务的角度，比较研究现行管理办法对金融资产管理公司定义的差异。

目前，不同的监管部门、不同的法律法规对金融资产管理公司做出了不太一样的定义。在2000年11月国务院颁布的《金融资产管理公司条例》第二条中，金融资产管理公司是指"经国务院决定设立的收购国有银行不良贷款，管理和处置因收购国有银行不良贷款形成的资产的国有独资非银行金融机构"。在2009年11月中国人民银行下发的关于印发《金融机构编码规范》的通知中，金融资产管理公司是指"经国务院决定设立的，收购、管理和处置金融机构、公司及其他企业（集团）不良资产，兼营金融租赁、投资银行等业务的金融机构"。在2014年8月银监会等五部委发布的《金融资产管理公司监管办法》中，认可金融资产管理公司的集团化，并指出该办法中的"集团"是指"资产公司、附属法人机构以及特殊目的实体等其他附属经济组织组成的集团"。由此可见，金融资产管理公司的定义并不是完全统一的，但是其内涵在不断地丰富（见表1）。

表1 主要法律法规对金融资产管理公司的定义及业务范围

| 法律法规 | 定义 | 业务范围 |
| --- | --- | --- |
| 2000年11月国务院颁布的《金融资产管理公司条例》 | 经国务院决定设立的收购国有银行不良贷款，管理和处置因收购国有银行不良贷款形成的资产的国有独资非银行金融机构 | 收购国有银行不良贷款，管理和处置因收购国有银行不良贷款形成的资产 |
| 2009年11月中国人民银行下发的《金融机构编码规范》 | 经国务院决定设立的，收购、管理和处置金融机构、公司及其他企业（集团）不良资产，兼营金融租赁、投资银行等业务的金融机构 | 收购、管理和处置金融机构、公司及其他企业（集团）不良资产，兼营金融租赁、投资银行等业务 |
| 2014年8月银监会等五部委发布的《金融资产管理公司监管办法》 | 资产公司、附属法人机构以及特殊目的实体等其他附属经济组织组成的集团 | 母公司业务，子公司业务 |

资料来源：作者整理。

比较上述三种典型的金融资产管理公司定义，可以发现以下一些特点。

首先，现有法律法规对金融资产管理公司定义的主要差异，在于金融资产管理公司可以开展的业务不同。《金融资产管理公司条例》规定，金融资产管理公司主要业务是收购国有银行不良贷款，管理和处置因收购国有银行不良贷款形成的资产。中国人民银行进一步扩大了金融资产管理公司的业务，主要是收购、管理和处置金融机构、公司及其他企业（集团）不良资产，兼营金融租赁、投资银行等业务。最新的《金融资产管理公司监管办法》更是从金融集团的角度，为金融资产管理公司开展业务预留巨大的空间。

其次，不同的法律法规对金融资产管理公司开展业务的对象也在逐步扩大。《金融资产管理公司条例》规定金融资产管理公司的收购业务的主要对象是国有银行，这符合我国当初成立四家国有金融资产管理公司的初始目标。1999年成立的中国华融资产管理公司、中国长城资产管理公司、中国东方资产管理公司及中国信达资产管理公司的主要业务是收购并处置国有银行的不良贷款。中国人民银行在《金融机构编码规范》中将金融资产管理公司收购业务的对象从国有银行，扩大到金融机构、公司及其他企业（集团）。《金融资产管理公司监管办法》从金融集团的角度，进一步规范扩大了金融资产管理公司集团开展的业务范围及对象。根据《金融资产管理公司监管办法》规定，金融资产管理公司集团的母公司是指资产公司总部及其分支机构，集团的附属法人机构是指资产公司控制的境内外子公司以及其他投资机构，尤其是扩大附属法人机构的业务开展对象。

最后，不同的法律法规对金融资产管理公司的组织定性存在差异。金融资产管理公司的组织形式与其业务发展有内在的密切联系。在我国四家金融资产管理公司成立及运行初期，《金融资产管理公司条例》将金融资产管理公司规定为国有独资非银行金融机构。随着中国信达资产管理公司的股份制改革成功，《金融机构编码规范》将金融资产管理公司归类为一种金融机构，与银行、证券、保险等传统金融机构的区别在于其业务不同。最新的《金融资产管理公司监管办法》将金融资产管理公司及其附属法人机构等组成的集团，作为一个整体来实施监管，从金融集团的角度来界定金融资产管理公司。

## 二、金融资产管理公司的业务变迁与比较

从现行的法律法规对金融资产管理公司的定义看，如何更好地界定金融资产管理公司主要在于把握好其业务。《新帕尔格雷夫经济学大辞典》也明确表明金融机构之间的差异在于其所经营的金融业务的不同。这里从金融资产管理公司业务发展及变迁的角度，进一步研究金融资产管理公司的内涵。

我国金融资产管理公司诞生于1999年，随着经济金融环境的变化，其业务也在不断发展。总体上，金融资产管理公司的业务发展可以划分为两个阶段，一个是政策性业务阶段，另一个是商业化业务阶段，其中后者包括商业化转型及全面商业化阶段。当初成立的四家金融资产管理公司承担的政策性业务，主要包括政策性不良资产收购和处置，和政策性债转股等业务。从1999年到2006年底，根据国家要求，四家资产公司的政策性不良资产处置基本结束。四家资产公司开展的业务没有本质差异。2007年以来，我国金融资产管理公司进入商业化转型阶段，开始探索尝试商业化业务。伴随着中国信达资产管理公司股改及上市，中国华融资产管理公司的股改及引进战略投资者，中国长城资产管理公司及中国东方资产管理公司的股改方案完成等，我国金融资产管理公司的组织架构逐步转变为金融控股集团，也逐步形成了母公司业务和子公司业务。在母公司业务方面，主要包括金融机构不良资产收购处置业务、非金融不良资产收购业务、债转股、投资与融资业务、资产管理业务等。在子公司业务方面，根据金融资产管

理公司的子公司及其他附属法人机构的业务，主要包括银行、证券、保险、租赁、信托等金融类业务，也包括房产、投资等非金融类业务。金融资产管理公司业务变迁，进一步丰富了金融资产管理公司的定义及其内涵。

为适应新的经济金融环境变化，加快推进不良资产风险化解工作，2014年银监会先后批准成立了10家地方资产管理公司。根据《金融企业不良资产批量转让管理办法》《中国银监会关于地方资产管理公司开展金融不良资产批量收购处置业务资质认可条件等有关问题的通知》等有关规定，这些地方资产管理公司可以开展的主要业务是批量收购金融企业不良资产，并对这些资产加以处置。以新设立的安徽地方资产管理公司"安徽国厚金融资产管理有限公司"为例，其主要经营业务包括不良资产收购处置、投融资、投资银行及资信评估等业务。其中，不良资产处置业务是指，收购受托经营各类金融机构及非金融机构不良资产，包括债权、股权、动产、不动产以及其他形式的资产，并通过并购重组、债转股、资产证券化、资产置换、股权投资、资本运作、引进战略投资者等多种手段，延伸资产经营价值链，为客户提供基于资产管理的多元化综合金融解决方案。与当初成立的四家金融资产管理公司比较，新近成立的10家地方资产管理公司在业务范围上有所缩小，但是主要的不良资产收购处置业务变化不大，这为深入研究金融资产管理公司定义提供新材料。

从1999年成立以来，我国金融资产管理公司取得了巨大发展，其业务发展也极大地丰富了金融资产管理公司的定义。从业务变迁的角度看，我国金融资产管理公司业务发展呈现出一些主要特点。首先，我国金融资产管理公司完成从政策性业务到商业化业务的转型。我国四家金融资产管理公司成立时期的主要业务，包括政策性处置业务和政策性债转股业务。随着外部环境的变化，2006年以后商业化转型启动之后，金融资产管理公司逐步形成了金融不良资产收购处置、非金融不良资产收购处置等各类商业性业务。其次，我国四家金融资产管理公司已经形成了金融控股集团模式下的母子公司业务。尤其是在中国信达资产管理股份公司上市之后，伴随着其他三家公司股改上市的推进，四家金融资产管理公司的子公司业务不断得到加强，包括银行、证券、保险、租赁、信托等金融类业务，也包括房产、投资等非金融类业务。最后，地方资产管理公司已经成为我国金融资产管理行业的重要成员。对深入研究金融资产管理公司定义而言，地方资产管理公司是不可忽视的因素（见表2）。

表2　　　　　　　　我国金融资产管理公司主要业务变迁

| 机构类型 | 标志性事件 | 发展阶段 | 主要业务 |
| --- | --- | --- | --- |
| 金融资产管理公司 | 1999年成立四家金融资产管理公司 | 政策性业务阶段 | 政策性不良资产收购和处置，以及政策性债转股等业务 |
| | 2007年国家启动商业化改革至今 | 商业化业务阶段 | 母公司业务（金融机构不良资产收购处置业务、非金融不良资产收购业务、债转股、投资与融资业务、资产管理业务等），子公司业务（银行、证券、保险、租赁、信托等金融类业务，也包括房产、投资等非金融类业务） |
| 地方资产管理公司 | 2014年7月 | 最新阶段 | 不良资产收购处置、投融资、投资银行及资信评估等业务 |

资料来源：作者整理。

## 三、金融资产管理公司的经济学定义

在给金融资产管理公司下定义之前，应该要好好地研究金融中介的定义及其内涵。在《新帕尔格雷夫经济学大辞典》中，金融中介是指从事经营金融资产事业的企业。从金融中介的定义看，对金融资产管理公司下定义，至少需要关注两个维度，即企业性质和从事的金融业务。

第一，现在的金融资产管理公司已经具备了企业性质。从1999年成立至今，我国当初成立的四家金融资产管理公司经历了政策性业务处置、商业化转型、全面商业化等三个阶段。在政策性业务处置阶段，四家金融资产管理公司是国家处理国有商业银行不良信贷资产的特殊财务装置（张士学，2007）。经过中国信达资产管理公司的股改、上市，中国华融资产管理公司完成股改及引进战略投资者，中国长城资产管理公司和中国东方资产管理公司的股改即将完成，这四家金融资产管理公司已经形成了较为完善的公司治理，成为真正意义上的现代企业。从金融资产管理行业看，2014年银监会先后批准成立的10家地方资产管理公司从一出生就是真正的企业。本质上，地方资产管理公司成立运行的目标在于实现企业价值，提高股东的回报率。无论从民营、国有等多元化资本，还是实际运行的业务，地方资产管理公司是市场主体。

第二，金融资产管理公司是以收购、经营不良资产为主的金融机构。首先，比较金融资产管理公司与商业银行之间的区别。商业银行是经营货币的金融机构，金融资产管理公司作为"坏账银行"是收购、经营不良资产的金融机构。从企业性质看，金融资产管理公司与商业银行都是营利性的企业，是独立的市场主体，是独立进行成本收益核算的法人企业。从业务差异看，商业银行可以吸收存款、发放贷款，金融资产管理公司主要是收购并经营不良资产。其次，现行主要法律法规规定，金融资产管理公司的主要业务是收购、经营不良资产。国务院颁布的《金融资产管理公司条例》主要规定了金融资产管理公司收购、处置国有银行的不良资产，中国人民银行下发的《金融机构编码规范》扩大了其业务范围，但是依然突出其收购、经营不良资产的主业，并且扩大了不良资产收购的范围，包括了金融机构、公司及其他企业（集团）的不良资产。2014年8月银监会等五部委发布的《金融资产管理公司监管办法》，明确了金融资产管理公司的集团监管和集团层面监管，认可并规范金融资产管理公司的母公司业务和子公司业务。最后，从资产比重、收入来源等因素看，我国四家金融资产管理公司的主要业务是收购、经营不良资产。新设立的地方资产管理公司的主要业务也是收购、经营不良资产。

第三，金融资产管理公司的子公司业务是为收购、经营不良资产主业服务的。目前，我国四家金融资产管理公司已经实现了金融控股集团的组织形式，经营多元化业务。作为金融控股集团，金融资产管理公司的母公司业务主要是收购、经营不良资产，其子公司业务包括银行、证券、保险、信托、租赁等金融类业务和房产等非金融类业务。但是，子公司业务是为了更好地服务母公司业务，是为了更好地改善收购的存量资产的质量，是为了更好地化解存量资产的金融风险。总体上看，金融资产管理公司的集团化发展是收购、经营不良资产主业的必要衍生，其子公司业务是服务于主要业务，并形成协同效应。

## 四、没有完结的定义

自1999年成立以来，我国四家金融资产管理公司始终坚持收购、经营不良资产为主营业务。2014年新设立的地方资产管理公司也是以收购、经营不良资产为主要业务。比照"金融中介是指从事经营金融资产事业的企业"，应该可以将金融资产管理公司定义为"从事经营不良资产的企业"。比照"商业银行是经营货币的金融机构"，也可以进一步将金融资产管理公司定义为"经营不良资产的金融机构"。但是，这些基本的定义是否足够描述了金融资产管理公司的本质，还有待进一步深刻的研究。

尽管现在已经明确了金融资产管理公司的企业属性和主营业务，但是其多元化业务、集团化组织和集团监管等重要因素是不可忽视的。同时，在金融市场发展、金融需求变化和金融资产管理公司主业的变迁中，当"经营不良资产业务"变得不那么重要的时候，金融资产管理公司又是什么，依然是值得思考的。

**参考文献**

［1］金融资产管理公司改革和发展课题组：《我国金融资产管理公司的改革和发展》，载于《金融研究》2006 年第 4 期。

［2］张士学：《转型时期的特殊金融安排：中国金融资产管理公司运行实践的新制度经济学分析》，经济科学出版社 2007 年 3 月版。

［3］杨德勇、李杰：《金融中介学教程》，中国人民大学出版社 2007 年 6 月版。

［4］沈晓明：《金融资产管理公司理论与实务》，中国金融出版社 2014 年 12 月版。

# 金融资产管理公司的首位功能是化解金融风险[*]

四大金融资产管理公司均成立于1999年,自成立20年来,承担了盘活不良资产、支持国企改革、化解金融风险的重任。中国信达资产管理公司于2013年12月12日在香港成功上市,成为第一家上市的金融资产管理公司。中国华融资产管理公司随后上市,东方公司和长城公司在2016年底完成了股份制改革,这些表明金融资产管理公司股份制改革和商业化转型取得了积极成果。金融资产管理公司作为一类特殊的金融中介,再次思考金融资产管理公司设立及其功能定位对金融机构改革和金融体系改革发展具有现实意义。

## 一、文献综述

纵观文献,关于金融资产管理公司功能的研究至少包括个性理论和一般性理论,前者为专门研究金融资产管理公司的功能及存在性,后者主要指金融中介存在性理论。

在金融资产管理公司理论方面,结合1999年的大背景,强调AMC的设立时期处理银行不良资产的具体功能。不良资产问题是国际银行业的难题,

---

[*] 原文完成于2014年,本书对部分内容进行了更新。

需要重视银行业重组的国际经验，立足中国银行业不良资产问题的特殊性，通过组织金融资产管理公司深化银行体制改革，金融资产管理公司成立的基本目标就是处理银行业的不良资产，具体包括促进银行改革、国有企业改革及帮助财政减轻负担。金晓、徐师范（1999）认为金融资产管理公司是在银行业出现危机时由政府设立的不以盈利为目的的金融中介，主要目标是挽救身陷危机的金融行业，具体包括注资银行业、回收不良资产价值、组织金融行业及降低社会影响等。

在金融中介存在性理论方面，金融中介功能观为分析金融资产管理公司功能定位提供新的视角。Tobin（1987）、Chant（1989）及张杰（2001）等提供了较好的金融中介理论文献综述，这里着重介绍讨论金融中介与金融市场之间动态联系的金融中介功能观理论。Merton（1995）提出金融中介的功能观并认为，金融功能比金融机构更稳定，金融体系的功能由经济体系决定，金融体系功能与外部的时机、技术共同决定金融组织机构。在金融中介与金融市场关系方面，根据金融产品的属性，金融中介与金融市场处于相互分工协作的关系，不是之前所讨论的替代关系，更多地是对不同金融产品"创造"与"打造"功能的制度安排。Merton认为金融中介与市场之间的动态联系是一种金融创新螺旋关系，技术进步与组织效率的提高加速金融创新螺旋，金融产品的交易市场扩大与金融中介定做的新金融产品增加良性互动，并推动金融体系逐步演进。

## 二、金融资产管理公司的设立基础

在1999年中国成立四家金融资产管理公司，是由外部和内部多种因素决定的。在外部环境方面，亚洲金融危机的爆发促使亚洲主要经济发达地区遭受经济重创，需要采取金融资产管理公司模式处理危机带来的银行业不良资产，以便恢复经济增长。在内部因素方面，国有银行与国有企业及地方政府长期存在信贷资金博弈，积累了大量的银行业不良资产，亚洲金融危机加剧了银行业风险。

1. 亚洲金融危机的影响巨大

亚洲金融危机席卷金融市场。发生于 20 世纪 90 年代末的亚洲金融危机是一场重大的经济金融危机。根据张士学（2007）的研究，亚洲金融危机期间，1997 年韩国 30 家最大企业有 70% 左右经营不佳，包括韩宝、真露、三美等在内的知名大企业集团均宣布倒闭或陷入危机；泰国有 51 家财务证券公司关闭，占全部财务证券公司的 56%；日本在 1997 年 11 月份期间有 4 家负债总额超过 1000 亿日元的大型金融机构倒闭。同时，亚洲的各类金融市场也受到重创。在股票市场上，除日本以外的亚洲股市市值大幅下降 40%，印度尼西亚股市市值更是下降 90%。在外汇市场上，亚洲各国货币急剧贬值，菲律宾、马来西亚及韩国等均下跌 50% 左右。在亚洲金融危机期间，部分地区因为金融危机而引发了政治危机和社会危机。

亚洲金融危机对亚洲国家实体经济冲击较大。这里以新加坡和马来西亚为例，数据表明在 1998 年亚洲金融危机期间新加坡和马来西亚的实体经济不断下滑。根据经济景气指数（季，2005 年 = 100，环比）数据，亚洲金融危机期间新加坡经济景气指数基本在 0 以下，最低达到 – 5.1%，已经处于历史的一个低点。根据 Wind 数据，马来西亚的商业景气指数（月，年变化率）在亚洲金融危机期间下跌为 0 以下，处于历史的低谷。可以说，亚洲金融危机对亚洲四小龙及其他国家的经济发展带来了巨大冲击（见图 1）。

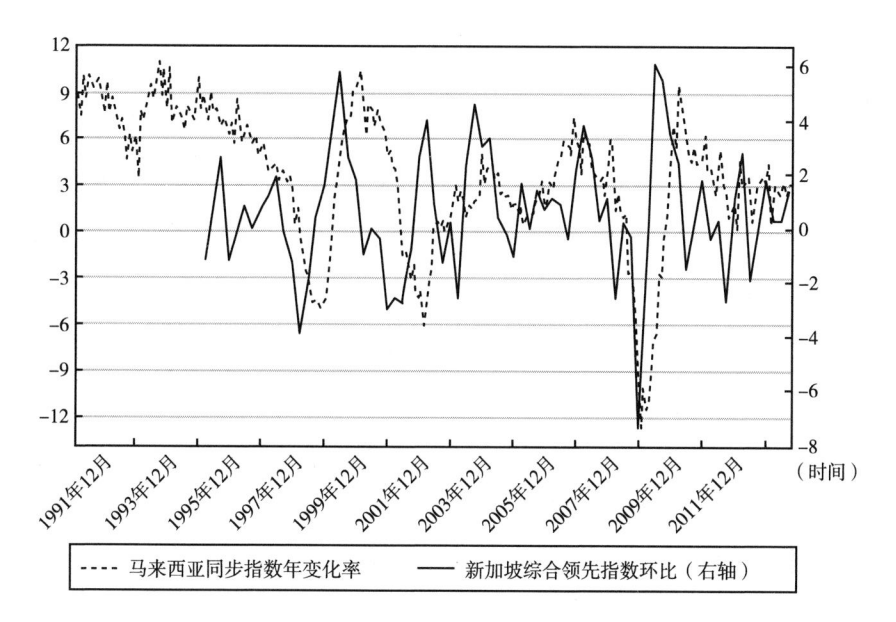

**图 1　新加坡与马来西亚景气指数（1991 年 12 月至 2011 年 12 月）**

资料来源：Wind 资讯。

## 2. 中国银行业不良资产危机

在亚洲金融危机爆发之际，中国银行体系不良资产问题突出。从张士学（2007）及当时的研究材料看，与其他转型国家一样，国内银行体系积累了大量的不良资产，尤其是当时的中国工商银行、中国农业银行、中国银行、中国建设银行不良资产率较高。由于体制机制问题，在商业银行法1995 年颁布之后，四大国有银行的商业化转型过程中依然存在大量的不良资产得不到处理。

20 世纪末银行体系的大量不良资产，主要是受到当时的经济发展模式、国有企业及地方政府管理等多重因素影响。同时，在银行体系积累的不良资产反过来影响到金融机构的运行绩效，也降低金融对实体经济的服务能力。与其同时，当时中国缺乏不良资产处置市场，金融市场发展滞后，尤其是缺乏信贷资产转移交易市场，相关的法律法规也不健全，各类处理信贷资产的机构也不存在。

3. 化解金融风险的国际经验

成立金融资产管理公司是国际上处理银行业不良资产的主流方式。20世纪80年代末到90年代初,针对储蓄和贷款机构不良资产,美国专门成立重整信托公司（Resolution Trust Corporation, RTC）,采取迫使经营不下去的银行破产拍卖资产的"休克疗法",6年时间共处置不良资产4000多亿美元。为处理里昂信贷银行的危机,法国专门成立了一家公共融资与整顿公司,并在政府信用的支持下从里昂信贷银行贷款1450亿法郎,用于支持另一专门机构（"资产转移公司"）收购里昂信贷银行的高风险资产。瑞典、丹麦、芬兰等欧洲国家也较多地采用资产管理公司或专门机构处理银行业体系的不良资产。

在亚洲金融危机爆发之际,亚洲国家为应对危机,也纷纷成立金融资产管理公司或专门机构处置银行不良资产。例如,日本采取"清盘回收银行和过渡银行"方式；马来西亚于1998年成立马来西亚国家资产管理公司；韩国成立资产管理公司（KAMCO）及泰国进行金融重组等。同时,转轨经济国家也采用专门机构的形式处理不良资产。例如,匈牙利为应对银行业危机成立了一个专门的国有机构,购买全部商业银行大约50%的呆账；捷克的"清算银行"在1991～1994年共计处理2260亿捷克克朗的银行不良资产,相当于1993年捷克GDP的122%。

## 三、金融资产管理公司的基本功能

20世纪末,金融资产管理公司设立是转型时期的特殊制度安排（张士学,2007）。1999年4月,成立中国信达资产管理公司进行试点,接受中国建设银行剥离的不良资产。结合试点经验,中央随后出台两个文件并组建中国华融资产管理公司、中国长城资产管理公司和中国东方资产管理公司,同时出台一个条例规范金融资产管理公司行为，这些正式的文件共同明确金融资产管理公司的初始功能。

中国 AMC 的初始设立时的主要功能在于化解金融风险，具体任务在于处置国有银行的不良资产。1999 年 7 月中共中央、国务院《关于转发〈国家发展计划委员会关于当前经济形势和对策建议〉的通知》第一次提出，推荐建立金融资产管理公司的试点工作，中国工商银行、中国农业银行、中国银行和中国建设银行分别成立金融资产管理公司，收购、管理、处置国有商业银行剥离的部分不良资产。金融资产管理公司通过出售、重组、证券化和债权转股权等办法处置不良资产，最大限度保全资产，减少损失，化解金融风险。1999 年 10 月国务院办公厅转发人民银行、财政部、证监会《关于组建中国华融资产管理公司、中国长城资产管理公司和中国东方资产管理公司意见》指出，组建金融资产管理公司的目的是防范和化解金融风险，依法处置国有商业银行的不良资产，其中其主要任务规定为剥离国有银行的不良资产，以最大限度保全资产、减少损失为主要经营目标。2000 年 11 月国务院颁布的《金融资产管理公司条例》，明确金融资产管理公司是指经国务院决定设立的收购国有银行不良贷款，管理和处置因收购国有银行不良贷款形成的资产的国有独资非银行金融机构，规定金融资产管理公司以最大限度保全资产、减少损失为主要经营目标。

## 四、历史动态中的首位功能

我国四大金融资产管理公司是在一次金融危机中诞生的，其存在的基本功能就是化解金融风险，这也是金融资产管理公司的首位功能。或者说，我国金融资产管理公司存在的最大意义是化解金融风险，如果不能化解金融风险，或是化解金融风险这个业务被替代了、被关闭了，那么我国四大金融资产管理公司就不是原来的"坏账银行"了。在1999年前后，亚洲金融危机加剧我国经济周期的风险累积，结合国际经验成立处置风险的金融资产管理公司。从金融中介的存在性理论看，金融资产管理公司存在的主要功能是处理商业银行等金融机构的不良资产，其承担处置风险资产、化解金融风险的独特功能。从实施的效果看，四家金融资产管理公司确实完成了盘活不良资产、支持国企改革、化解金融风险的重任。中国信达资产管理公司于2013年12月12日在中国香港成功上市则是一个侧证。因此，金融资产管理公司作为我国的"坏账银行"，其首位功能、基本功能、成立之初的金融功能，就是化解金融风险。

但是，如果当初的化解风险具体表现为处置国有银行的不良资产，那么在金融市场体系等外界环境变化状态下，化解风险的形式在变化，例如，债权、债券、资产管理计划、信托计划等各类银行和非银行金融机构的不良资产，应收账款、不动产等实体企业的不良资产。因此，金融资产管理公司首位功能的表现形式也是在变化的。

回顾金融资产管理公司的诞生与基本功能，是为了更好地看待金融资产管理公司的未来与改革。由于金融需求、法治环境、经济社会体系等外部环境的变化，银行等金融机构处置自身不良资产的手段在增多、处置能力在加强，实体企业也在充分利用发展中的各类金融市场和中介机构加强自身的资产管理，这些是对金融资产管理公司首位功能的替代。另外，我国不良资产市场的规模庞大，发育不完善，问题企业也在不断涌现，金融资产管理公司作为市场参与者的竞争力也在不断加强。所以，在这种内外环境变化的情况下，如何改革发展金融资产管理公司是需要一盏"明灯"来照亮。这盏"明灯"，可能就是金融资产管理公司的首位功能。只有坚持这个化解金融风险的首位功能，才能理清金融资产管理公司的发展方向。

## 参考文献

[1] 张士学:《转型时期的特殊金融安排:中国金融资产管理公司运行实践的新制度经济学分析》,经济科学出版社 2007 年版。

[2] 张杰:《金融中介理论发展述评》,载于《中国社会科学》2001 年第 6 期。

[3] 金晓、徐师范:《金融资产管理公司的基本运作框架》,载于《国际金融研究》1999 年第 4 期。

[4] Chant, J., 1989, "The New Theory of Financial Intermediation", Kevin Dowd and Mervyn K. Lewis: Current Issues in Financial and Monetary Economics, The Macmillan Press Ltd.

[5] Tobin, J., 1987, "Financial Intermediaries, The New Palgrave a Dictionary of Economics", Edited by John Eatwell, Murray Milgate, Peter Newman, Volume 2, E to J.

# 中国金融资产管理公司不同时期的功能定位及其演变[*]

深入研究中国特色的金融资产管理公司，离不开国有股东属性这个本质属性。产权所有者，是进一步认识金融资产管理公司所发挥的金融功能的重要关键点。这里，从金融资产管理公司所有者的角度，分析所有者给予或是赋予金融资产管理公司的金融功能，并考察这种被定位的金融功能的历史演变。

## 一、产权的核心地位与金融资产管理公司的双重身份

从1999年成立至今，中国华融、中国长城、中国东方、中国信达四家金融资产管理公司的最大股东依然是财政部，同时，财政部也代表了中央政府行使股东权力。这里运用产权经济学理论及其分析框架，从股东的角度，也就是从国家的角度，剖析金融资产管理公司在不同阶段被定位的不同金融功能，或者是不同阶段国家赋予金融资产管理公司的各类金融功能。当然，结合我国行政管理体制可以看出，国家赋予四家金融资产管理公司的功能与使命，是国家意志的体现，不仅仅通过财政部这个股东来实现，

---

[*] 原文发表于《金融资产管理公司功能研究》，社会科学文献出版社2018年12月出版，本书对部分内部作了调整。

还通过金融监管部门等渠道传达、赋予金融资产管理公司的功能定位。

关于产权经济学理论的研究很多（黄少安，1999）[①]，内容涉及制度经济学、新制度经济学，以及所谓的产权经济学、新产权经济学等各类理论派系。但是，主要都是围绕"产权"这个核心，力图回到产权、产权制度与经济增长之间的关系，其中运用了交易成本、剩余控制权、法律、政治制度等分析范式或是分析工具。纵观这些围绕产权的经济学理论，可以看出产权或是所有权的重要性。本文正是从产权这个核心出发，沿着一个新的视角，研究金融资产管理公司的金融功能是如何受到产权因素的影响。或是说，我国四家金融资产管理公司的金融功能及其功能演变，与其所有权人是分不开的。

从产权的角度看，回到金融资本的本源，可以发现，金融资产管理公司具有双重身份，这种双重身份是其国有资本产权的延伸。一方面，中国华融、中国长城、中国东方、中国信达四家金融资产管理公司的市场经营主体具备一般资本的本质属性，具有追逐市场最大化利润的内在冲动。1999年成立之初，四家金融资产管理公司属于国有独资金融机构，是经历了政策性业务和商业化业务的政策性金融机构。到2016年底，中国长城资产完成了股份制改革，实现了四家金融资产管理公司股改的收官工作。实现股份制改革之后，中国信达、中国华融公司都在中国香港实现了上市，中国东方、中国长城公司也在积极引进战略投资者，因此，四家金融资产管理公司必然要追求营利。

另一方面，作为中央金融企业，四家金融资产管理公司的国有属性要求其服从、支持国家的经济金融政策，服务国家发展的大局。例如，在1999年为了化解金融风险、促进国有银行和国有企业的改革发展，国家成

---

[①] 黄少安：《现代产权经济学几个基本问题研究》，载于《学术月刊》1999年第9期。

立了四家金融资产管理公司,在成立之初就被赋予了特殊的金融功能。从中央政府出发,四家金融资产管理公司可以当作是行政调控经济金融的一个工具,是实现中央政府目标的实施手段,并且从人事、业务、薪酬、法律法规等方面保障达到这个目标。从实际控制权力看,党中央、国务院及财政部、银保监会对四家金融资产管理公司发挥的金融功能影响最大。因此,分析金融资产管理公司的金融功能,必须考虑其国有属性和实际控制人目标。

## 二、政策性业务时期的特殊财务装置功能

金融资产管理公司的政策性业务时期,是指1999年成立到2006年底这个阶段,以完成财政部政策性不良资产回收考核目标任务的结束时间为止。在这第一个7年中,金融资产管理公司是财政部的独资金融机构,主要是完成财政部下达的政策性不良资产回收和处置考核任务,从事的不良资产收购、管理和处置业务也都属于政策性业务。考察这个时期国家给予金融资产管理公司的功能定位,早期的一些研究将AMC视作中国政府为解决国有银行体系不良资产问题而做出的一种正式制度安排。可以说,金融资产管理公司的设立,是为了解决国有银行不良贷款问题,以此来化解系统性金融风险,促进国有银行的改革和发展。但是,从更高的国家层面看,金融资产管理公司和国有银行是同一个所有者。具体而言,国家为了保障国有银行这种"好银行"脱困,新设了金融资产管理公司这种"坏银行",专门收购处置不良贷款。因此,可以认为,金融资产管理公司成立之初就是一个收购处置国有银行不良信贷的特殊财务装置。

金融资产管理公司,又称为"坏账银行",收购、处置国有银行不良资产的功能定位,是国家成立这类机构的初衷,也是国有赋予的光荣使命。在四家金融资产管理公司成立的第二年,《金融资产管理公司条例》于2000

年 11 月出台并实施，在总则中明确指出，成立金融资产管理公司的目的就是为了依法处理国有银行不良贷款，促进国有银行的改革和发展。该条例也界定了金融资产管理公司的工作内容，在第二条中明确，金融资产管理公司，是指经国务院决定设立的收购国有银行不良贷款，管理和处置因收购国有银行不良贷款形成的资产的国有独资非银行金融机构。简要而言，金融资产管理公司是收购、管理和处置国有银行不良贷款的金融机构。该条例还明确了，金融资产管理公司的经营目标，就是最大限度保全这些国有银行的不良资产、减少损失。因此，可以看出，金融资产管理公司作为收购处置不良贷款的特殊财务装置，是国家赋予的光荣使命，也是成立金融资产管理公司的初衷。

## 三、商业化发展时期的经营利润目标制和市场化、多元化发展

2007 年，四家金融资产管理公司已经完成了政策性不良贷款收购处置任务，存量的待处置不良贷款已经不多，选择未来的道路是迫在眉睫的问题。按照当时的讨论和探索，金融资产管理公司有三个选择方案，一是关闭，但是面临着人员安排问题；二是回归母体银行，这又涉及工、农、中、建四大国有银行；三是独立发展，但是独立发展基础薄弱。在这个关键时期，在金融资产管理公司发展迷茫的关键时间点，作为四家金融资产管理公司的所有者，国家决定实行金融资产管理公司商业化改革和发展，确定了"市场化、多元化和一司一策"的改革原则。

在商业化转型发展时期，也有资产公司希望回归母体银行，但是，以最后的结果看，中国华融、中国长城、中国东方、中国信达四家金融资产管理公司都走上了独立发展的道路。四家金融资产管理公司在商业化发展过程中，都经历了商业化转型阶段和全面商业化阶段，其中从开办商业化业务到实现了股份制改革这个阶段，被视为商业化转型阶段。例如，中国

信达资产在2004年受监管部门批准之后，开办商业化收购不良资产、委托代理处置不良资产、抵债资产追加投资等三项新业务；在2010年6月改制为中国信达资产管理股份有限公司，进入了全面商业化阶段。从发展历史看，四家金融资产管理公司开办商业化业务、实现股份制改革的历史进程是不同步的。其中，中国信达走在改革发展的前列。

在全面商业化阶段，金融资产管理公司的机构性质和业务性质都发生了根本性改变，从政策性独资机构转变为商业性股份制机构，从完全的政策性业务转变为完全的商业性业务。以中国信达为例，在2010年实施股份制改革后，中国信达在母子公司两个层面推动多元化业务，在母公司层面获得了收购非金融类不良资产的业务资格，在子公司层面重组西部金融租赁为信达租赁，并进入金融租赁业务领域。随后，中国信达在2012年4月引进了全国社会保障基金理事会、瑞银、中信资本、渣打银行四家战略投资者，在2013年12月成功在中国香港上市。至此，中国信达成为了第一家公开上市的股份制金融资产管理公司，由原来的政策性独资金融机构发展为一家公开上市的现代金融企业。

回顾历史，应该说，中国信达完成了国家要求的市场化、多元化的政策目标。紧跟其后的中国华融，也逐步完成了股份制改革、引进战略投资者和公开上市，也实现了国家要求的市场化、多元化的政策目标。中国东方、中国长城也是以中国信达、中国华融为模板，逐步实现了股份制改革和引进战略投资者，也加速推进公开上市工作。

## 四、新时代的新功能定位：聚焦主业、服务实体经济、防控风险

2017年，全国金融工作会议顺利举行、党的十九大成功召开，2017年也是金融资产管理公司进入新时代的起始年。以2017年为时间节点，金融资产管理公司的功能定位发生了变化，这与国家对金融工作的部署发生变

化是分不开的。应该说，作为所有者的中央政府对金融资产管理公司的要求在发生变化，所以，金融资产管理公司的功能定位也在变化。

2017年7月14~15日全国金融工作会议在北京召开，要求必须加强党对金融工作的领导，做好服务实体经济、防控金融风险、深化金融改革三大任务。根据这次全国金融工作会议的精神，金融资产管理公司要将服务实体经济作为一项明确的功能定位。同时，金融资产管理公司也要做好内部风险防控，化解内生不良资产，加强自身的公司治理、管理体制等改革。本次全国金融工作会议还要求，金融机构回归本源，服务于经济社会发展。这意味着，在国家层面确定了金融资产管理公司要聚焦主业，把精力和心思聚焦到不良资产主业，做强做精不良资产收购、管理和处置业务上来，而不是以前的业务全面发展上。

2017年10月党的十九大报告也强调了金融服务实体经济、防控金融风险的主题。从全部报告内容看，党的十九大报告关于金融工作的文字篇幅不多，突出强调金融服务实体经济和守住不发生系统性金融风险的底线，这对整个金融工作及金融资产管理公司的职能又赋予了新的方向。具体而言，从党的十九大报告全文看，与金融资产管理公司相关的工作指示，主要也是增强服务实体经济能力和化解金融风险。2017年我国进入了中国特色社会主义新时代，党中央从最高的层面确定了金融工作方向，也从最高层面确定了金融资产管理公司的功能定位。

如果说2017年全国金融工作会议和党的十九大报告对金融资产管理公司的要求还不够具体，那么在2017年实施的强监管足够让中国华融、中国长城、中国东方、中国信达四家金融资产管理公司明确了未来的功能定位和业务发展方向。根据全国金融工作会议对监管部门的要求，结合我国监管体制，银监会对四家金融资产管理公司的监管作用是最强的。具体而言，银监会及各地的银监局对四家金融资产管理公司总部及分公司实施了严监管、强监管。一方面，银监会加强对金融资产管理公司总部的现场检查、非现场检查，并约谈四家金融资产管理公司的主要负责人，明确了国家对金融资产管理公司的功能定位，就是聚集不良资产主业、服务实体经济；另一方面，加大对违法违规行为的处罚，不仅对相关经营业务的违法违规分支机构进行罚款，还要对相关违法违规的责任人进行处罚，实现了罚款又罚人的监管措施。监管部门的强力措施，使得金融资产管理公司的功能定位发生了变化，将工作的重心转移到了聚焦不良资产主业、服务实体经济，并加强自身的风险防控。

从全国金融工作会议到党的十九大，再到监管部门的政策落实，这些都对金融资产管理公司的功能定位具有非常强的影响力，可以说是起到了决定性作用。从出资人看，金融资产管理公司的控股股东是财政部。从人事及业务监管看，银保监会代管金融资产管理公司人事，也是金融资产管理公司的业务监管部门。从更高层次的意义看，中国华融、中国长城、中国东方、中国信达四家金融资产管理公司的实际控制人是国家。所以，金融资产管理公司的所有者功能，就是体现了国家这个所有者的意志。在新时代，国家要求金融资产管理公司聚焦不良资产主业、服务实体经济，那么，四家金融资产管理公司在新时代的功能定位就是聚焦不良资产主业、服务实体经济。2019年12月，银保监会关于推动银行业和保险业高质量发展的指导意见，明确要求金融资产管理公司做强不良资产处置业务，合理拓展与企业结构调整相关的兼并重组、破产重整、夹层投资、过桥融资、阶段性持股等投资银行业务。因此，四家金融资产管理公司要从国家的层面谋划工作，要围绕服务实体经济、化解金融风险、深化自身改革这三大主题，拿出具体的工作措施，为国家解决问题，并促进自身更好的发展。

# 金融资产管理公司的功能
# 与控股股东问题探论<sup>*</sup>

2018年4月,在博鳌亚洲论坛上,习近平总书记宣布,中国将大幅放宽包括金融业在内的市场准入。中国央行行长易纲,也宣布了进一步扩大金融业对外开放的具体措施和时间表,其中,明确要求:"取消银行和金融资产管理公司的外资持股比例限制,内外资一视同仁。"2020年初,美国投资者已经获得了中国金融不良资产收购经营牌照。因此,有必要结合金融资产管理公司的金融功能,讨论金融资产管理公司的控股股东问题。这里主要是指中国华融、中国长城、中国东方、中国信达四家金融资产管理公司。

## 一、提出问题

20世纪末,为应对亚洲金融危机的冲击,化解国有银行积累的金融风险,党中央、国务院决定成立中国信达、中国华融、中国长城、中国东方四家AMC,专门处置工、农、中、建四大国有银行剥离的不良资产。AMC成立以来,不辱使命,开拓创新,在努力学习和借鉴国外经验的同时,结合中国国情,努力探索适合我国实际情况的金融业不良资产处置路子。到2006年末,已圆满完成国家赋予的政策性历史使命,在防范化解金融风险、

---

\* 原文完成于2014年,本书对部分内容进行了更新。

保全国有金融资产、促进国有银行和国企改革发展等方面做出了重大贡献，为我国经济金融的平稳运行争得了宝贵的时间和空间。实践证明，党中央、国务院成立 AMC 的决策是完全正确的，AMC 的运行是卓有成效的。

2007 年初，在第二次全国金融工作会议上，国务院明确提出：不失时机地推进金融资产管理公司改革。为贯彻落实全国金融工作会议精神，推进 AMC 改革转型，2008 年，财政部会同国家有关部门进行了一系列探索，提出了"一司一策、多元发展、成熟一家、改革一家"的原则，为 AMC 的转型发展确立了方向。一方面，既要加强对 AMC 的引导，继续发挥其金融"安全网"和"稳定器"的作用；另一方面，又要提高国有资本配置效率，实现国有资本保值增值。通过股改、引战、上市"三步曲"，最终将 AMC 发展成为"产权明晰、权责明确、政企分开、管理科学"的现代金融企业。自 2008 年财政部推进中国信达公司改革试点以来，中国信达、中国华融公司已完成股改、引战、上市工作，中国信达、中国华融公司分别于 2013 年 12 月、2015 年 10 月在香港公开发行上市；中国东方、中国长城公司也都在 2016 年完成了股改工作。中国东方公司还在 2018 年完成引战工作，全国社会保障基金理事会、中国电信集团有限公司、中国国新资本有限公司、上海电气集团股份有限公司 4 家战略投资者合计入股总金额 180.37 亿元。截至 2018 年上半年，四大金融资产管理公司的控股股东都是财政部。

另外，结合不良资产市场的发展形势。在需求端，四大金融资产管理公司的收购处置能力日益增加，地方资产管理公司也发展到了 50 多家，五大国有银行下属的金融资产投资公司也开始运作，不良资产市场的收购机构逐步增多，处置实力得到加强。从不良资产供给端看，我国经济运行总体平稳，但经济发展面临的不确定性明显增多。同时，经济运行中的产能过剩和资源错配的问题正在逐步暴露，去产能、调结构和盘活存量的任务异常繁重。在经济发展中不断积累各类不良资产，在企业法人层面包括僵尸企业、问题企业，在资产层面包括低效资产、无效资产等。实体经济中的问题，又会反映在金融机构的资产负债表上，导致部分信贷、债券、债权、股权、不动产等金融资产出现问题，也会出现一些问题金融机构，甚至是僵尸金融企业。

因此，从问题导向出发，为高效解决金融体系和实体经济中的不良资产，增强金融资产管理公司化解金融风险、服务实体经济的独特作用，以此促进金融体系内部、金融体系和实体经济之间的良性循环，非常有必要讨论金融资产管理公司的控股股东问题，控股股东的变化是否可以改进金融资产管理公司的运行效率。

## 二、AMC 的化解风险功能与股东性质问题

不良资产处置行业已成为维护国家经济金融稳定的关键行业，可以主动、有效地应对未来可能出现的重大经济金融风险。但是，我国的不良资产处置行业格局已经发生了较大的变化。目前，主要包括四大金融资产管理公司、50 多家地方资产管理公司，以及五大国有银行成立的金融资产投资公司，同时，各银行自身也在创新不良资产处置方法、拓展不良资产处置渠道，还包括各类市场性质的不良资产处置服务公司。另外，我国新近出台的存款保险制度及相应的机构，也对不良资产收购处置有一定的规定。这里的关键问题是，四大金融资产管理公司的政策性质及历史作用是否发生了变化，是否依然需要中央财政占控股地位。

### （一）成立以来的不良资产收购处置实践表明，AMC 已成为维护国家经济金融稳定的关键机构

我国 AMC 成立之初的主要目的是接收和处置国有银行内部长期累积的不良资产。1999 年，按照国务院安排，共接收四大国有商业银行和国家开

发银行剥离的政策性不良资产 13939 亿元；2003 年以来，为配合国有银行股份制改革，AMC 再次收购改制银行剥离的可疑类不良贷款 8013 亿元，接收损失类不良资产 4571 亿元。同时，实施政策性债转股项目涉及债权金额达 2100 多亿元。在国家政策支持下，自 2007 年商业化转型以来，AMC 又先后收购各类不良资产超过 1 万亿元。累计起来，收购处置不良资产已近 4 万亿元。

　　成立以来，AMC 按照国家战略意图，充分运用国家赋予的特殊政策和手段，最大限度地提升不良资产的处置价值，为稳定银行体系、化解金融风险，调整资产结构，支持和服务实体经济发挥了重要作用。一是最大限度减少了国家损失，保全了国有金融资产。从政策性业务看，至 2006 年末，AMC 按时超额完成了财政部下达的目标责任制任务，现金回收率及百元现金回收费用均达到了国际上的先进水平。二是通过债转股、债务重组和债务减免等途径支持了一大批国有大中型企业的脱困、改革和发展。特别是债转股降低了国有企业的资产负债率，同时，因转股累计停止计息超过 1000 多亿元；推动了国有企业的主辅分离，提高了经营性资产的运营效率；通过债转股，国有企业进行了公司制改造，建立了现代企业制度；通过减免国有企业债务负担，使企业顺利安置职工超过 100 多万人，为维护社会稳定发挥了积极作用。三是支持了国有商业银行改革，为银行业改善资产负债表，抵御金融危机，增强风险意识，做出了重大贡献。通过两次不良资产剥离，减轻了国有商业银行的不良资产包袱和经营负担。据统计，第一次剥离后，四大国有银行不良贷款率平均下降近 10 个百分点。不良资产的剥离，推动了国有商业银行改制和上市，建立了科学有效的现代公司治理结构，增强了风险防范意识，为我国银行业在全球银行业中地位的大幅提升奠定了基础和条件。四是通过托管危机金融机构和大型企业集团，有效化解了系统性或区域性风险。尤其是托管"德隆系"，探索了一条在国家政策指引、监管部门业务指导下，按市场化、法制化、专业化方式处置集高风险企业集团、高风险金融机构、高风险民营企业于一身的突发性公共事件的有效途径。

由此可见，实践历史表明，四大 AMC 具有丰富的不良资产处置经验，已成为关系我国经济金融稳定和安全的关键机构。而地方资产管理公司等其他各类不良资产处置机构，不具备如此丰富的不良资产处置经验和大规模处置不良资产的能力。

## （二）AMC 具有独特的金融功能，已成为我国多层次金融体系中不可或缺的组成机构

经过多年的改革发展，AMC 已具备了强大的风险处置功能、独特的逆周期性金融功能，以及金融救助功能，并且还具备了一定的宏观审慎政策工具功能，已发展成为我国多层次金融组织体系中不可或缺的重要组成机构。

一是 AMC 具有强大的金融风险处置功能。20 世纪末，党中央、国务院为应对亚洲金融危机，果断成立四大 AMC，集中收购处置工、农、中、建四大国有银行剥离的 1.4 万亿元不良资产的成功实践，早已充分证明了 AMC 的不良资产处置能力。同时，经过多年的发展，四大 AMC 已经具备了遍布全国的分支机构，以及各类金融平台子公司，具有收购重组、投资投行、银行、证券、租赁等丰富的不良资产处置手段，还具有大量的专业技术人员。

二是 AMC 具有独特的逆周期金融功能。首先，从业务功能看，银行信贷及金融机构各类资产管理计划均具有显著的顺周期性特征，与经济周期、企业主体的扩展而扩张、收缩而收缩。但是，AMC 在经济下行即逆周期阶段，通过收购不良资产并进行重组、整理，帮助金融部门和实体部门恢复

流动性,缓释金融风险;在经济上行即顺周期、资产价格上升阶段,通过出售资产实现价值,最大限度地提升资产价值、减少资产损失。其次,从金融机构属性看,商业银行、证券公司、信托公司、保险公司等金融机构具有典型的顺周期特征,其经济活动与经济周期密切且呈正相关。但是,AMC从事不良资产业务,具有明显的逆周期特征,特别是在经济下行阶段,围绕不良资产市场,扩大收购重组规模,在经济上行阶段整理出售。最后,从经济周期看,尤其在经济下行阶段,不良资产显著增加,不良资产市场规模扩大,为AMC带来了巨大的业务机会,使AMC加大不良资产收购处置业务,实施逆周期金融功能成为可能。因此,可以看出,正是经济的这种周期性和其他金融部门的顺周期性,使AMC具备了独特的逆周期金融功能,并使其在整个金融组织体系中,发挥着其他任何金融部门都不可替代的逆周期调节功能。

三是AMC具有强大的金融救助和重整功能。自1999年成立以来,除大规模接收和处置国有银行剥离的不良资产外,金融管理部门和有关地方政府先后委托AMC托管重组了包括汉唐证券、辽宁证券、金谷信托、浙江信托和浙江金融租赁、新疆金融租赁等一系列问题金融机构,还成功处置了"德隆集团"等问题企业。AMC通过实施一揽子救助措施包括托管、清算、重组、过桥融资和注资、重整等手段,使许多金融机构脱胎换骨、重获生机,避免了这些金融机构的倒闭而对金融市场和社会稳定的冲击。实践证明,AMC已经在维护区域金融稳定、促进区域金融事业健康发展方面发挥了重要作用。因此,客观地说,AMC已具备了丰富的问题金融机构和企业救助经验与技术,具有强大的金融救助和重整功能。

四是四大AMC可以发挥非典型的宏观审慎政策工具功能。全球金融稳定理事会(FSB)指出,宏观审慎管理制度框架在于防范系统性金融风险,分析金融体系及其与实体经济的相互作用,设计相关工具并实施授权,包括非典型的宏观审慎政策工具及其治理。当前，从世界范围看，包括我国在内的世界各国，金融宏观审慎管理制度框架都有待完善，宏观审慎政策工具也不够完备，一些非典型的宏观审慎政策工具应运而生。我国AMC从成立目标、承担职责和运行实践看，已经发挥了一定的非典型宏观审慎政策工具的功能。首先，在目标上，AMC成立的目标在于防范和化解系统性风险，符合非典型的宏观审慎政策工具的基本要求。其次，在技术手段上，AMC运用专业化处置技术和购并重组手段运作，把并购、重组、救助结合起来，最大限度地提升资产价值，重振问题金融机构或实体企业，进而把"坏资产"变成"好资产"，"坏银行"变成"好银行"，"坏企业"变成"好企业"，最终达到稳定金融市场的目的。最后，在治理安排上，目前，中央财政是AMC的控股股东，对AMC起到了信用背书的作用，在某种程度上将AMC作为金融风险化解工具，与其他财政、货币、产业、社会等政策联合使用。

### （三）从中央财政控股和金融监管制度完善的角度，考虑AMC的控股股东性质

以保障四大AMC发挥风险化解功能为目标，尤其是在发生系统性、局部性的金融风险时，以及发生大规模不良资产、不良资产市场失灵的时候，在金融监管不完善的情景下，应该加强中央财政对四大AMC的控股，并以此促进四大AMC发挥正的社会效应。

第一，大规模爆发不良资产的时候，需要发挥四大AMC的风险处置功能。我国经济社会面临复杂内外环境，存在大规模爆发不良资产的可能。一是整个银行体系已开始出现大量的不良贷款，如果考虑银行体系内部的其他一些因素而未能如实反映的隐性不良资产，银行体系内的不良资产远非是资产负债表上反映的数额。同时，其他非银行金融机构的不良资产也

在逐渐显现，包括以债权投资为主的信托计划、券商资产管理计划等。二是地方政府债务存在巨大挑战，地方政府融资平台的不良资产正在积聚，地方政府融资平台债务违约风险正面临空前压力。三是在去产能和产业升级的背景下，我国实体企业的应收账款等不良资产也在膨胀。在经济周期波动情况下，收购处置不良资产并不一定是赚钱的买卖，也存在持续亏损的可能，这就需要四大AMC发挥长周期投资不良资产的社会正效应。如果是外资或是民营资本控股四大AMC，会大大地削弱四大AMC处置不良资产的能力。

第二，在化解系统性风险方面，还需要中央财政控股的四大AMC发挥化解风险的巨大作用。从时间维度的系统性风险看，在经济下行阶段，经济周期与信贷周期联动并共同处于下行，商业银行、信托公司等金融机构的不良资产逐步暴露，资本受到侵蚀，资产流动性下降，信贷投放能力减弱。但是，四大AMC通过收购不良资产，改善金融机构资产负债表，提高金融机构流动性，增强金融机构信贷投放能力，加快实体经济复苏。这就需要中央财政控股四大AMC，可以按照国家防控系统性风险的意志，适时介入，并合理定价和收购不良资产，进行系统性金融风险处置，进而维护金融大局稳定，实现国家的战略意图。从跨部门维度的系统性风险看，系统性风险冲击后果还取决于金融机构的结构性特征、金融工具的复杂性和不透明性等，四大AMC有针对性地处置风险总量较为集中的少数金融机构，实现风险在不同金融机构之间的隔离，通过收购处置风险集中、复杂性强、透明性差的金融资产，提高金融市场的透明度，降低系统性风险的传染和冲击。从金融市场的维度看，在金融危机期间，四大AMC通过收购处置特定资产，有针对性地托管处置风险集中的金融机构，进而降低金融机构和投资者的风险短视和短期主义，弱化金融市场的"羊群效应"，稳定金融市场的预期。这些都需要四大AMC具有国家信用背书，以特殊的信用身份化解系统性金融风险,并稳定金融市场。

第三,发挥四大 AMC 的金融救助、宏观审慎政策工具等功能,需要维持现有的中央财政控股。在经济周期波动中,系统性和地区性金融机构以及中小金融机构面临的风险可能会显著增加,这更加凸显了四大 AMC 金融救助和重整功能的重要性。特别是在银行业竞争加剧等背景下,商业银行等各类金融机构趋于股权多元、数量激增、规模下降、竞争激烈且脆弱性增强,区域性金融风险和问题金融机构的出现将不可避免。考虑到金融风险的传递效应,这些因素都可能对全局性和区域性金融稳定与安全构成威胁。因此,应当进一步强化四大 AMC 的金融救助和重整功能,让其在救助特定问题金融机构、维护地区性金融稳定与安全、稳定金融市场预期上发挥独特作用,这需要维持现有的中央财政控股格局。另外,要增强四大 AMC 的宏观审慎政策工具功能,推动防范系统性金融风险,提高金融体系的稳定性,也需要继续维护四大 AMC 的中央财政控股地位,并以此提高其在金融体系的信用地位。

当然,如果我国金融管理体系已经出现了一个可以替代四大 AMC 现有的金融正外部性的风险化解机构,并完善了相关的配套政策,那么,中央财政可以放弃四大 AMC 的控股地位。正是因为目前还没有金融机构或是金融制度,可以完全替代四大 AMC 发挥的金融功能,所以,从上述金融功能的角度看,在目前的金融治理体系下,还需要维持四大 AMC 现有的中央财政控股地位。

## 三、AMC 的盘活存量功能与股东性质问题

与银行、信托等金融机构的增量调节不同,四大 AMC 的显著功能就是具有存量盘活功能,通过作用存量资产,解决资产固化、结构失衡、资源错配,重新发现存量资产的专用性,并进行存量资产专用性的再匹配,进

而实现存量资产盘活和结构优化，并以此助力新的经济业态形成和增长方式的转换，推动提高经济发展质量。但是，这种存量盘活功能是否必然意味着中央财政控股的必然，还需要深刻考虑。一方面，非中央财政控股的股权设置，也不一定意味着四大AMC盘活存量资产能力的削弱，或是该功能的消失。另一方面，地方资产管理公司，围绕不良资产开展业务的私募基金、非持牌资产管理公司，以及橡树资本等针对不良资产的外资投资公司也在日益发展壮大，可以替代四大AMC继续发挥存量资产盘活功能。因此，可能的情况是，中央财政控股可以增强四大AMC增强盘活存量资产的能力，但是，这不是必然条件。

## （一）在金融组织体系中，AMC具有"盘活存量资产、调整资产结构、优化资源配置"的独特功能

从我国金融组织体系和金融运行实践看，相对于四大AMC而言，银行、证券、保险、信托等其他金融机构，主要是运用债权类融资工具或股权类融资工具，以增量方式来配置金融资源，而四大AMC的显著特点则是从存量资产入手，通过收购重组、投资投行等手段，处置金融机构和非金融机构已经形成的不良资产，通过问题资产、问题企业和问题机构的收购、处置和重整，来解决存量中的资产结构和资源错配问题；通过盘活存量，优化资源配置，改善经济结构，化解金融风险，支持实体经济发展。

在金融不良资产领域，四大AMC重新配置不良贷款等各类低效金融资产。首先，通过收购不良资产，使得金融企业存量资产中账面不良资产减少，整体资产质量提升，流动性资产增加，资本充足压力下降，资产负债表改善，在财务杠杆不变的情况下，化解潜在的或已形成的金融风险。其次，四大AMC对收购的资产通过债务重组，使实体经济的负债减少，财务杠杆下降，信用风险降低；通过资产重组、债转股和破产清算等多种处置

方式，使存量资产盘活，错配资源优化，整个社会资源运用效率提高。此外，四大 AMC 通过综合运用并购重组等投资银行手段，大幅提升资产价值，在盘活存量资产、优化资源配置、实现社会效益的同时，实现自身效益。

在非金融类不良资产领域，四大 AMC 直接通过债务重组的方式，收购实体企业存量资产中由于流动性困难而产生的不良应收账款，并通过债务重组、资产重组等方式进行处置。一方面，提高了实体企业的流动性，特别是在财务杠杆不变的情况下，改善资产负债结构，化解实体企业的经营风险；另一方面，对金融机构而言，由于实体企业不良应收账款被收购重组，银行客户的风险度下降，信用风险得到化解，不良资产压力减少，存量信贷资产质量得到提高。由于问题实体企业的问题成因非常多，包括但不限于财务、管理、人员、技术等要素，四大 AMC 有能力重新配置问题企业的各类要素资源，并达到再生问题企业的目的。

此外，四大 AMC 在处置资产过程中，为了达到盘活存量资产、提升资产价值、优化资源配置的目的，还需运用一定的增量做手段，对不良资产或低效资产追加股权投资、债权融资等，以恢复和增强实体企业的流动性与盈利性。同时，四大 AMC 构建了包括银行、证券、保险、信托、租赁、基金、期货等多元化的金融平台，以及置业、金融咨询、金融资产交易、信用评级等辅助平台，从而比其他金融机构在盘活不良资产及其相关的地产、设备等资产上，有更多的通道、工具和手段，更便于从社会资源最优配置角度盘活存量资产，实现资产价值的最大化，加快不良金融资产和非金融不良资产市场的出清。

**（二）在成立以来的成功实践中，AMC 已充分发挥了"盘活存量资产、调整资产结构、优化资源配置"的独特功能和专业优势**

1999 年成立以来，四大 AMC 在 4 万多亿元的不良资产收购处置和综合化经营过程中，已逐步形成了"盘活存量资产、调整资产结构、优化资源配置"的专业技术和手段。在债转股方面，四大 AMC 通过参与公司治理、并购重组、追加投资等方式，使债转股企业重新焕发生机与活力。在危机企业托管方面，四大 AMC 参与证券、信托、租赁、房地产等行业的托管清算和重组，在化解金融风险的同时，搭建了多元化金融服务平台，丰富了不良资产处置的工具箱。在不良资产尽职调查方面，四大 AMC 着眼于未来重组和价值提升角度判断不良资产，为"雕"而选"根"，善于发现存量资产的专用性，并给予很好的匹配，因此，比其他金融机构更能发现不良资产的潜在价值。在不良资产定价方面，四大 AMC 建立了以大量处置案例为基础的资产损失率数据库，形成了独有的估值模型，并形成相关的行业准则，为"盘活存量资产、优化资源配置"提供了技术保障，优化了不良资产市场的价格发现机制。在处置策略选择方面，四大 AMC 根据资产价值未来的提升空间，按经营类、处置类和搁置类对不良资产进行分类，形成了专业的资产分类处置技术和价值判断能力与判断标准。在处置方法和手段方面，四大 AMC 形成了综合运用债务重组、资产重组、资产置换、投资投行、追加投资等多种手段提升资产价值的专有技术，特别是综合运用多种手段进行并购重组的专有技术，为"盘活存量"拓宽退出通道。1999 年以来，四大 AMC 已在 A 股市场上创造了数百家企业并购重组、资本运作的经典案例。在这历史发展过程中，四大 AMC 也培养造就了一大批熟悉不良资产分类处置、并购重组、资产管理、法律、财务、投资银行等业务的复合型、创新型人才队伍，形成了较大规模的网络资源、信息资源和客户资源。完全可以说，目前，四大 AMC 已形成了强大的"盘活存量资产、调整资产结构、优化资源配置"的独特功能和优势。

## （三）中央财政控股的股权设置与发挥 AMC 盘活存量资产功能之间关系的动态思考

一是我国存量资产规模巨大，积累了规模不小的不良资产，需要四大 AMC 继续加强发挥盘活存量资产的功能，维持中央财政控股可以加强这种功能的发挥。我国已成为全球最大的货币体和第二位经济体，积累了百万亿计的金融资产和规模巨大的实体企业资产。按照 2017 年末的统计数据，我国银行业金融机构总资产超 252 万亿元，中央实体企业总资产超 75 万亿元，地方国有实体企业总资产超 76 万亿元。在这些存量资产中积累了上万亿元的不良资产，需要加快处置，防控金融风险，促进资源再配置。面对这样巨大的处置任务，目前，还没有其他企业或是机构可以替代四大 AMC 的处置能力，因此，维持中央财政控股的股权设置，可以提高四大 AMC 的信用地位，增强其资金来源并扩大其收购处置不良资产的能力。

二是从不良资产市场发展的动态看，四大 AMC 的不良资产处置功能也在被替代。首先，我国各类国有企业开始布局资产管理公司，加大对自身不良资产的处置。在中央实体企业层面，中国诚通作为率先改革的央企，立足于中央企业系统的不良资产处置工作，成立了不良资产处置基金，加强与国内外不良资产处置机构的合作，增强了其自身不良资产处置能力。同时，部分各级政府控制的国有企业，也纷纷涉足资产管理公司，加强本区域内或是本单位系统内的存量不良资产的再配置工作。其次，大型银行等不良资产的供给者也在加强自身不良资产的处置能力。五大国有银行已经成立自己的金融资产投资公司，专注于本系统的债转股工作，拓展了银行的不良资产处置渠道。银行在发挥债委会等处置不良资产、问题企业的已有手段基础上，又积极加强不良资产处置的委托业务，与各类金融交易所、律师等机构，合作处置不良资产。最后，地方资产管理公司及非持牌资产管理公司的发展，已经极大地增强了不良资产处置市场的处置能力，并涉及个人贷款、不良地产、不良股权等各类非持牌的存量资产管理业务，活跃了更加广义上的不良资产市场。因此，从长远看，不良资产市场收购方的垄断格局已经被打破了，已经形成了"1+2+N"的竞争格局，未来在不良资产市场制度完善的情况下，继续维持中央财政控股四大AMC是否有这个必要，是需要进一步思考的。

三是四大AMC是否很好地履行了存量资产盘活功能，也是需要再审视的。近年来，四大AMC加大了类信贷业务的发展，以远期收购、收购重组等形式，围绕房地产融资、企业债权、企业股权等业务，实现了资产规模的超快发展，存在脱离不良资产主业的风险。当然，在监管部门的指导下，四大AMC及时防止了这种走偏的风险，回归到不良资产主业的本源上，并通过重新配置不良资产及其相关的资源，实现了对实体经济的服务。同时，还需要考虑另一个风险来源，就是不良资产主业的风险利润与财政等股东要求的资本回报之间也存在一定的矛盾。总体来看，即是要继续发挥四大AMC盘活存量不良资产的功能，也需要继续完善四大AMC的治理体系，而不是仅仅以中央财政控股来替代其他的治理工具。

## 四、AMC的股权投资价值与股东性质问题

AMC的股权价值与中央财政控股之间的关系是有历史渊源的。既不能说，因为四大AMC的股权有较高的回报率，就应该继续维持或是加强中央财政控股，以此实现国有资本的保值增值；也不能说，为了实现四大AMC的资本回报率，应该继续维持中央财政控股，以增强四大AMC的业务能力。应该说，我国中央财政是在培养不良资产市场的收购端，从零起步，到四大AMC的成立及发展，再到现如今的地方资产管理公司等各类不良资产收购处置机构，实现了不良资产市场的培养、发展及繁荣。从国家层面看，

不良资产市场的成熟发展是关键，中央财政在不良资产市场中的动态退出、从四大 AMC 的获利退出只是顺带的副产品。这个因果关系和主次关系，需要看清楚。

### （一）自成立以来，AMC 已较好地实现了国有资本保值增值

我国四大 AMC 诞生时是由中央财政独资设立，后续经历了政策性时期、商业化时期，以及发展到现在的股份制公司。通过股改—引战—上市"三步曲"，以及各种市场化改革措施，四大 AMC 具有了较强的盈利能力，已经实现国有资本的保值增值。这里以信达公司的股改、引战、IPO 为案例，表明中央财政作为四大 AMC 的股东已经实现了国有资产的保值增值。

从信达公司的财务分析看，2010 年 6 月，信达公司改制为股份公司时，注册资本由 100 亿元增加到 251.6 亿元，财政部为唯一发起人，持有 251.6 亿股。根据《中国信达招股说明书》，2012 年 3 月，信达公司引进战略投资者，增发后，财政部持股 83.46%，四家战投合计持股 16.54%，增发的股份溢价比例近 30%（以战投资金实际引进日计算），由此可以计算此次引战使得财政部持有股权的每股净资产增值 5%（即 16.54% × 1.3 + 83.46% − 100%），通过引战，财政部持有股权的动态价值和静态价值都得到明显的提升。根据信达公司网站，2013 年 12 月，信达公司在香港 H 股发行上市，增发后，财政部持股占 69.57%，增发的股份占 16.97%，增发的股份溢价比例近 38%，由此计算本次增发使得财政部持有股权的每股净资产增值 6.45%（即 16.97% × 1.38 + 83.03% − 100%）。通过上市，财政部持有股权的动态价值和静态价值再次得到明显提升。信达公司股票公开交易后，股价市净率一直维持在 1.4 ~ 2.1 倍。这意味着，其市场公允价格最低时比每股净资产溢价 40% 以上，最高时溢价多达 110%。

通过信达公司转型改革的案例，可以清晰地看到，在信达公司市场化

改革中，伴随着信达公司的股改、引战、上市，中央财政作为股东实现了国有资本的增值。这种股权增值，主要是得益于信达公司在市场化改革中，通过股改、引战、上市，增强了公司的资本实力，增加业务范围，拓宽融资渠道，做大业务规模，培育更多的利润增长点。另外，信贷公司通过建立现代金融企业制度，转变体制机制，释放企业发展的内生活力和动力，提高市场竞争力。

## （二）展望未来，AMC 股权的市场价值处于波动状态

从资本的绝对收益看，四大 AMC 的净资产收益率在未来依然为正数的可能性较大，中央财政持股的股权可以继续享受分红、增值等收益。这主要是得益于四大 AMC 的业务范围得到了扩大和发展。自 2007 年以来，在财政部、人民银行和金融监管部门的指导和组织推动下，四大 AMC 增加了追加投资、商业化收购不良资产、委托代理处置等业务，走上了商业化转型发展的道路。目前，四大 AMC 已从初始的政策性不良资产处置机构，逐步转型为在金融和非金融不良资产处置领域具有核心竞争力，并横跨所有金融业务服务领域，为企业客户提供"一站式""全方位""全生命周期"的金融服务业务，已经发展成为具有较强盈利能力的金融控股集团。

但是，从资本市场的二级市场股票估值看，四大 AMC 的股权价值已经处于波动状态。2013 年 12 月，信达公司在中国香港成功发行上市，作为第一家登陆资本市场的四大 AMC，信达公司受到投资者的热烈追捧。投资者踊跃认购信达公司股票，在香港公开发售部分超额认购 160 倍，国际发售部分超额认购 35 倍，创香港市场 3 年来的新高。2014 年 7 月，华融公司引进战略投资者，吸引了国内外 80 多家知名投资机构的青睐，最终引战的市净率高达 1.5 倍以上。这些都从一个侧面说明，我国四大 AMC 的改革发展得到了国际投资者的认可。但是，自 2015 年 8 月以来，信达公司股票的平均

市净率已经在两年多的时间内主要处于 1 以下,需要客观地认识到,四大 AMC 的二级市场股票已经处于一个波动的状态了。

### (三) 要客观地对待股权增值与中央财政控股 AMC 之间的关系

从国家目标看,中央财政成立四大 AMC 的初衷是为了防范和化解系统性金融风险,处置银行的不良资产,肯定不是一味地追求资本投资收益的。经过多年的探索和发展,四大 AMC 已经实现了对金融不良资产和非金融不良资产的收购处置,建立健全了较为完善的内部控制体系和风险控制体系,成为不良资产市场的收购处置资产的主力军。这种对不良资产市场的培养,对不良资产处置机构的培养,如今较为完善的不良资产市场的形成,是国家更为重视的效果。面向未来,我国四大 AMC 都已经完成了股份制改革,不良资产市场的资产处置主体已经基本得到改革和树立,四大 AMC 的股权价值在二级市场中波动前行,并不意味着投资四大 AMC 的股票一直会获得收益。因此,综合来看,四大 AMC 的股权增值与中央财政控股之间并不存在很强的逻辑关系。

## 五、四大 AMC 的股东动态安排构想

通过前面的分析,如果非要为中央财政继续控股四大 AMC 找一个理由的话,化解风险功能是最为首要的,维持或是增强盘活存量资产是次要的理由,而股权投资增值不是理由。由此可见,是否继续维护中央财政对四大 AMC 的控股地位,是一个非常复杂的问题,需要进一步地深刻研究,也需要结合金融体系的发展和完善。

但是,另一个问题是,从现有的中央财政控股现状出发,如何退出、持股多少等都需要基于现实的考量,不可忽视已有的国家目标、金融制度、不良资产市场发育程度、其他金融市场效率等因素。

我国四大 AMC 已经实现股份制改革。2016 年下半年中国东方公司、中国长城公司先后完成了股份制改革，这意味着，四大 AMC 已经实现中央财政对 AMC 从国有独资到绝对控股的转变。以此为起点，围绕四大 AMC 的制度设计，还需要加快以下三个转变。

一是加快实现中央财政对四大 AMC 的静态控股向动态控股的转变。当前，四大 AMC 还属于中央财政绝对控股，并且这种控股相对是静态的，尤其是中国东方公司和中国长城公司还没有实现首次公开募股（IPO）。下一步，可以参考信达公司的市场化改革路径，以股改—引战—上市为主线，充分利用资本市场，实现中央财政对四大 AMC 的动态控股。中国长城公司已经完成了股份制改革，成为股份有限公司，还需要在引进战略投资者和 IPO 上加快进度。中国东方公司已经在 2017 年完成了引进战略投资者的工作，将继续推进上市工作。另外，中国信达公司和中国华融公司已经实现了 IPO，可以由中央财政根据需要实现动态的持股比例。同时，在不良资产大规模爆发的非常时期，中央财政可以实行反向操作增加对四大 AMC 的持股，以增强市场对四大 AMC 的信心。

二是加快中央财政对 AMC 国有股东权利的行使与管理职能的转变。我国四大 AMC，与其他已建立现代企业制度的国有企业类似，"两权分离"即财产所有权和经营控制权分离的问题随之出现。因此，要在财政部及其他股东和四大 AMC 之间，建立真正的委托—代理关系，财政部应逐步由"行政管理"向"委托代理"转变。为适应这一变化，财政部可从派出股权董事、绩效考核评价、高管薪酬管理、期权激励安排等方面入手，逐步建立起行之有效的"委托代理"和"激励约束"机制，促进四大 AMC 的稳健发展。财政部可以通过股东大会、董事会等行使股东权利，保证国有资本的权益不受损失。但是，这种股东的权利行使，与其自身的行业与监管政策的制定与实施还需要设立隔离，也可以参考中央汇金公司模式在四大 AMC

之上设立控股公司。

三是加快实现四大 AMC 公司治理完善和股东监管的转变。四大 AMC 作为中央金融企业，其功能和目标具有双重性。一方面，四大 AMC 处置不良资产，作为国家金融风险处置和问题金融机构救助、稳定经济金融的重要工具，其作用与经济金融稳定直接相关，具有非常强的正外部性，事实上履行了一定的防控系统性金融风险的社会责任，并且还承担了国有金融企业应承担的基本社会责任。另一方面，作为市场主体，还必须追求企业本身的经营效益，进而实现企业的自我更新与股东资本的保值增值。这种双重属性，在某些时候存在着冲突。为了化解这种内在的矛盾冲突，需要从四大 AMC 的公司治理制度上入手，不仅要强调公司的资本回报率，还要强调公司的社会责任以及相关利益人的利益。其中，对股东的资格、行为、规范等建立健全完善的制度体系是非常必要的。既要适度克制私人资本的逐利性而不顾金融风险的危害和社会稳定；也要适度规范国有股东的行为，不可一味地置其他股东的合理回报收益于不顾。对财政履行的双重身份的管理也是非常必要的，一方面，作为四大 AMC 的股东、控股股东，存在损害小股东权益的风险；另一方面，作为不良资产行业及金融行业的政策制定者，存在危害市场公平的风险。

# 第二部分
AMC业务经营发展

# 金融资产管理公司处置不良资产的国际比较[*]

中国华融、中国长城、中国东方、中国信达等四家金融资产管理公司是中国不良资产市场参与的主要力量,地方资产管理公司开始加快发展,外资已经获取了不良资产业务牌照,大量社会资本涌入不良资产行业。处置不良资产是资产管理公司经营的重点和难点。为更好地处置不良资产,发挥资产管理公司的金融功能,应该借鉴国际经验,比较国内外不良资产处置方式,进一步提高处置效率。

## 一、资产管理公司处置资产的国际经验

1. 美国资产管理公司处置资产的经验

20 世纪 70 年代以后,由于两次石油危机,美国银行业的经营环境发生了变化,引发美国大量的储贷机构陷入危机。为解决储贷机构危机,美国重组信托公司(RTC)于 1989 年成立到 1995 年解散,处理了问题储贷机构 747 家,处置了问题资产总值达 4000 多亿美元,成为处置商业银行不良资产的历史典范。

美国重组信托公司运作不良资产主要经过接管、处置和清算三个阶段,

---

[*] 原文完成于 2015 年,本书对部分内容作了更新。

并都处置了资产。为提高资产处置效率，根据资产情况，重组信托公司创新多种处置方式。一是快速出售。对于倒闭机构的不动产资产，采用区域性或全国性联合拍卖方式。采用密封投标方式，出售现金流为负及持有成本过大的资产。为加快贷款出售，重组信托公司根据区位、资产质量及期限等要素，为贷款收购方提供担保或融资。快速出售不良资产，降低持有资产的机会成本，有助于尽快收回现金。二是聘用外部资产管理机构。重组信托公司通过竞争性投标确定合格的外部资产管理机构，使其承包各类不良资产管理和处置合约，包括当时设计的5000万美元以上房地产和不良贷款合约，及12项专门资产管理处置合约。三是资产证券化。重组信托公司将居民住房抵押贷款、商业房抵押贷款、零售贷款等作为基础资产，形成资产证券化产品，加快各类资产的出售，累计实施了420多亿美元资产，相当于总资产10%以上。四是运用股权合伙企业处置资产。重组信托公司将从问题金融机构获得的金融资产出售给重组信托公司与私人投资者组建的新的合伙企业，为新成立的合伙企业安排融资，对其出售的资产享有股息，私人投资者作为普通合伙人负责合伙资产的经营。

2008年为应对次贷危机、解决不良资产问题，除了销售资产之外，美国政府推出了"公私合营投资计划PPIP"。在PPIP中，美国财政部与投资者按照50%比例出资共同组建公私投资基金（PPIF），收购银行、保险公司、各类基金等金融机构的不良贷款，购买初始信用级别为AAA级的抵押担保问题债券。

2. 瑞典资产管理公司处置资产的经验

20世纪90年代初，瑞典房地产泡沫破灭引发银行业危机。在1992年瑞典银行危机高峰期，不良贷款占总贷款比重为11%左右。为解决不良贷款，瑞典于1992年，成立了塞克拉姆（Securum）"坏银行"，并解散于1997年。

瑞典资产管理公司塞克拉姆积累了良好的资产处置经验。一是成立专业资产管理公司作为处置资产的子公司。瑞典塞克拉姆将接收的不良资产进行分类，根据资产的抵押物、股权等属性，分别转让给其下属的工业资产子公司、房地产类资产子公司及国外资产管理公司等。二是贷款重组。通过重新组织企业生产经营，提高工业公司贷款质量，吸引市场投资者。通过物业翻新等手段，提高房地产企业的现金流，提高房地产信贷的内在价值。三是选择时机出售资产。塞克拉姆担心过快将不动产等资产投放到市场，引发资产价格的再次下跌，所以最初目标是10~15年卖掉所有资产，期间根据市场价格择机出售资产。

3. 日本资产管理公司处置资产的经验

20世纪90年代以来，日本陆续经历了经济泡沫破灭、亚洲金融危机及次贷危机，对日本金融经济带来重大冲击。为应对这些危机，解决银行业不良资产，促进金融体系再生和产业再生，日本先后成立整理回收机构、产业再生机构、企业再生支援机构等资产管理公司，积累了大量有益的资产处置经验。

日本整理回收机构处置资产，除了债权清收外，还兼顾了信贷出售和企业再生。一是债权资产出售，包括招标批量出售债权资产、打包出售、竞标出售等。二是信贷证券化处置。通过信托功能，将批量或者单个资产进行证券化处置，加快出售。三是企业再生。整理回收机构利用私人投资基金的资金，以及其在企业运营中的技术专长，参与了大量企业的再生计划。产生再生机构主要是出售资产及企业再生。一方面，为快速处置不良资产，产生再生机构转让或出售其持有的企业债权或股权；另一方面，通过债转股、注资、担保、提供顾问等方式，促进企业再生。尤其是产生再生机构通过债转股的方式，成为目标企业的股权基金人，并在必要时提供融资或担保，改善目标企业的经营状况。企业再生支援机构在划分企业债权资产类别的基础上，采用债务重组、融资及管理企业等方式，提高资产处置经营效率，进一步促进日本企业再生发展。

4. 韩国资产管理公司处置资产的经验

为应对亚洲金融危机，韩国于1999年成立资产管理公司。韩国资产管理公司由韩国产业银行的附属机构成业公社转变而来，并作为永久性的不良资产处置机构，其业务范围主要是管理和运营"不良资产整理基金"，收购和处置金融机构的不良贷款，重组陷入困境的企业，管理和处置政府财产及投资国际不良资产等。在2008年末全球金融危机爆发时，韩国资产管理公司也再次全面介入韩国不良资产市场。

韩国资产管理公司自成立以来积累了大量的资产处置经验。一是清收现金和诉讼追偿。二是资产出售。针对通用性差、持有成本高的不良资产，一般采用尽快出售处置方式，包括招标、拍卖、协议出售等。通过协商谈判方式，确定不良资产的价格和交易结构，以协议出售形式转让不良资产。三是资产证券化。对于处置难度大、周期长的资产，适当采用资产证券化的方式加快出售。四是委托分包。为加快资产处置，韩国资产管理公司将部分资产以分包合同的方式委托给合格的资产管理人处置，由代理人根据委托人要求负责资产经营或者（追偿）等。五是资产重组与企业再生。对于可以恢复和具有发展前景的企业，作为目标企业，韩国资产管理公司制定再生计划，通过债务重组、企业重组、项目合作及提供融资等方式，促进目标企业继续发展。

## 二、资产管理公司处置资产的中国做法

为应对亚洲金融危机冲击，化解国有银行不良资产带来的风险，在借鉴国际经验的基础上，中国于1999年成立了华融、长城、东方、信达等四家金融资产管理公司。从1999年至今，四家金融资产管理公司大体上经历

了两个发展阶段。第一个阶段是从1999年成立到2006年底的政策性资产处置阶段。四家金融资产管理公司在1999年按面值接收了银行剥离的政策性不良资产约1.4万亿元，其主要经营目标是最大限度保全资产、减少损失，到2006年末已经圆满完成国家赋予的政策性资产处置任务。第二个阶段是2007年以来AMC的转型发展阶段。2007年以来，AMC商业化转型发展成果显著，信达公司已经于2013年12月在香港上市，华融公司已经完成了股改和引进战略投资者工作，长城公司和东方公司也完成股改。在不同的发展阶段，四家AMC处置资产的方式也发生了变化。

在政策性资产处置阶段，资产管理公司处置资产主要以清收现金为主，以追加投资和债转股为辅。一是追偿债权，清收现金。根据《金融资产管理公司条例》，四家金融资产管理公司主要经营目标是最大限度保全资产、减少损失。根据《财政部关于建立金融资产管理公司资产处置回收目标责任制的通知》，资产公司考核责任目标之一是债权资产处置现金回收率。为完成考核目标，四家金融资产管理公司初期的主要任务是向债务人追偿、诉讼，并努力回收现金。二是追加投资。为提升资产价值，四家金融资产管理公司运用现金资本金，对其收购的不良贷款、实物资产等追加必要投资，最终实现并提高现金回收率。三是债转股。为支持国有大型企业，积极推动国企改革，四家金融资产管理公司作为投资主体，对国家拟定的580户国有企业进行债权转股权，实行相应的增资减债。后期的股权处置，根据股权性质和价值，可以采取股权转让、股权置换、大股东回购等方式处置。

在2007年以来的商业化转型发展阶段，除了政策性时期积累的处置方式，资产管理公司还进一步丰富了资产处置方式。一是债权出售。针对加速贬值的资产，将收购获得的不良资产以市场认可的价格向第三方出售，包括拍卖、招标、竞标、协议转让等。根据资产的区位、行业、抵押物、担保等性质，将同类资产进行打包，实施打包出售。资产管理公司也可作为委托人，将收购的不良资产委托给合格的代理人实施委托处置，针对不同类别资产，又可以分为打包委托和单项委托，加快资产的处置效率。将收购的资产进行分类，对部分资产加快销售是资产管理公司处置资产的常用做法。二是债务重组。针对具有长期偿债能力的企业，通过调整资金规模、利率、期限、担保等要素，资产管理公司对目标企业实施债务重组。实际运作中，债务重组还包括债权重组、资产重组、债转股等多种方式。伴随着房地产行业的发展，债务重组一度成为资产管理公司的主要处置方式，是其利润来源的主要业务。三是资产证券化。以资产证券化方式处置资产，在国内是比较新的处置方式。目前，华融、长城等资产管理公司已经通过发行ABS，实现了债权资产的证券化处置。四是组建专业平台公司。为更好地提升收购资产的价值，四家AMC已经发展成为金融控股集团。中国华融资产管理股份有限公司已经拥有银行、信托、租赁、证券、基金、期货6张金融牌照，中国长城资产管理公司也集齐银行、信托、租赁、保险、证券、基金6张金融牌照，东方资产拥有保险、证券、信托、租赁4张金融牌照，中国信达则拥有证券、基金、信托、租赁、保险5张金融牌照。

### 三、资产管理公司处置资产的比较分析

不良资产处置是资产管理公司经营的重点和难点。20世纪70年代以来，世界各国资产管理公司积累了大量的资产处置经验，但是也存在差异。

一是重视不良资产分类，处置方式日益丰富。美国重组信托公司在不良资产接管、处置和清算三个阶段中，均对接受的不良资产进行分类，并有针对性地采取快速销售、证券化、组建企业运营资产等处置方式。次贷

危机后，组建的公私投资基金主要是收购金融机构的不良贷款及初始等级AAA的问题债券，存款保险公司对部分快速贬值的资产进行快速销售。瑞典塞克拉姆根据不良资产的抵押物、股权等属性，分别转让给其下属的工业资产子公司、房地产类资产子公司及国外资产管理公司等。日本资产管理公司在筛选出目标再生企业的基础上，通过债务重组、债转股、注资、担保、提供顾问等方式，促进企业和产业再生。韩国资产管理公司根据不同的资产，采用了清收现金、诉讼追偿、资产出售、资产重组、企业再生等处置方式。2007年以后我国四家AMC为提高经营效率，更加重视对不良资产进行分类，进入到精细化管理运营不良资产时代，形成了资产出售、债务重组、追加投资等多元处置方式。

二是亚洲地区的资产管理公司更加注重"盘活存量资产"，促进企业再生。重组信托公司与私人投资者组建的合伙企业，使其经营不良资产。瑞典塞克拉姆对工业贷款和房地产贷款实行债务重组，再择机出售。但是，美国和瑞典等西方发达国家主要还是以出售不良资产为主要处置方式。日本、韩国及中国更加重视盘活存量资产，并促进企业再生。日本整理回收机构利用私人投资基金的资金，以及其在企业运营中的技术专长，参与了大量企业的再生计划。日本产生再生机构通过债转股、注资、担保、提供顾问等方式，促进企业再生。企业再生支援机构采用债务重组、融资及管理企业等方式，促进日本企业再生发展。对于可以恢复和具有发展前景的企业，韩国资产管理公司制定再生计划，通过债务重组、企业重组、项目合作及提供融资等方式，促进目标企业再生。无论是政策性时期，还是商业化转型发展时期，中国四家金融资产管理公司通过债务重组、追加投资、债转股等方式，支持大型企业持续发展。

三是不良资产处置技术不断创新。从美国重组信托公司成立以来，各国资产管理公司不断创新资产处置技术。根据资产的区位、抵押、流动性等要素，对不良资产分类更加精细化。从直接向债务人清收现金、诉讼追偿，到后面的委托处置、分包追偿等。快速销售资产的技术越加发达，从拍卖、竞标、协议销售，到后来的打包出售、委托销售、结构化销售等；从基本的清收、销售，发展到债务重组、资产重组、证券化等手段。次贷危机后，美国组建公私投资基金（PPIF），处置金融机构不良贷款及初始AAA级的抵押担保问题债券。瑞典塞克拉姆通过专业子公司选择时机出售资产。日本资产管理公司通过债务重组、融资、产业技术、顾问服务等方式，促进企业再生。韩国资产管理公司通过运营"不良资产整理基金"，处置资产并促进企业再生。为更好地提升收购资产的价值，我国四家AMC纷纷组建专业平台公司，都获得了众多金融牌照，已经发展成为金融控股集团，不良资产处置技术日益增强。

四是资产市场环境影响不良资产处置。得益于发达的市场体系，美国重组信托公司主要是快速出售资产，包括拍卖、投标、协议出售、分包出售、委托出售，以及资产证券化等方式。瑞典塞克拉姆根据不动产市场情况，在10~15年期间择期出售资产，以提高回收现金率。日本的金融体系以银行为核心，日本资产管理公司注重企业再生，主要是形成银行业恢复发展和产业再生的良性互动。韩国资产管理公司具有国内垄断地位，为其灵活地处置不良资产带来便利。在政策性时期，我国四家AMC主要是追求现金回收率。在商业化转型之后，四家AMC成为金融控股集团，充分利用银行、证券、信托等金融牌照，更加注重对不良贷款、企业应收账款等存量资产的价值发现和价值提升。

## 四、完善金融资产管理公司处置资产的主要建议

1999年以来，我国金融资产管理公司已经积累了大量的不良资产处置技术，拥有大量的资产处置人才，整体资产处置经营实力增强。但是，不

良资产市场的环境不断发生变化，金融资产管理公司处置资产还需要进一步提高水平。

一是进一步完善资产分类，加强不良资产收购管理。金融资产管理公司的核心是资产处置。但是，合理进行资产分类是资产处置的前提。针对实物资产如房地产等不动产，可以快速出售，也可以追加投资提升其价值，还可以选择合适的时机提高资产重估价值。针对快速贬值的债权资产，应该采取快速销售策略，如拍卖、竞标、协议转让等，也可以采用委托销售、分包销售等措施。针对具有长期偿债能力的企业，可以采取债务重组、债转股、再融资等措施，或者是引入战略投资者、基金投资等方式，促进企业再生。在商业化转型发展时期，为了提高经营效率，金融资产管理公司还应该更加注重不良资产收购，为后续的资产分类和资产处置做好准备。

二是提高资产处置技术，提升不良资产重估价值。不良资产市场的竞争逐步放开，参与主体增多，使得资产管理公司更加注重处置技术。韩国资产管理公司是永久存续公司，已经在国际不良资产市场开展业务。伴随着金融市场开放、海外不良资产增多，我国资产管理公司也应该提高资产处置技术，参与国际竞争。另外，随着金融工具创新和企业网络发展，问题企业和问题资产处置难度加大。非金融领域的存量资产规模日益增大，产生不良资产的原因日益复杂。在市场化竞争的商业环境中，这些都要求金融资产管理公司更加注重处置技术，提高不良资产的内在价值。

三是加强金融机构合作，提高资产处置效率。为了提高资产处置效率，各国不断创新处置机构。美国重组信托公司设立合伙企业，瑞典塞克拉姆设立不同的专业子公司，日本设立不同类型的资产管理公司，韩国资产管理公司管理和运营"不良资产整理基金"。从平台公司看，我国四家

AMC 已经成为了金融控股集团，逐步加强围绕不良资产处置的协同效应。同时，AMC 应该与其他金融机构在资产销售、委托处置、证券化等展开合作，还可以加强在债务重组、企业重组、项目合作等企业再生领域的合作。各金融机构已经形成比较优势，加强金融机构合作，可以更好地提高资产处置效率。

四是完善资产市场法律法规，促进不良资产市场持续发展。2014 年 8 月，银监会等五部委发布的《金融资产管理公司监管办法》进一步改善了我国金融资产管理公司的法律环境，有助于完善我国不良资产市场。国际经验也表明，不良资产市场持续发展离不开完备的法律法规体系。不良资产清收、诉讼、销售、追加投资、债转股、债务重组等各类处置方式，以及处置中的各个环节都涉及具体的法律规定。商业银行、信托公司等金融机构出售不良资产，以及各类不良资产投资人等都需要更好的法律制度。金融资产管理公司进一步提高不良资产处置效率，还有赖于相关法律制度的健全。

**参考文献**

[1] 李文政、宗良：《瑞典运用资产管理公司处理银行危机的经验》，载于《国际金融研究》1999 年第 3 期。

[2] 吕晓：《韩国不良资产处置经验对中国金融机构债务重组的启示》，载于《世界经济研究》2003 年第 4 期。

[3] 金融资产管理公司改革和发展课题组：《我国金融资产管理公司的改革和发展》，载于《金融研究》2006 年第 4 期。

[4] 张乔、杜凯华：《日本银行业不良资产处置的启示》，载于《日本问题研究》2007 年第 1 期。

[5] 周小川：《金融政策对金融危机的响应——宏观审慎政策框架的形成背景、内在逻辑和主要内容》，载于《金融研究》2011 年第 1 期。

［6］胡建忠：《不良资产经营处置方法探究——基于价值重估和分类管理的视角》，中国金融出版社 2011 年 8 月版。

［7］胡建忠：《充分发挥金融资产管理公司盘活存量的独特功能》，载于《金融资产管理》2014 年第 2 期。

［8］沈晓明：《金融资产管理公司理论与实务》，中国金融出版社 2014 年 12 月版。

# 金融资产管理公司化解内生
# 不良房地产项目*

目前，中国华融、中国长城、中国东方、中国信达四家金融资产管理公司已经完成了股份制改革，迈上了综合发展的新阶段。作为经营风险的银行业金融机构，AMC在十多年的发展中也产生了内生不良资产，其中以不良房地产项目尤为值得关注。作为综合性金融集团，AMC已经具有了处置不良资产的专业技术、专业人才和专业经验，对已经发生了风险的内生房地项目实施"分类管理、分类化解"，并积累了显著的独特经验。

## 一、加强投后管理，及时启动诉讼维权

化解不良房地产项目，需要做好预防工作，需要加强项目投后管理，加强制定合理、有针对性的风险防控化解方案。一旦项目出现了风险暴露，这些措施也为AMC对债务人、担保人及实际控制人启动清收追偿、法律诉讼等提供了保障。一是加强房地产项目的投后监管，做好各类风险的识别。加强区域经济形势、房地产政策、房企经营状况等前瞻性研究，主动识别房地产行业及已投房地产项目的经营风险、信用风险、流动性风险等各类风险，努力提高房地产项目相关风险的识别能力。对房地产项目进行全方

---

\* 原文发表于《中国银行业》2017年第9期。

位的监管，定期派员到现场查看项目进展，积极与项目施工单位、股东等有关方进行沟通，及时掌握房地产项目状况及债务人经营动态。二是加强应急反应，做好各类风险的应对方案。根据公司历史经验，结合具体项目特征，不断完善房地产项目各类风险的应对方案，针对具体项目制定出合理的风险防控化解方案。针对房地产销售环境、按揭贷款政策、债务人经营状况、区域司法环境等，按好、中、坏三类情景，合理设置详细的风险处置方案，做到防患未然。重点加强协调法院、律师、债务人、担保人、按揭银行等相关方，做好融资、担保、抵质押等合同管理，合法有序及时地落实风险应对方案。三是审时度势采取诉讼维权。通过加强投后监管、完善法律合约、落实经济约束等措施，破除房地产项目的风险来源及形成条件，避免投后房地产项目出现逾期。在项目的风险暴露初期，综合考虑前期掌握的信息，AMC 可以及时向管辖法院申请采取诉讼保全措施，快速对债务人、担保人及实际控制人名下的财产进行查封保全，实现首轮首封，保证抵质押财产安全，争取到不良项目相关资产的处置主动权。

## 二、创新处置抵质押物，加快资金回收

抵质押物是 AMC 化解不良房地产项目的重要抓手。AMC 对抵质押物实施分类创新处置，通过司法拍卖、以资抵债、创新处置等措施，尽快保护债权，尽早回收资金。一是协调法院及债务人，制定处置方案。综合考虑区域司法、房地产销售、按揭政策等因素，AMC 及时与地方法院、债务人及其他参与者，共同制定合理的抵押物处置方案。针对房地产作为抵押物，AMC 既要考虑当地的房地产销售市场，也要创新房地产的监管方式，制定合理的房地产解封、解押、销售等方案，最小化方案的执行成本，便于尽早实现债权回收。二是落实抵押物房地产销售及回款工作。AMC 协调执行法院、债务人、按揭银行、购房业主等参与主体，认真落实每套房产涉及

的解押、签约、备案、付款等各个环节，对每套解押房产的销售实行资金归集和封闭运行，对整体的房产抵押物实行循环解封、解押，尽快实现房产变现。三是实施以抵押物资产抵债。明确抵债资产范围，应以现房、土地使用权、在建工程等房地产资产为主，慎重考虑动产、机械设备等资产作为抵债资产。针对不同类别抵债资产，需要调查其法律权属、区位优势、运营价值、市场前景、升值空间等因素，确保不良项目处置完毕后所得收益高于原债权本息总额。针对符合条件的不良房地产项目，AMC 对其实施"以抵押物资产抵债"，通过司法、仲裁、协议等方式，获取债务人抵债的现房、土地使用权、在建工程等抵押物资产，偿还其所欠债款。四是创新处置股权等质押物。根据质押物性质，可将质押物分为上市公司股权、非上市公司股权、非股权等资产。根据不同类型质押物，AMC 采取不同的处置变现方案。其中，非禁售的上市公司股权具有较好的流动性，最容易处置变现，也可以通过投资、并购等方式提高其市场价值。无论采取何种质押物处置方式，还应争取到债务人积极配合，最终目标是尽快实现债权回收。

## 三、协助债务人再融资，增加还款来源

对于有再融资能力的不良房地产项目，AMC 利用自身的金融全牌照、专业技术、机构网络等优势，积极协助不良项目的债务人、担保人、实际控制人等参与方实施再融资，实现不良房地产项目的早日化解。一是协助债务人及相关方实行再融资。针对有再融资能力的债务人，支持债务人本身、不良房地产项目的其他股东、债务人的股东等相关方实施发债、借贷、股权等各类形式的再融资，增加不良房地产项目的还款来源。在不提高风险水平的前提下，可以在抵押物设立顺位抵押等方面，为债务人再融资提供便利。为尽快实现再融资，AMC 可以利用银行、证券、信托、基金等平

台公司，积极辅导债务人推进实施再融资，也可以帮助债务人积极撮合潜在的资金提供者。二是增强不良房地产项目担保措施，缓释项目风险。从债务主体看，鼓励债务人通过增加担保人、保证人等措施，提高其偿还债务的担保能力，进一步缓释不良房地产项目风险。从具体项目看，支持不良房地产项目的法人通过增加抵质押物、减少抵质押权人、减少抵质押率等措施，提高原不良项目的担保率，进一步缓释已经逾期项目的声誉、流动性、资产维护等各类风险。三是增加不良房地产项目的还款来源。鼓励不良房地产项目的法人、股东、担保人、实际控制人等相关方，通过债务股权、资产出售、并购重组、债务置换等措施，积极开展融资，努力提高相关方的还款能力，扩大不良房地产项目的还款来源，降低不良房地产项目的信用风险，尽快实现资金回收。

### 四、运用置业平台公司化解不良项目

针对已发生风险的房地产项目，AMC 通过债转股、"转股+债权"等模式，将下属的置业平台公司参与到化解不良项目，实质性地参与债务人的公司治理及运营，并整合优化已有的营业用房、抵债资产、存量房地产等资源，帮助困境中的房地产企业改进业绩。一是取得不良房地产企业的实际控制权。针对有控股股权的债务人，AMC 需要立即发挥大股东的实际作用，实质性地接管债务人并参与房地产企业的实际经营。针对股权份额不足的债务人，在合理评估项目前景、债务人、担保人、实际控制人等因素的基础上，AMC 可以对不良房地产企业实施完全债转股、"部分债转股+债务重组"等措施，取得不良房地产企业的实际控制权，为后续运作提供基础。在取得实际控制权之后，AMC 以股东身份，参与不良房地产企业的公司治理和经营管理，调整不良房地产企业的管理团队，发挥 AMC 的技术、人才、金融、网络等优势，改善不良房地产项目的经营业绩，变不良房地

产项目为优良房地产项目。二是 AMC 引入置业平台公司参与化解不良项目。目前，四家金融资产管理公司都有控股的置业平台公司，包括华融置业、长城国富置业、东方邦信置业、信达地产等，这些置业平台公司有能力参与化解不良房地产项目，其中信达地产是国内知名的上市公司。AMC 联合其置业平台公司，重新设计、建设、改造现有房屋及在建项目，继续开发不良项目的存量土地，改进不良房地产项目的资金回收。此外，AMC 也可以按照市场化原则，交由其置业平台公司以代理股东的身份，对具体不良房地产项目实施实质性经营管理，并择机追加投资建设存量项目，参与不良房地产企业的公司治理和经营管理，提供技术、人才、品牌、资金等要素，提高不良房地产企业的经营水平。三是 AMC 运用集团力量盘活不良房地产项目。四家金融资产管理公司已经是具有全牌照的金融控股集团，具有盘活存量不良资产的特殊功能。针对有发展前景的不良房地产企业，AMC 通过投资、证券、置业等平台公司，以"全牌照金融＋困境中的房地产"模式，盘活已有的不良房地产项目，积极改造不良房地产企业，促进其改进管理、改善业绩、实现上市等，最终实现股权增值及债权最大化回收。

## 五、引入第三方房地产企业化解不良项目

在化解不良房地产项目中，AMC 择机引入第三方优质房地产企业参与合作，以"AMC ＋第三方房企＋不良项目""AMC ＋第三方房企＋置业平台公司＋不良项目"等模式，发挥各自优势，促进各自发展。这不仅帮助 AMC 化解不良项目，也帮助第三方房地产企业获得业务资源，实现 AMC 和优质房地产企业的共同发展。一是主动寻找合适的第三方房地产企业介入不良项目。在评估不良房地产项目的形成原因、资产状况、债务人实力、地理位置、区域环境等因素的基础上，形成潜在合作房地产企业的具体特

征条件，AMC 可以主动邀请符合条件的第三方房地产企业介入化解不良项目。根据具体的不良房地产项目特征，AMC 牵头设计出合理的化解方案，推动 AMC、债务人、担保人、第三方房地产企业等参与者，共同化解不良项目，实现收益共享、共同发展。二是科学评估第三方房地产企业的化解能力。对具有意向的第三方房地产企业，应该根据其经营水平、区域发展战略等因素，合理确定其参与处置风险项目的真实意图。在确定真实意图之后，还需根据品牌、技术、项目经验、客户关系等合理地评估第三方房地产企业的化解能力，确保合作出成果。三是 AMC 为合作房地产企业提供金融支持。AMC 将参与化解不良项目的第三方房地产企业，作为优质客户提供各类金融服务。根据化解方案、第三方房地产企业的综合实力、不良项目重整后的经营预期等，AMC 可以继续为该第三方房地产企业提供远期收购、投资投行等综合金融服务，帮助不良项目彻底化解，也开拓了新的资产业务。

## 六、适时转让并最大化剩余债权回收价值

针对部分不良房地产项目债权，AMC 择机抓住不良资产市场机遇，在满足自身流动性诉求的基础上，以"一企一策""组包转让""以优带次""以新带旧"等形式，通过打折出售、公开挂牌、协议转让等措施，适时转让交易不良项目债权，并实行债权卖断，加快不良项目债权资金回收。一是准确掌握市场变化，及时把握转让机遇。当前，各类资金涌向不良资产市场，对不良资产的需求较为旺盛，为 AMC 转让部分不良房地产债权提供了较好机遇。在测算剩余不良债权回收率的基础上，并比较市场转让价格，尽快评估不良房地产项目剩余债权的内在价值，制定合理的转让交易方案，尽早尽快地抓住市场交易机会。二是结合自身需求，多方寻求意向投资者。在综合考虑转让时间、转让价格、转让渠道及程序规范等基础上，AMC 合

理评估自身经营需求，可以主动寻找国有资本、民间资本、国外资本等对接转让，也可以在全国各类合法的金融资产交易所等实行挂牌交易，实现不良房地产项目剩余债权最大化回收价值。三是突出资产亮点，实施不良项目剩余债权转让。AMC对不良房地产项目的剩余债权，可以主动积极营销，突出项目抵押物较多、担保措施充足、担保人依法承担保证责任等特点，推动具有交易意向的各类投资者尽快实施投资，落实好资产转让交易的各个环节，尽早实现债权转让和资金回款。

# 金融资产管理公司开展投贷联动业务设想[*]

中国华融、中国长城、中国东方、中国信达四家金融资产管理公司虽未开展名义上的投贷联动业务，但其商业化业务范畴已实质上覆盖了投贷联动的业务范围。金融资产管理公司开展的"股权+债权"业务与现行试点的投贷联动业务在本质上是相同的，同时金融资产管理公司具有成功的历史经验和金融全牌照的独特优势，在实际操作上也具有《金融资产管理公司条例》等法律依据，已经具备了开展投贷联动业务的所有条件。

1999年成立以来，我国四家金融资产管理公司已经开展了债务重组、债转股、债股结合等类似的投贷联动业务。后期，为完善科技金融服务模式，支持科技创新创业企业（以下简称科创企业）发展，中国银监会与科技部、中国人民银行联合发布《关于支持银行业金融机构加大创新力度开展科创企业投贷联动试点的指导意见》（以下简称《指导意见》），鼓励银行业金融机构加大创新力度，开展科创企业投贷联动试点。作为银行业金融机构，金融资产管理公司应积极探索投贷联动业务，更好地服务我国科创企业。

---

[*] 原文发表于《中国银行业》2017年第1期。

## 一、AMC 具备开展投贷联动的条件和优势

"投贷联动",即为"股权投资+贷款",是一种广义上的股权和债权的结合业务。

伴随着我国金融业在 20 世纪 90 年代中后期确定的分业经营及分业监管,我国商业银行也通过多种渠道探索投贷联动业务。2016 年,为了满足我国社会融资股权化的需要,中国银监会与科技部、中国人民银行联合发布《关于支持银行业金融机构加大创新力度开展科创企业投贷联动试点的指导意见》,鼓励和指导银行业金融机构开展投贷联动业务试点,并明确了首批 10 家试点银行。实际上,四家金融资产管理公司(AMC)虽未开展名义上的投贷联动业务,但其商业化业务范畴已经实质上覆盖了投贷联动的业务范围。AMC 开展的"股权+债权"业务与现行试点的投贷联动业务在本质上是相同的,同时 AMC 具有成功的历史经验和金融全牌照的独特优势,在实际操作上也具有《金融资产管理公司条例》等法律依据,已经具备了开展投贷联动业务的所有条件。

AMC 具有开展股债结合业务的成功经验,可以将其复制到投贷联动业务。1999 年成立以来,华融、长城、东方、信达四家金融资产管理公司成功运作了大量的债转股项目,帮助国有企业减负脱困,推动实体经济健康发展,积累了大量的股债结合业务经验。例如,在政策性时期,四家 AMC 承担了 4000 多亿元的政策性债转股项目,这些转股股权的处置业绩也超出了财政部的设定目标。商业化发展以来,四家 AMC 通过债务重组、资产重组及并购重组等手段,丰富了"债权+股权"的业务内涵,创新发展了股债结合业务。在转股企业选择上,优先考虑符合国家产业发展政策、发展有前途、产品有市场、陷入财务困境的实体企业,建立了一套筛选目标客户的技术体系。在转股企业管理上,AMC 发挥了出资人职能,将转股企业

改制为有限责任公司或股份有限公司，并建立了有效的现代公司治理制度，同时依法行驶股东权利并派出董事、监事，帮助转股企业完善治理、改善业绩。在转股股权处置上，AMC 根据转股企业未来发展状况，可以进一步追加阶段性投资，围绕企业股权开展特定的并购重组，也可以通过转让、IPO 等方式退出，其中代表性项目是中国长城资产管理股份有限公司操作的超日债项目。

AMC 具有金融全牌照，可以为客户提供一站式的"股权+债权"的类投贷联动业务。目前，华融、长城、东方、信达四家金融资产管理公司都拥有了银行、证券、信托、保险等平台子公司，不同程度地实现了金融全牌照，进一步增强了债权业务和股权业务的经营能力，可以为企业提供一站式的类投贷联动服务。在债权业务方面，AMC 又称为"坏账银行"，积累了大量的不良贷款处置经验，具有强大的收购处置、收购重组、固定收益等债权性质业务的投资管理能力。同时，AMC 通过控股商业银行作为子公司，发挥银行在债权经营上的专业功能及专业人才优势，又进一步增强了信贷、债券、非标债等债权的经营能力。在股权业务方面，自成立以来，四家 AMC 持续开展债权转股权业务，也战略性地投资控股了各类金融企业，通过转让、IPO 等处置了大量的股权资产，具备了股权投资方面的各类技术、专业人员及管理能力。AMC 通过控股证券公司、股权投资公司等平台，进一步增强了股权投资、管理、退出的能力，实现了股权一二级市场全覆盖。四家金融资产管理公司的金融全牌照，不仅保障了其做大做强不良资产主业，通过银行、证券等子公司，进一步增强了债权、股权、债转股之间的联动发展。

AMC 开展"股权投资+债权融资"类型的投贷联动业务，具有法律依据。2000 年颁布的《金融资产管理公司条例》是规范金融资产管理公司活动的主要法律，该条例不仅规定了 AMC 可以收购重组不良信贷，也规定

AMC可以开展债权转股权业务。在债权方面，AMC可以开展不良信贷收购重组、固定收益投资等业务，与企业形成了债权债务关系。在股权投资方面，AMC可以实时债转股、阶段性股权投资等业务，成为企业的股东。在债转股方面，AMC可以将收购国有银行不良贷款取得的债权转为对借款企业的股权，并且持有这些股权不受AMC本公司净资产额或者注册资本的比例限制。在债权转股权之后的管理上，实施债权转股权的企业应当按照现代企业制度的要求，转换经营机制，建立规范的公司法人治理结构，加强企业管理；作为转股企业的股东，AMC可以派员参加企业董事会、监事会，依法行使股东权利。在股权处置上，AMC也具有比较灵活的处置方式，可以将其持有的企业股权按照国家有关规定向境内外投资者转让，也可以由债权转股权企业依法回购。

## 二、AMC新时期开展投贷联动业务的策略

目前，我国AMC在债务重组、债转股、股权投资、股债结合等方面，积累了大量的核心技术、客户项目、专业团队等优势。同时，四家金融资产管理公司已经成为金融控股集团，具有资产收购、银行、证券、投资、信托等金融牌照，具备了为科创企业等客户提供股权和债权融资的综合能力。

主动争取成为投贷联动试点机构。目前，我国投贷联动试点机构主要针对商业银行，尚无一家金融资产管理公司获得正式的投贷联动试点资格。但由于投贷联动的试点机构是指银行业金融机构，金融资产管理公司作为我国银行业金融机构的一员，在现有政策范围内可以申请为投贷联动试点机构。同时，根据试点工作开展情况，中国银监会将会同有关部门，及时总结试点工作成效，按照程序报批后，适时扩大试点机构、地区范围，推广试点成功经验。因此，金融资产管理公司应主动跟踪投贷联动试点进展，

抓住投贷联动后续试点的机遇，根据试点机构条件，积极向监管部门申报申请，争取早日进入第二批试点机构范围，推动金融资产管理公司通过投贷联动更好地服务科创企业。

大力发展 AMC 股债结合业务。我国四家金融资产管理公司自 1999 年成立以来，已经开展了债务重组、债转股、股权投资等业务，在为单一客户企业同时提供股权投资和债权融资的股债结合方面积累了大量的技术、项目和客户。从本质上看，股债结合业务与现在的投贷联动业务具有一样的内涵，在当前投贷联动试点趋势下，四家金融资产管理公司应该继续大力发展股债结合业务。在集团公司范围内，AMC 可以发挥金融控股集团的金融全牌照优势，利用各地分公司及银行、证券等平台公司，采取单独或联合的合作方式，为目标企业提供股债结合业务。同时，在全国范围内，AMC 可以加强发掘母公司及平台公司的存量客户股债结合业务需求，加强对新增客户的股债结合业务的营销与推广，更好地为客户企业提供多元化和综合化的金融服务。

加快建设投贷联动业务的人才团队。金融资产管理公司开展投贷联动业务，需要懂科技、懂科技金融的专业人才及专业团队。在公司战略层面，应提高董事会及经营层对服务科创企业并开展投贷联动业务的重视程度，启动科技金融及投贷联动业务的整体发展规划。在管理人员方面，AMC 应当加强培养具有科技行业背景、科技金融专业知识的人员，也可以采用外部引进等方式提升专业人员配备。在具体经营方面，AMC 应加快引进、培养一支懂科技、懂金融的经营管理人才队伍，切实做好投贷联动业务拓展、科技金融产品研发、科创企业融资的风险控制等。在专业团队建设方面，AMC 及其平台公司应根据自身条件，有步骤地确定其重点支持的科技领域，并针对具体的科技领域培养相应的懂科技、懂金融的专业团队。

加强投贷联动业务的风险管控。由于科创企业风险较大，投贷联动业务复杂，金融资产管理公司务必高度重视投贷联动业务的风险管控。在合规方面，AMC 应该根据监管部门要求，及时向监管部门报送投贷联动业务试点方案，及时与监管部门沟通投贷联动业务实施的科创企业。在风险补偿方面，AMC 应主动联系地方政府，设计并落实政府贷款风险补充基金的分担补偿机制和比例，争取地方政府对科创企业的支持及对投贷联动业务的支持。在机构合作方面，AMC 加强与担保公司、保险公司等机构之间的客户、项目、风险分担补充等合作，尤其是合理风险分担补偿机制和比例。在全面风险管理方面，AMC 需要加强科创企业等目标企业的风险甄别，与专业的科技机构、风险投资机构等合作并提高符合条件的目标企业的筛选能力，落实目标企业的抵押、质押、担保等风险管控措施，尽量降低投贷联动业务的风险水平。

# AMC 银行子公司开展投贷联动业务探析[*]

我国华融、长城、东方、信达四大金融资产管理公司分别控股了湘江银行、长城华西银行、大连银行及南洋商业银行。这四家金融资产管理公司控股的商业银行通过投贷联动业务，不仅可以发挥自身贷款优势，也可以发挥母公司及其他平台公司的股权投资优势，可以更好地服务科创企业。在分析银监会与科技部、人民银行联合发布的《关于支持银行业金融机构加大创新力度　开展科创企业投贷联动试点的指导意见》（以下简称《指导意见》）的基础上，本文探索金融资产管理公司控股的商业银行如何发展投贷联动业务。

## 一、投贷联动的试点及经验

### （一）投贷联动试点范围说明

在《指导意见》中，投贷联动是指，银行业金融机构以"信贷投放"与本集团设立的具有投资功能的子公司"股权投资"相结合的方式，通过相关制度安排，由投资收益抵补信贷风险，实现科创企业信贷风险和收益的匹配，为科创企业提供持续资金支持的融资模式。本质上，投贷联动是

---

[*] 原文发表于《华北金融》2016年第12期。

一种广义上的股权和债权的结合业务。从融资方看，一家需要融资的企业从单一金融机构或金融控股集团同时获得股权投资和债务融资；从出资方看，一家金融机构或金融控股集团为一家需要融资的企业同时提供股权投资和贷款等债权融资的综合金融服务。《指导意见》还规定，试点地区内符合条件的科技型中小微企业等科创企业，作为投贷联动的适用对象。其中，北京中关村、武汉东湖、上海张江、天津滨海、西安5个国家自主创新示范区试点地区，作为第一批试点地区；试点地区内的国家开发银行、中国银行、恒丰银行、北京银行、天津银行、上海银行、汉口银行、西安银行、上海华瑞银行、浦发硅谷银行10家银行，作为第一批试点银行。

## （二）投贷联动试点银行条件

作为投贷联动试点的核心要素，试点银行应当符合公司治理、监管评级、风险管控、专业人才、相关管理制度等条件。一是机构设置。试点银行需要设立投资功能子公司和科技金融专营机构。试点银行在境内已设立投资功能子公司的，由其子公司开展股权投资进行投贷联动；未设立投资功能子公司的，经申请和依法批准后，允许设立具有投资功能子公司。试点银行可设立科技金融专营机构及其分支机构（以下简称科技金融专营机构），也可以新设或改造部分分（支）行，开展科创企业信贷及相关金融服务。二是资金运用。试点银行投资功能子公司应当以自有资金向科创企业进行股权投资，不得使用负债资金、代理资金、受托资金以及其他任何形式的非自有资金；投资功能子公司投资单一科创企业的比例不超过子公司自有资金的10%。银行开展科创企业信贷投放时，贷款来源应当为表内资金，不得使用理财资金、委托资金、代理资金等非表内资金。三是实行隔离。投资功能子公司应当与银行母公司实行机构隔离、资金隔离。投资功能子公司面向科创企业的股权投资，应当与其他投资业务隔离。投资功能子公司应当以自有资金向科创企业进行股权投资，不得使用负债资金、代理资金、受托资金以及其他任何形式的非自有资金；投资单一科创企业的比例不超过子公司自有资金的 10%。四是做好风控。试点银行应当合理设定科创企业的贷款风险容忍度，与非创投企业的贷款风险容忍度是不同的。在风险分担方面，需要确定试点银行及其投资功能子公司，与政府贷款风险补偿基金、担保公司、保险公司之间不良贷款本金的分担补偿机制和比例，使不良贷款率控制在设定的风险容忍度范围内。在投贷联动业务中，试点银行应与有关各方通过合同安排，对不良贷款风险分担权责进行明确。其中，政府贷款风险补偿基金应当为纳入政府财政预算的资金，投资功能子公司分担的不良贷款损失由投贷联动业务中的投资收益覆盖。

### （三）投贷联动的发展经验

西方国家在 20 世纪已经出现了投贷联动业务。成立于 1983 年的硅谷银行等美国境内的银行在投贷联动业务上取得了良好效果。硅谷银行通过其分支机构为全球范围内的科技企业、创新企业等客户提供股权和债权融资服务，其客户包括曾经的 Facebook。在债权融资方面，硅谷银行服务于"创业阶段的工程类和生命科学类高新企业"，为处于成长阶段的科技企业提供贷款服务。在股权投资方面，硅谷银行设立子公司硅谷银行资本，该子公司直接参股目标企业，或通过风险投资基金参与目标企业股权投资。硅谷银行通过股权投资获得的高收益弥补债权融资带来的风险。近来，英国创新发展了投贷联动业务，为帮助中小型增长企业的融资，中小企业成长基金（business growth fund，BGF）于 2011 年 4 月成立运营。BGF 以汇丰、渣打等英国各商业银行为主要投资者，通过分布在英国的办事机构为中小型成长企业提供投资资金，并成为英国最活跃的成长资本投资机构。

在 20 世纪 90 年代中后期，我国商业银行也通过多种渠道探索投贷联动业务。例如，中国银行通过其于1984年12月在香港成立的中银投资，与广东粤财投资公司成立中银粤财股权投资基金管理（广东）有限公司，发起并管理广东中小企业股权投资基金，对广东省内优质中小企业和战略新兴产业开展股权投资，实现银行贷款与私募股权投资相结合。建设银行通过建银国际，以建银城投环保产业股权投资基金、建银国际医疗保健股权投资基金等形式，参与目标企业的股权投资，实现目标企业的股债结合金融服务。浦发银行借道上海信托，为目标企业提供股权投资服务，实现投贷联动业务。总体上，我国商业银行开展广义上的投贷联动业务存在三种模式：一是银行集团内部投贷联动模式。银行设立股权投资子公司，该控股子公司负责客户企业的股权投资，作为母公司的银行负责客户企业的贷款融资（或债权融资），在银行集团内部对客户企业开展投贷联动业务。或者，该控股子公司单一对客户企业实施"股权+债权"的投贷联动业务。二是银行向风险投资机构（VC）发放贷款模式。银行直接向风险投资机构发放专项用于客户企业股权投资的贷款，可以是信用贷款或是抵质押贷款，也可以是包含股权投资超额收益分成的贷款等，以便间接实现对客户企业的股权融资支持。三是银行与私募股权投资（PE）机构合作模式。PE负责客户企业的股权评估及投资分析，在此基础上银行与PE开展跟随贷款或股权投资收益分享合作，实现对客户企业的股权投资与银行贷款的联动融资。

## 二、AMC银行子公司开展投贷联动业务的动力分析

### （一）作为中小银行具有扩大业务范围的内在动力

我国四大金融资产管理公司控股的四家商业银行是独立的法人银行，其资产规模不大，总体上均属于中小银行。在存贷利差缩小、利率市场化的外部环境下，湘江银行、长城华西银行、大连银行及南洋商业银行等四

家 AMC 控股的中小银行，需要扩大业务范围，以此促进业务发展。从国内外发展经验看，投贷联动业务具有广阔的市场前景，并且可以为商业银行带来良好的经济价值。从资产结构看，通过投贷联动，商业银行不仅可以开展原有的贷款业务，还可以进入股权投资业务领域，有助于改进现有的资产结构。作为中小银行，这四家银行可以借助母公司金融资产管理公司，通过投贷联动业务，增强与母公司的业务协同，并助推自身实现"债权+股权"的混业经营，逐步转型为小型混业经营的综合性银行。

### （二）作为 AMC 的平台公司具有提供投联贷产品优势

与大多数的中小银行不同，四家金融资产公司控股的商业银行具有开展股权业务的独特优势。1999 年成立以来，我国四家金融资产管理公司积累了关于债转股、股权投资等业务的技术、人才、经验，可以帮助其控股的中小银行有效地开展股权投资有关的业务，更好地支持这些中小银行开展投贷联动业务。在风险管理方面，作为母公司的 AMC 可以提供股权投资的顾问服务，也可以提供不良贷款处置服务，实现四家中小银行的风险管控协同。针对科技创新创业企业，金融资产管理公司在收购处置不良资产业务过程中也积累了历史经验，通过共同出资等方式支持其控股银行发放贷款，缓释特定的小企业客户风险。

### （三）完善中小企业金融服务体系

一是满足银行自身的客户需求。金融资产管理公司各自控股的四家银行，都是属于区域性银行，在特定区域内开展业务并获得了当地大量的中小企业客户。这四家银行通过开展投贷联动业务，不仅可以满足中小企业的贷款需求，也可以加强提供股权投资服务。二是发挥集团协同优势。目前，金融资产管理公司已经发展成为金融控股集团，作为其成员平台，被控股的银行可以充分利用母公司及证券、保险等其他平台的金融牌照优势，为特定的中小企业提供全方位的综合金融服务。三是开发全国范围内的客户需求。金融资产管理公司具有遍布全国的机构网络，同时其控股的证券、保险、信托、基金、租赁等平台公司拥有各种类型的企业客户，这些为其银行平台开发全国范围内的中小企业客户提供了机会。

## 三、AMC 银行子公司开展投贷联动业务的具体对策

### （一）联合母公司 AMC 开展股债结合业务

目前，我国四大金融资产管理公司分别控股了湘江银行、长城华西银行、大连银行及南洋商业银行，这四家银行可以联合其母公司开展类似投贷联动的股债结合业务。例如，长城华西银行是中国长城资产管理股份有限公司的控股子公司，长城华西银行与中国长城资产可以独自发挥各自优势，开展与投贷联动业务在本质上类似的股债结合业务。自 1999 年成立以来，金融资产管理公司已经开展了债转股、投资投行等业务，在为企业提供股权投资等金融服务方面积累了大量的客户及项目。从 AMC 控股的银行看，具有银行资金优势，可以发挥各类贷款及债权投资的优势。从整个集团范围内，银行可以与母公司 AMC 及证券、基金、信托、投资等单独或联合为客户企业提供股债结合的综合金融业务，增加银行的项目来源和业务范围，并为以后的投贷联动业务积累技术和客户。

### （二）积极争取成为投贷联动试点银行

根据试点工作开展情况，银监会将会同有关部门，及时总结试点工作成效，按照程序报批后，适时扩大试点机构、地区范围，推广试点成功经验。作为独立的法人银行，AMC 的银行可以主动跟踪投贷联动试点进展，

抓住投贷联动推广试点的机遇，根据试点机构条件，积极向监管部门申报申请，争取进入试点机构范围。

### （三）主动布局投贷联动业务蓝海

目前，四家 AMC 控股的银行可以主动联系 10 家试点银行，向试点银行学习投贷联动业务的金融技术、项目团队、风险控制等，与试点银行合作开发投贷联动新业务及可以落地的新产品，联合母公司 AMC 并加强与试点银行投资功能子公司在项目筛选、股权投资及退出、风险控制等方面合作。联合各地的分公司、证券、投资、基金等相关集团成员机构，主动联系试点地区，尽快熟悉园区的投贷联动政策，围绕园区的金融需求提供股权投资和贷款服务，做好园区符合条件科创企业的债权、股权等项目筛选及风险控制。

# AMC 集团内金融产品的交叉销售探论[*]

## 一、集团内产品交叉销售的重要性

1. 产品交叉销售是金融控股集团协同发展的重要表现

交叉销售是指增加顾客使用金融控股集团内成员单位的产品或服务。协同发展是金融控股集团的最大优势所在,以产品交叉销售为协同发展的突破口,带动产品创新、客户开发、信息利用等多领域的协同发展,有助于发挥金融控股集团的协同优势。金融控股集团通过集团内产品交叉销售,可节约销售成本,满足客户多元化金融需求,引导产品开发和创新,实现信息共享和风险管控,提高集团整体市场竞争力,促进公司转型发展。

2. 金融控股集团架构的形成为产品交叉销售提供了坚实基础

拥有银行、证券、保险、租赁、信托等核心金融牌照的金融资产管理公司,为开发多样化的可代销产品提供了有力保障,进一步拓宽了产品交叉销售的机构渠道。

AMC 专业子公司经营资质逐步完善,牌照业务不断加强,提高了综合性可代销产品的开发能力,扩大了可用于交叉销售产品的种类和对象,有

---

[*] 原文完成于 2015 年。

助于控制交叉销售产品的经营风险。专业子公司逐步壮大，增强了集团内产品交叉开发、销售和风控能力，逐步确立在产品交叉销售环节中的协同作用。

3. 产品交叉销售有助于满足客户需求和公司业务结构调整

集团内产品交叉销售的发展动力在于客户需求日益多元化和综合化。在推进利率市场化和多层次资本市场建设的发展趋势下，财富配置、资金和风险管理等激发客户需要更加多元化的综合性金融产品。金融资产管理公司"金融全牌照"格局初步形成，有能力以产品交叉销售为手段，引导母公司业务结构以投融资为主向综合金融服务转变。

## 二、开展产品交叉销售的案例研究

产品交叉销售已经成为金融控股集团发展综合金融服务的关键途径，是提升综合金融协同效应的重要手段。结合实践情况，这里选择"中国××资产管理股份有限公司"（以下简称××公司）和"中国××保险（集团）股份有限公司"（以下简称××保险公司）作为分析案例。

### （一）××公司开展产品交叉销售的基本情况

××公司是金融资产管理公司转型改革的先行者，在业务协同和产品交叉销售方面取得显著成果。××公司拥有多元化业务平台，通过分公司和金融类子公司，为客户提供融资、股权投资、保险、资产管理、财务与融资顾问、境外金融服务等，并实现产品交叉销售收入。2014年××公司实现交叉销售收入23.52亿元，比2013年增长49.2%。

××公司已经拥有证券、基金、期货、信托、投资、金融租赁、人身保险和财产保险等金融专业子公司。可以通过交叉销售的金融业务主要包括融资租赁、信托计划、财产保险、人身保险、资产管理等。其中，经原中国银监会批复同意，××公司母公司已经获准开展代理人身险和财产险业务。××公司金融产品交叉销售初具成效，其中2014年融资租赁业务代销项目为151个，实现收入19.1亿元（见表1）。

表1　　　　　　　××公司产品交叉销售业绩情况

| 分类 | 通过交叉销售的业务 | 2014年 | 2013年 |
| --- | --- | --- | --- |
| 融资租赁业务 | 项目数量（个） | 151 | 124 |
|  | 业务规模（亿元） | 343.9 | 198.23 |
|  | 实现收入（亿元） | 19.1 | 12.37 |
| 信托业务 | 信托项目（个） | 22 | 38 |
|  | 业务规模（亿元） | 55.1 | 133.27 |
|  | 实现收入（亿元） | 1.9 | 2.5 |
| 财险业务 | 客户数量（名） | 153 | 125 |
|  | 实现收入（百万元） | 49.2 | 53.7 |
| 资产管理业务 | 设立基金项目（个） | 16 | 20 |
|  | 资产管理规模（亿元） | 259 | 203 |

资料来源：公司定期报告。

## （二）××保险公司开展产品交叉销售的基本情况

××保险公司致力于成为中国领先的个人综合金融服务集团，其产品交叉销售行业领先，集团协同效应显著。××保险公司深化综合金融服务，通过分支机构和金融专业子公司之间的业务协同，加强金融产品交叉销售的深度和广度，交叉销售带来的金融协同效应日益显现。

××保险公司拥有银行、证券、期货、信托等金融专业子公司，以及国际金融资产交易市场股份有限公司，与全资质的保险业务形成强大的业务协同效应，尤其在产品交叉销售方面获得大量的新增业务。2014年，××保险公司通过交叉销售获得新增的产险业务保费收入203.69亿元、养老险团体短期险销售额36.74亿元、信托计划1703.24亿元、零售业务存款

（年日均余额增量）104.13 亿元，渠道贡献占比分别为 14.2%、42.9%、28.2%、27.2%。××保险公司积极推动互联网金融用户向传统金融客户的迁徙。如 2014 年平安保险通过万里通、陆金所、平安付、平安好房、平安好车等互联网金融公司持有平安传统金融产品的新客户总量超过 120 万（见表2）。

表2　　　××保险公司通过交叉销售获得的新业务情况

| 业务名称 | 2014 年 |  | 2013 年 |  |
| --- | --- | --- | --- | --- |
|  | 金额（亿元） | 渠道贡献占比（%） | 金额（亿元） | 渠道贡献占比（%） |
| 产险业务——保费收入 | 203.69 | 14.2 | 172.06 | 14.9 |
| 养老险团体短期险——销售规模 | 36.74 | 42.9 | 29.14 | 41.9 |
| 信托业务——信托计划 | 1703.24 | 28.2 | 1400.29 | 33.1 |
| 银行业务——零售业务存款（年日均余额增量） | 104.13 | 27.2 | 47.14 | 17.0 |
| 信用卡（万张） | 201 | 39.5 | 218 | 39.8 |

资料来源：公司定期报告。

### （三）开展产品交叉销售的主要经验

从××公司来看：一是注重发挥分公司在交叉销售中的作用。早在 2009 年××公司就获得监管部门许可的代销保险业务的金融资质，通过分公司的机构网络和客户，代理销售其子公司的保险产品。二是注重金融专业子公司的产品开发功能。目前××公司通过交叉销售的产品主要是融资租赁、保险、信托及资产管理计划，这些产品主要是由其子公司开发，与母公司不良资产经营管理形成协同发展。

从××保险公司来看：一是坚持深化"以客户为中心"的经营理念，对现有客户进行多维度分析和研究，建立客户价值分群体系与客户大数据分析平台，对基于个人客户价值的综合金融进行经营指导，并逐步将客户维度的经营结果指标纳入监控和考核。二是后援集中助力产品交叉销售。在专业作业方面,根据外部市场及客户需求在互联网时代的快速转变,紧密衔接运营服务、产品和销售,全面打造端到端全流程运营平台,不断完善后援服务网络,不断创新服务模式,全面提升客户服务体验。在共享作用方面,不断整合资源共享,支持客户接触端服务改善,努力提升服务效能,其中文档作业实现保险、银行等专业公司87.5%的共享度,财务作业和员工服务实现100%共享度。三是科技创新引领综合金融发展。利用远程受理设备,实现所有二级机构综合受理功能,为客户提供一站式体验服务;通过智能语音客服技术、百度知道企业平台、风险地图等,积极推动金融业务交叉销售服务模式创新发展。

××公司和××保险公司开展产品交叉销售的实际情况给我们提供了以下三个方面的借鉴。

一是金融牌照齐全为开展产品交叉销售提供前提。××公司拥有证券、基金、期货、信托、保险、金融租赁等金融牌照,××保险公司拥有银行、证券、期货、信托、交易所等金融牌照,为金融业务交叉销售和协同发展提供了可能。

二是全国性机构布局奠定产品交叉销售的基础。××公司母公司分支机构遍布全国各省,证券、保险等金融专业子公司网点众多,有利于交叉销售为客户提供综合金融产品。××保险公司母公司保险分支机构遍布全国各地,其控制的××银行和××证券也在主要城市布置网点,有利于挖掘客户需求并提供综合金融服务。

三是高度重视协同发展。××公司明确集团化运营最大的优势是集团协同,平台子公司的发展要紧紧围绕主业,与集团紧密协同是各家平台子公司的主要任务。××保险公司在2015年表示,其危机感来自市场、技术、客户和行业的快速变化,最大的挑战来自内部的协同,并要求进一步推动传统与非传统业务的并重发展，积极促进内部协同。集团的协同效应主要体现在业务网络协同、客户协同以及业务的发展协同三个方面，其中，通过集团内交叉销售计划是促进业务协同的主要手段，有助于改善客户协同并实现网络协同。

## 三、加快推进 AMC 集团内产品交叉销售的相关建议

根据调研结果和产品交叉销售发展态势来看，研究和完善产品交叉销售机制刻不容缓，应从客户金融需求多元化和金融业务快速发展的角度出发，充分发挥业务协同和机构协同，坚持市场化原则，推动产品交叉销售健康发展。

一是深化"以客户为中心"的经营理念，努力提高产品交叉销售规模。集团内分公司和专业子公司应相互共享客户资源，加强存量客户营销沟通，深挖存量客户的潜在金融需求，扩大交叉销售产品范围和规模。以综合金融服务为手段，为客户提供一站式多元化金融产品，扩大新增客户规模，加大客户粘度，增加集团公司总体产品销售规模。

二是创新金融产品，满足客户内在多元化的金融需求。交叉销售产品的关键在于客户的认可，在于节约客户成本，在于满足客户快速变化的金融需求。这需要进一步提高创新意识，用"法无禁止即可为，规无禁止即可行"的创新思维武装自己，全方位全方面加快产品创新。尽快完善专业子公司的各项业务资质，按照银行、证券、保险、互联网金融等行业分类，以细分行业标杆企业为学习对象加快具体子类别的金融产品创新，满足客户的多元化金融需求。加强集团内资源协同，健全完善优质金融产品的创设机制，从产品设计、风险控制等方面保障客户利益。

三是发挥机构协同作用，推进产品交叉销售。以机构协同为载体，实现客户、信息、渠道、创新等资源要素的共同分享，进一步提升金融产品

销售能力。机构协同部门要主动作为，牵头组织协同产品的研发、管理、销售等，加强交叉销售产品的创新和市场应对。分公司和专业子公司的分支机构，加强客户发掘、营销、信息反馈等功能，加强经办人员在协同业务和交叉产品等方面的专业培训。

四是打造科技平台，助力产品交叉销售。科技平台在产品交叉销售的后援和营销中起到重要作用。主动适应客户在互联网时代的新变化，不断完善专业科技平台，全面提升客户服务体验。依托网络科技，加强与网络公司合作，提升银行、证券、保险、交易所等机构的网络销售功能，推动创新金融产品交叉销售服务模式。

五是高度重视监管风险，保障产品交叉销售合法合规。集团产品交叉销售涉及面广，涉及的监管部门多，务必重视监管政策，做到合法合规。在集团内部交叉销售的复杂金融产品，通过其复杂的交易结构，涉及众多的跨行业、跨区域的法律规范和监管标准，必须高度关注各参与者的法律责任，积极做好与相关的监管部门的沟通与报告，努力做好创新产品及其交叉销售合法合规。

# AMC 服务"问题企业"的协同对策探析*

近年来,债务违约、资不抵债、僵尸企业等各类问题企业不断增多,已经阻碍了经济和金融的良性循环与健康发展。对此,我国金融资产管理公司要主动落实全国金融工作会议精神,发挥集团独特功能和协同优势,收购、处置问题企业,并再造问题企业价值,促进经济和金融良性循环、健康发展,防控金融风险并服务实体经济。

## 一、问题企业的当前趋势及特点

"问题企业"是一个专有术语,具有明确的范围界定。根据监管政策,问题企业是指经营或财务遭遇困难的企业,包括但不限于:(1)贷款、债券、票据、应付账款等债务不能按期偿付;(2)资产低效或无效运营,例如,企业涉及重大诉讼、核心资产被查封、资金被冻结等;(3)经营情况出现异常,例如,主营业务持续萎缩、对外过度投资、产能严重过剩等;(4)财务状况出现异常,例如,资不抵债、收不抵支、连续两年亏损,并且难以获得补充资金来源等;(5)意外、突发事件引致的暂时性困难,例

---

* 原文发表于《金融资产管理》2017 年第 3 期。

如，短期流动性问题、资金链突然断裂、被投资金要求提前偿付或赎回等；（6）企业管理失效，例如，内部管理机制失灵、企业市场价值或公允评估长期低于企业净资产等。基于监管政策给出的问题企业定义，衡量一个企业是否属于问题企业，可以从负债、资产、经营、财务、突发事件和内部管理等六大方面，具有一个较为宽泛的范围，或者可以将"问题企业"理解为"正常企业以外的企业，或是不正常的企业"。目前，在国际形势复杂、国内经济下行压力等因素综合影响下，伴随着"三去一降一补"供给侧结构性改革，我国问题企业的数量、规模在总体趋势上是不断增加的。当前，我国经济发展已经进入了新常态，在"保就业、不保企业"、加强金融监管、防控金融风险、维护金融安全等政策导向下，在货币政策坚持稳健、市场流动性不再宽松、企业效益难以复苏等情况下，新增问题企业的概率在不断增加。

就金融资产管理公司而言，监管部门提出"问题企业"，具有重大意义，总体上是拓宽了金融资产管理公司的业务范围，主要呈现出以下特点。一是极大地拓展了"不良资产"的业务内涵。四家AMC在1999年成立之初，被赋予了收购不良资产的金融资质，主要是收购不良贷款。经过不断的改革发展，金融资产管理公司收购不良资产的范围经历了两次重大的拓展，从银行不良贷款拓展了金融机构的不良资产，又拓展了非金融企业的不良资产，形成了"大不良资产"的业务范围。本次监管政策提出的问题企业，是对"不良资产"的又一次重大升级，从资产的概念升级到了企业主体。从资产端看，问题企业的低效资产、无法经营资产、冻结及查封资产等均纳入不良资产，扩大现有的非金融业务应收账款的资产范围。从债务端看，问题企业不能按期偿付的信贷、债券、票据等债务工具纳入不良资产，扩大了现有的金融不良资产范围。二是拓展到问题企业的正常资产。根据监管政策给出的问题企业定义，金融资产管理公司应该可以开展问题企业的正常资产业务。例如，财务状况出现异常的企业被界定为问题企业。从财务层面看，当出现资不抵债、收不抵支、连续两年亏损等情况时，AMC 可以对问题企业所有的债务及资产开展实质性重组业务，包括正常的负债和正常的资产。从暂时性困难看，当企业出现短期流动性问题、资金链断裂、被投资金提前偿付或赎回等情况，AMC 可以通过问题企业介入问题企业的正常债务、正常资产等业务资源。从企业管理失效看，AMC 可以主动介入内部管理机制失灵等问题企业，进而收购重组问题企业的正常债务、正常债权、正常物权、正常股权等。三是丰富了 AMC 的交易对象。从目前的实际情况看，金融资产管理公司在不良资产包业务上的交易对象主要是商业银行，以非银行金融机构为辅；在非金业务上，主要是收购正常实体企业的不良应收账款。沿着"问题企业"的业务内涵，金融资产管理公司的交易对象由银行等金融机构，扩展到了正常企业的应收账款，再升级到所有问题企业。从收购不良资产的交易对象看，AMC 已经由现在的金融机构为主，升级到了所有的金融企业和实体企业，包括正常金融企业和正常实体企业的不良资产，以及所有的问题金融企业和问题实体企业。四是要把握好问题企业的动态性。问题企业是一个动态的概念，不是一个静止、不变的状态。从时间序列看，一个企业总是在正常企业和问题企业两种状态之间进行切换，为 AMC 带来多样、持续的业务机会。从触发因素看，问题企业的问题原因及表现也是在动态地变化的，在负债、资产、财务、经营、突发事件、管理失效等各类因素之间转换或交叠，为 AMC 服务问题企业提供了丰富的切入点。

## 二、AMC 服务问题企业的功能动力

毫无疑问，现阶段我国问题企业的数量、规模在不断增加，已经对实

体经济发展和金融体系稳定带来了不可忽视的重大风险，不利于经济和金融之间的良性循环、健康发展，在特定地区、特定行业内影响重大。为此，金融资产管理公司主动抓住"问题企业"这个关键节点，运用收购、投资、重组等金融工具发挥独特金融功能，既是开拓新的业务领域，也是维护国家金融安全的政治责任。

## （一）作为中央企业，AMC有责任主动贯彻落实中央金融精神，牢牢抓住问题企业这个关键点

我国AMC都属于财政部控股，都属于中央金融企业，根据四家AMC网站数据，截至2016年末，财政部持有华融公司股本63%以上、信达公司股本67%以上、控股长城公司股本97%、东方公司股本98%。同时，与我国三大政策性银行、五大国有银行、三大保险公司类似，华融、长城、东方、信达四家金融资产管理公司也都属于在名单内的中央金融企业。因此，四家AMC需要从政治责任高度，主动贯彻落实近期召开的全国金融工作会议精神，主动履行服务实体经济和防控金融风险的内在责任，通过服务问题企业、解决企业问题，主动维护国家金融安全，促进经济和金融的良性循环、健康发展。从中央大局看，作为中央金融企业，金融资产管理公司要主动贯彻落实中央提出的"服务实体经济，防控金融风险，保障国家金融安全，促进经济和金融良性循环、健康发展"等近期会议精神。从国家发展看，作为财政部控股的金融企业，金融资产管理公司要主动解决实体经济体系中的问题企业，将问题企业变为正常企业，以此提高服务实体经济的效率，以此改善金融机构，保障金融安全，促进实体企业和金融机构之间的良性循环和健康发展。此外，从社会责任看，AMC抓住了问题企业这个社会关键对象，就是承担了最大的社会责任。对企业，改善了问题企业经营效率，促进企业再生和产业发展；对就业，问题企业转变为正常企业，

重新优化配置了人力资源，改进了人力市场效率；对金融机构，拆除了金融风险隐患，维护和保障了金融安全；对政府，解决掉了问题企业，维护了金融安全和社会稳定。例如，中国长城资产在早期通过债转股处置问题国企的债务，在近期对中央问题企业中国铁路物资（集团）总公司实行收购、重组、转股等，发挥了服务实体经济和防控金融风险的独特功能，有力地促进了经济和金融的良性发展。

**（二）作为金融集团，AMC有能力主动发挥独特金融功能，服务处置再生问题企业**

我国四家AMC都已经发展为开展多元化业务的金融控股集团，已经具备了处置、再生问题企业的多种金融工具。目前，华融、长城、东方、信达四家AMC分别控股了10家左右具有专业金融牌照的平台公司。在母公司层面，四家AMC拥有收购、受托经营金融机构和非金融机构不良资产，以及股权投资、固定收益投资、债转股、破产管理等金融牌照。在子公司层面，四家AMC均控股了银行、证券、信托、置业、私募基金、金融租赁等专业平台公司。其中，华融公司、信达公司还拥有期货公司，长城公司、东方公司和信达公司则控股了保险公司，信达公司还控股了一家公募基金公司。由此可见，四家AMC已经具有了丰富完善的金融牌照和金融功能，有能力对问题企业实施实质性重组，有能力单独或联合其他机构对问题企业提供融资、投资、投行等全方位金融服务。此外，在硬实力方面，截至2016年末我国四大AMC总资产在4万亿元左右，拥有遍布国内各省的分支机构，及在自贸区、中国香港等地区的国际性机构，积累了成立以来近18年的成功经验、专业金融技术、大批专业人员等，完全有实力对问题企业资金、资产、技术、管理等要素进行重新配置，实现问题企业价值再造和提升。

### (三) 作为市场主体，AMC 有激励主动回归不良资产主业，围绕问题企业拓展主业经营

我国四家 AMC 都已经完成了股份制改革，发展为独立核算、自负盈亏的市场主体，并且接受股东及主管单位的薪酬考核。在 1999 年成立之初，四家 AMC 只开展政策性不良资产收购处置业务，经过十多年的改革发展，现在已经转变为具有强大竞争力的市场主体。信达公司、华融公司分别于 2010 年、2012 年完成了股份制改革，东方公司和长城公司在 2016 年都改制为股份有限公司。完成股份制改革之后，四家 AMC 开拓业务的积极性更高，也更加有动力围绕问题企业拓展主业经营。从国有资本考核看，四家 AMC 都需要保持国有资本保值增值，增强企业经营净利润，完成股东核定的考核目标，有动力挖掘问题企业的新业务。从市场竞争看，我国五大国有银行已经获批成立资产管理公司，部分股份制银行也在建设资产管理公司，地方资产管理公司在不断扩容，国内同业竞争不断加大，推动这四家 AMC 主动挖掘以"问题企业、问题债权、问题资产"为核心的全口径不良主业，主动开拓问题企业的不良资产及正常资产等新领域。从资本监管看，AMC 对问题企业的实质性重组活动形成的债权、股权等各类表内资产风险权重较低，可以有效地降低 AMC 的资本占用，促进扩大业务范围和提高资本回报效率。此外，从金融监管导向看，中央国务院及监管部门要求金融资产管理公司回归不良资产主业，加强服务实体经济和防控金融风险，为 AMC 服务问题企业提供了监管激励。

## 三、AMC 服务问题企业的协同对策

经过十多年发展，AMC 已经可以发挥金融技术、专业人才、多元金融牌照等各类资源的有效协同，成为具有机构协同、牌照协同、人员协同等

优势的金融控股集团。尤其是，AMC在收购处置不良贷款包等不良资产中，以投资、债转股、重组等手段，综合发挥分子公司、平台公司的协同功能，积累了以协同手段服务问题企业的丰富成功经验。AMC有能力、有实力、有信心，以"大协同"为原则、以多种协同为手段、以化解问题企业为突破口，实现经济和金融良性循环健康发展。

**（一）坚持问题导向，协同内外认识，始终保持政治正确，高度重视问题企业在促进经济和金融良性循环中的重大问题**

作为中央金融企业，AMC要主动落实中央提出的防控金融风险、维护金融安全、支持实体经济、调整经济结构等精神，要坚持问题导向，客观认识到"问题企业"是经济和金融良性循环中的最大问题，要主动处置、再造问题企业并实现问题企业资产、资金、技术等要素的重新配置。在管理层面，AMC要提高政治站位，始终保持政治正确，增强维护金融安全、服务实体经济的政治责任；要将管理人员的认识统一到中央精神、监管政策上，协调统一内部和外部政策认识；加强发挥化解金融风险的独特功能，以有效处置问题企业作为落实中央精神的重要手段。在业务层面，要将服务问题企业作为解决AMC可持续发展的有效途径，抓住问题企业以及问题企业的正常资产、正常企业的问题资产等业务机会，发挥收购、投资、转股等综合金融业务优势，发挥母子公司的协同功能，创新服务问题企业的业务模式。在认识方面，要统一思想，将问题企业作为落实监管政策导向和自身业务发展需要的有效结合点，将解决问题企业作为防控金融风险和服务实体经济的有效实现手段。要打破过去处置坏账的畏难情绪，以做大做强做优不良资产主业的进取心态，善于运用收购、投资、重组、基金、管理等新工具有效服务问题企业，切实化解问题企业的金融风险，促进问题企业的价值提升，实现AMC的快速发展。

## （二）快速转变市场意识，协同外部资源，提高核心竞争力，牢牢把握问题企业这个主业机会

作为参与市场竞争的独立核算主体，AMC要增强与监管部门和主管部门的政策沟通，不断增强外部协同并提高自身核心竞争力，切实抓住问题企业带来的业务机会。首先，加强监管沟通，明确问题企业界定，创新问题企业业务模式。目前，监管政策指出，问题企业是指经营或财务遭遇困难的企业，并给出了6种情况的问题企业。针对问题企业，依然需要继续明确、细化，最好是明确问题企业的黑名单，指出哪些不属于问题企业。针对问题企业的6种情形，也需要继续明确、细化，如"内部管理机制失灵"具体是指什么，或者针对6种情况的每一种给出黑名单。同时，在业务经营中，遇到具体的问题企业界定，或是问题企业的表现形式难以界定，需要及时与监管部门加强沟通。另外，需要尽快明确"问题企业的实质性重组项目"的监管认定。AMC总部牵头、各分公司协同，主动与监管部门沟通、确认"问题企业的实质性重组项目"，以便合规大规模地推广问题企业的业务模式。在明确监管认可下的"问题企业""实质性重组项目"等情况下，AMC要发挥机构协同、人员协同等协同资源，主动合法合规地创新问题企业的业务模式。其次，围绕问题企业，拓展主业经营。在产能过剩领域，由于国内外需求疲软，煤炭、钢铁、水泥、化工等产能过剩行业不断出现问题企业，包括但不限于僵尸企业、资不抵债企业等。在国企改革中，要结合问题企业的6个维度，主动挖掘具有再造价值的高负债、财务困难、经营管理失灵等价值型问题企业。在民营企业集团中，相继爆发了一大批严重的问题企业，出现了一批过度负债、相互担保严重、发生重大经营问题的多元化大型民营企业集团不同程度地陷入了债务困境。针对上市公司及其关联企业，需要重点关注那些负债率高、资产低效、易受短期流动性冲

击，但具有专利制造技术、优质土地房产资源的问题企业。最后，深挖问题企业的问题资产和正常资产的内在价值。在业务实践中，问题企业与问题资产常常是相互关联的，问题企业的问题负债表现为银行的不良贷款、非银行金融机构的不良债权，问题企业的问题资产往往表现为逾期的应收账款、低效资产、无效资产等。从金融不良资产看，各类银行的真实不良贷款及潜在不良资产规模巨大，总量要高于公开披露的不良贷款数据。信托计划、资管计划等非银行金融机构以特殊目的实体形式持有的债权性不良资产规模也不小。另外，实体企业的应收账款类等非金融不良资产规模也在日益增加。从资产的角度看，问题企业除了问题资产，也可能拥有正常、有效的资产，或"'彼'的问题资产也许是'此'的正常资产、优质资产"，需要发挥AMC的收购、重组、投行等手段，优化资源配置的能力，提升服务实体经济的水平。

### （三）提高内部管理效率，协同内部资源，理顺问题企业的全业务流程

针对问题企业开展业务，与原有的不良资产收购处置业务存在差异，需要发挥分公司、平台公司的协同功能，需要理顺业务流程并发挥全部集团的营销、处置、再造等资源。首先，把好问题企业业务开展的入口关。对问题企业开展各类业务，要统一业务入口标准，完善问题企业的客户准入、归口管理，引导各经营机构增强管理问题企业客户。同时，问题企业的业务管理部门，要发挥牵头作用、研发功能、产品创新技术等优势，协同各分公司、平台公司，加强协调问题企业的各类业务。其次，以投资、投行、转股等工具，发现提升并实现问题企业的内在价值。围绕问题企业，筛选有业务价值的问题企业，以收购、投资为切入点，综合运用债务重组、资产重组、并购重组、债转股、股债联动、破产清算等一系列金融产品，

提升问题企业的再造价值、潜在价值，包括但不限于股权、债权、专利技术、专业设备、不动产等各类资产，管理、市场、技术等企业再生价值等。再次，打造处置、再造问题企业的专业机构和专业团队。按照业务环节不同，将业务环节细化，打造专业的承揽、处置、再造三类团队。在问题企业业务承揽方面，AMC要发挥集团系统内分公司、平台公司的机构优势，推动各地区的各类分支机构的信息收集、发现问题企业、营销等功能，激励分公司、平台公司的业务机构等经营机构加强对问题企业的揽客。在问题企业处置方面，AMC发挥强大的不良资产处置能力，组建专门的资产处置团队，联合律师、会计、评估等中介机构，实现问题企业、问题资产的快速出售。在问题企业再造方面，AMC发挥券商、基金、投资、资本等各类平台公司的综合优势，形成上下联动的业务合力，打造一个或者几个专门再造问题企业的平台机构。然后，在指定的再造平台公司或相关机构、部门中，打造一支或多支具有投行、投资、法律、工业技术等专业技能的专业团队，推广并落地问题企业再造、实质性重组等项目。最后，围绕问题企业，发展集团协同业务。针对问题企业的收购、处置、再造等各类业务，尤其是大型问题企业，涵盖了不良资产、信贷、债券、股票、资金、不动产、工业技术等各个市场，涉及分公司、银行、证券、信托、基金等各类平台公司，具有带动效应强、投资收益高、社会效应好等特点。

# AMC 盘活大型债务违约企业的投资投行对策探析[*]

近年来，中国铁物、渤海钢铁、辉山乳业、齐星集团等部分大型企业出现债务兑付危机，涉及央企、地方国企、民企集团等。对此，AMC 要积极发挥独特的金融功能，以投资投行手段处置盘活一批大型债务违约企业，化解区域性、行业性金融风险，主动维护国家金融安全，促进经济供给侧结构性改革。

## 一、当前大型债务违约企业的趋势及特点

所谓"大型债务违约企业"，主要是指存在重大债务到期无法兑付的大型企业，其债务形式包括但不限于银行贷款、企业债、公司债、非金融企业融资工具，以及固定收益性质的信托计划、资管计划、基金份额等。目前，在国际国内经济下行压力因素综合影响下，我国大型债务违约企业的规模和数量在总体趋势上是不断增加的。当前，我国经济发展已经进入了新常态，在"保就业、不保企业"、加强金融监管、维护金融安全等政策导向下，在货币政策坚持中性、市场流动性趋于紧张、企业效益难以复苏等情况下，大型企业发生债务违约的概率在不断增加。与 20 世纪 90

---

[*] 原文发表于《海南金融》2017 年第 7 期。

年代不同，我国现在发生违约债务的大型企业不仅包括国有独资、国有控股等国有性质企业，也包括大型的股份制、民营、外资等企业，主要呈现出以下特点。

一是债务关系复杂。从爆发债务违约的实际案例看，我国大型债务违约企业往往都是过度负债，其债务非常复杂。首先，债务融资工具复杂。大型企业的负债工具多样，包括银行贷款、信托贷款、委托贷款、公开发行的债券、固收类投资、夹层投资、应收账款等。同时，大型企业与外部企业之间，以及大型企业内部各子公司之间、母子公司之间也存在应收账款、相互担保、循环担保等复杂的债务关系。其次，债权人复杂。大型企业很多是以集团公司形式存在，母公司及子公司的债权人往往也是分布广泛，包括银行、信托、券商、基金、金融租赁、金融资产管理公司等各类金融机构，也包括实体企业、个人等。部分子公司、孙公司可能还存在民间借贷。在资不抵债、陷入破产情况下，很多大型企业的潜在债务人又显现出来，包括企业职工、应税的政府等。最后，债务合同约定复杂。在众多债务工具和债权人情况下，陷入债务违约困境的大型企业基本也面临着复杂的债务合同约定，包括各类复杂的债务期限、到期偿债规模、担保种类等，尤其是有抵质押担保债务项下的抵押物、质押物品种也众多。

二是资产关系复杂。大型债务违约企业常常以公司集团形式存在，形成了错综复杂的资产关系网络。以资产大类划分，主要可以分为股权、债权及实物资产三大门类。在股权方面，持有可流通及非流动的境内外股票，新三板及区域性股权交易所的股权投资，对集团内外的子公司、孙公司的控股权、参股权，以可能包括以股权为基础的收益凭证等具有期权性质的资产。在债权方面，存在大量的应收账款等商业债权，也包括投资的各类债券、银行理财、资管计划、信托计划等，以及委托贷款、商业借款等债权类资产。在实物资产方面，包括各类性质土地，厂房、住宅、商业房产，专用、通用等设备，以及技术专利等无形资产。

三是涉及关系广泛。大型债务违约企业因为具有复杂的债务、资产关系，涉及的社会主体多而广，牵涉的社会关系异常复杂。一方面，如果大型企业陷入债务危机，必将牵涉地方政府、金融机构、关联企业、人员等众多社会主体，并很快会成为社会媒体的关注焦点，社会影响大、关注度高。另一方面，大型债务违约企业涉及的银行等债权金融机构、政府主管部门、相关企业、职工人员等利益主体众多，并且利益也不完全一致，增加了盘活难度。

## 二、AMC 盘活大型债务违约企业的内在动力

毫无疑问，我国债务违约的大型企业规模及数量在不断增加，并以公司集团形式存在复杂的债务、资产关系，牵涉的上下前后关联企业众多、关联企业之间网络关系复杂，在特定地区、特定行业内影响重大。为此，AMC 主动盘活大型债务违约企业，运用投资投行手段发挥独特金融功能，既是开拓新的业务领域，更是维护国家金融安全的政治责任。

一是作为中央企业，AMC 有责任处置盘活大型债务违约企业，主动维护国家金融安全。我国四家 AMC 都属于财政部控股。截至 2016 年末，财政部持有华融公司股本 63% 以上、信达公司股本 67% 以上，控股长城公司 97% 股本、东方公司 98% 股本。同时，与我国三大政策性银行、五大国有银行类似，华融、长城、东方、信达四家 AMC 也都属于在名单内的中央金融企业。因此，四家 AMC 需要从政治责任高度，主动化解金融风险，主动维护国家金融安全。从中央大局看，作为中央金融企业，四家金融资产管理公司要主动贯彻落实习近平提出的"维护金融安全，是关系我国经济社会发展全局的一件带有战略性、根本性的大事"等近期讲话精神。从国家发展看，作为财政部控股的金融企业，四家金融资产管理公司也要主动盘

活陷入债务困境中的国有实体企业。同时，从社会责任看，为应对大型债务违约企业带来的社会冲击，AMC也应主动化解金融风险，维护金融安全和社会稳定。例如，中国长城资产在早期通过债转股处置国企债务，在近期对"超日债"实行债务重组和并购重组，发挥了维护金融安全和维护社会稳定的独特功能。

二是作为金融集团，AMC有能力处置盘活大型债务违约企业，发挥独特金融功能。我国四家AMC都已经发展为开展多元化业务的金融控股集团。目前，华融、长城、东方、信达四家AMC分别控股了10家左右具有专业金融牌照的平台公司。在母公司层面，四家AMC拥有金融不良资产收购、非金融不良资产收购、股权投资、固定收益投资、债转股等金融资质。在子公司层面，四家AMC均控股了银行、证券、信托、置业、私募基金、金融租赁等专业平台公司。其中，华融公司、信达公司还拥有期货公司，长城公司、东方公司和信达公司则控股了保险公司，信达公司还控股了一家公募基金公司。由此可见，四家AMC已经具有了丰富完善的金融资质和金融功能，有能力为大型债务违约企业提供融资、投资、投行等全方位金融服务。此外，在硬实力方面，截至2016年末我国四大AMC总资产在4万亿元左右，拥有遍布国内各省的分支机构，也包括在自贸区、中国香港等地区的国际性机构，积累了成立以来近18年的成功经验、专业金融技术、大批专业人员等，完全有实力通过投资投行等手段盘活或处置大型债务违约企业。

三是作为市场主体，AMC有激励处置盘活大型债务违约企业，保持国有资本保值增值。我国四家AMC都已经完成了股份制改革，发展为独立核算、自负盈亏的市场主体。在1999年成立之初，四家AMC只开展政策性不良资产收购处置业务，经过十多年的改革发展，现在已经转变为具有强大竞争力的市场主体。信达公司、华融公司分别于2010年、2012年完成了股份制改革，东方公司和长城公司在 2016 年都改制为股份有限公司。完成股份制改革之后，四家 AMC 开拓业务的积极性更高，也更加有动力处置盘活陷入债务违约中的大型企业。从国有资本考核看，四家 AMC 都需要保持国有资本保值增值，增强企业经营净利润，完成股东核定的考核目标，有动力挖掘债务违约企业的新业务。从市场竞争看，我国五大国有银行已经获批成立资产管理公司，部分股份制银行也在建设资产管理公司，地方资产管理公司在不断扩容，国内同业竞争不断加大，推动这四家 AMC 主动挖掘债务违约、债务困境等企业，主动开拓非金业务、金融救助等新领域。

### 三、AMC 盘活大型债务违约企业的投资投行对策

四家 AMC 经过十多年发展，已经成为具有金融技术、专业人才、综合金融服务、良好市场品牌等资源的金融控股集团。尤其是，AMC 以投资投行为切入点，以投资、债转股、债务重组等手段，积累了处置盘活大型债务违约企业的丰富成功经验。例如，中国长城资产积累了一批如"齐鲁宾馆""银行收购""超日债重组"等成功案例。因此，AMC 有能力、有实力抓住大型债务违约企业的处置盘活业务，坚定维护国家金融安全。

一是从战略认识上，始终保持政治正确，高度重视大型债务违约企业的重大问题。作为中央金融企业，AMC 要主动落实中央提出的维护金融安全、支持实体经济、调整经济结构等精神，要主动处置盘活涉及面广、影响重大的大型债务违约企业。在管理层面，AMC 要提高政治站位，增强维护金融安全的政治责任，加强发挥化解金融风险的独特功能。在业务层面，要抓住债务违约企业的业务机会，发挥投资、投行等综合金融业务优势。在人员认识方面，要打破过去处置坏账的畏难情绪，要善于运用投资、基金、收购、投行等新手段盘活债务问题企业，切实化解金融风险，维护金融安全和社会稳定。

二是从市场竞争上，提高核心竞争力意识，牢牢把握大型债务违约企业的业务机会。作为独立核算的市场主体，AMC要不断提高核心竞争力，发挥投资投行优势，切实抓住大型债务违约企业带来的业务机会。一方面，要认识到大型债务违约企业是不良资产市场中最具有投资价值的标的之一。从金融不良资产看，各类银行的真实不良贷款及潜在不良资产规模巨大，总量要高于公开披露的不良贷款数据。另外，信托计划、资管计划等非银行金融机构以特殊目的实体形式持有的债权性不良资产规模也不小，实体企业的应收账款类等非金不良资产规模也在日益增加。在各类不良资产中，大型债务违约企业最为复杂，也最具有投资价值。另一方面，要关注特定领域的大型债务违约企业。在产能过剩领域，由于国内外需求疲软，煤炭、钢铁、水泥、化工等产能过剩行业不断出现大型债务违约企业，而且潜在的债务违约大型企业也为数不少。在民营企业集团中，近期出现了一批过度负债、相互担保严重、发生重大经营问题的多元化大型民营企业集团不同程度地陷入了债务困境，如辽宁的辉山乳业、山东的齐星集团等。针对上市公司及其关联企业，需要重点关注那些负债率高并具有专利制造技术、优质土地房产资源的大型企业。

三是从内部管理上，积极组织投资投行资源，有效处置盘活大型债务违约企业。首先，以投资投行工具，发现提升并实现大型债务违约企业的内在价值。围绕大型债务违约企业，以投资投行为切入点，综合运用债务重组、资产重组、并购重组、破产清算等一系列投资投行工具，深入发行并提升债务违约企业的潜在价值。包括股权、债权、专利技术、专业设备、不动产等各类资产，管理、市场、技术等企业再生价值等。其次，打造投资投行的专业机构和专业团队。在集团系统内，AMC发挥券商、基金、投资、资本等各类平台公司的综合优势，形成上下联动的业务合力，打造一个或者几个专门盘活大型债务违约企业的处置平台机构。然后，在指定的处置平台公司或相关机构、部门中，打造一支或多支具有投行、投资、法律、工业技术、不良资产处置等专业技能的专业团队，推广并落地大型债务违约企业项目，与分公司的客户营销形成互补。最后，以投资投行业务为核心，带动集团协同业务。处置盘活大型债务违约企业的投资投行业务，涵盖了不良资产、信贷、债券、股票、资金、不动产、工业技术等各个市场，涉及分公司、银行、证券、信托、基金等各类平台公司，具有带动效应强、投资收益高、社会效应好等特点。

四是从风险控制上，切实管控项目风险，维护国家金融安全，保障社会稳定。作为金融企业，AMC 开展大型债务违约企业的各项业务，需要将风险防控作为前提，从具体项目上维护金融安全和社会稳定。从具体项目运作看，处置盘活大型债务违约企业涉及股权、房地产、债权等各类资产，也会涉及金融机构、关联企业、企业员工、政府主管部门等主体，因此，AMC 需要高度关注项目相关的市场风险、信用风险、法律和声誉风险等。在市场风险方面，需要防控股票定增、未上市股权投资、债转股等股权资产的退出风险，需要关注分类、分区、分层调控带来的房地产市场风险，需要关注资金市场的利率波动风险。在信用风险方面，加强固定收益类投资项下的抵质押品管理、融资主体评级、债权项目评级等，加强管理资产销售、债权转让等变现风险，加强防范债务重组、资产重组及并购重组导致的不确定性。最后，由于大型企业的债务处置活动涉及面广、涉及职工多，存在一定的社会稳定风险，为此 AMC 要管控自身的法律风险和声誉风险，坚定地维护金融安全和社会稳定。

# AMC 服务"问题国有企业"的金融探析[*]

近年来，我国国有企业改革发展取得了显著成绩。但是，因为产能过剩、债务违约、资不抵债等问题，我国国有企业在发展中也不断地产生了一批"问题国企"，不利于国有经济的健康发展。对此，我国 AMC 要主动落实中央关于国有企业改革发展精神，发挥金控集团的综合金融服务优势，为问题国有企业提供综合金融服务，改进问题国企的经营效率，壮大发展国有经济。

## 一、问题国企的特点及当前趋势

"问题国企"可以称为"问题国有企业"，不是一个专有术语，但是比照"问题企业"这一个专有术语，也具有明确的范围界定。根据监管政策，问题企业是指经营或财务遭遇困难的企业，那么问题国企可以指经营或财务遭遇困难的国有企业，问题国企是问题企业的子集。基于相关监管政策，衡量一个国有企业是否属于问题国企，可以从负债、资产、财务、经营、突发事件、内部管理等六大方面，具有一个较为宽泛的范围，或者可以将"问题国企"理解为"正常国有企业以外的国有企业，或是不正常的国有企业"。判断一个国有企业是否属于问题国企，至少具有以下六个特点之

---

[*] 原文发表于《金融资产管理》2019 年第 2 期。

一：(1) 债务按期不能偿付的国企,其债务工具包括但不限于:贷款、债券、票据、应付账款,以及具有债券性质的协议等;(2) 资产低效或无效运营的国企,包括资金被冻结、核心资产被查封、企业涉及重大诉讼等;(3) 财务状况出现异常的国企,如资不抵债、收不抵支、连续两年亏损,并且难以获得补充资金来源等;(4) 经营情况出现异常的国企,包括:主营业务持续萎缩、对外过度投资、产能严重过剩等,如煤炭、钢铁、化工等产能过剩的国企;(5) 遇到意外、突发事件等导致暂时性困难的国企,如短期流动性问题、资金链突然断裂、被投资金要求提前偿付或赎回等;(6) 管理失效的国企,如内部管理机制失灵、企业市场价值或公允评估长期低于企业净资产等。目前,我国国有企业的发展总体是稳定向好的,尤其是中央国有企业实现了收入、利润持续的快速增长。但是,国际形势依然复杂、国内经济发展压力依然较大,伴随着"三去一降一补"供给侧结构性改革的深入推进,我国依然有大量的问题国有企业需要处置,这为金融资产管理公司业务发展提供了良好机遇。

## 二、AMC 服务问题国企的综合优势

在公有经济占主导地位的社会主义市场经济体系中,金融资产管理公司服务问题国有企业不仅仅是发挥化解金融风险的本职功能,更是一种支持实体国有企业的政治责任。我国四家金融资产管理公司属于中央金融企业,与问题国有企业具有天然的联系,更加具有服务问题国有企业的综合优势。

### (一) AMC 作为中央金融企业,有责任服务问题国企

截至 2016 年末,根据四家 AMC 网站数据,财政部持有华融公司股本 63% 以上、长城公司股本 97%、东方公司股本 98%、信达公司股本 67%,

我国四家AMC都属于财政部控股。同时，华融、长城、东方、信达四家金融资产管理公司也都属于在名单内的中央金融企业。因此，从政治责任高度看，四家AMC需要主动地贯彻落实中央关于改革发展国有企业精神，要主动地壮大发展国有企业，尤其是要解决好发生问题的国有企业，通过服务问题国企，推动国有经济继续壮大发展。从国家发展看，金融资产管理公司被赋予了化解金融风险的独特使命，要主动解决实体经济体系中的问题国有企业，将问题国有企业变为正常国有企业，以此推动国有企业的改革发展，提高国有经济的效率，保障国有经济金融安全，促进社会整体经济金融的健康发展。

### （二）AMC作为金融控股集团，有能力服务问题国企

我国四家AMC都已经发展为开展多元化业务的金融控股集团，已经具备了服务问题国企的多种金融工具和强大的综合实力。目前，华融、长城、东方、信达四家AMC分别控股了10家左右具有专业金融牌照的平台公司。从集团系统内的业务资质看，四家AMC母公司拥有收购、投资、债转股、破产管理、受托经营金融机构等多种金融牌照，同时又控股了银行、证券、保险、信托、置业、私募基金、金融租赁等专业平台公司，完全可以为问题国企提供多种业务品种的综合金融服务。从综合实力看，截至2016年末我国四大AMC总资产在4万亿元左右，拥有遍布国内各省的分支机构，及在自贸区、中国香港等地区的国际性机构，积累了成立以来近18年的成功经验、专业金融技术、大批专业人员等，完全有实力对问题国企的资金、资产、技术、管理等要素进行重新配置，将问题国企变为正常国企，并推动国有企业继续壮大。

### （三）AMC作为市场经营主体，有激励服务问题国企

我国四家AMC都已经完成了股份制改革，发展为独立核算、自负盈亏

的市场主体，并且接受股东及主管单位的薪酬考核。完成股份制改革之后，四家 AMC 的公司治理更加完善，经营决策更加高效，开拓业务的积极性更高，完全有激励更好地服务问题国企。一方面，服务问题国企是 AMC 的不良资产主营业务。从资本监管看，AMC 对问题国企的实质性重组活动形成的债权、股权等各类表内资产风险权重较低，可以有效地降低 AMC 的资本占用，促进扩大业务范围和提高资本回报效率。从监管政策看，相关监管部门要求金融资产管理公司回归不良资产主业，为 AMC 改造提升问题国企提供了监管激励。另一方面，AMC 与问题国企有着天然的业务联系。在政策性业务时期，AMC 就为问题国企开展债转股等业务。当前，国内不良资产行业竞争不断加大，各家银行已成立或筹备资产管理公司，地方资产管理公司不断扩容，这要求四家 AMC 主动挖掘以"问题企业、问题债权、问题资产"为核心的全口径不良主业，主动抓住"问题国企"这一个关键领域。

## 三、AMC 为问题国企提供综合金融服务的措施

四家 AMC 经过近 20 年的高效发展，已经成为具有多种金融产品、专业金融人才、国内外分支机构等丰富资源的金融控股集团。尤其是，AMC 以收购、投资、债转股、并购重组等金融产品，积累了处置盘活问题国有企业的丰富经验。例如，中国长城资产积累了一批齐鲁宾馆、银行收购、中铁物重组等案例。因此，AMC 有能力、有实力为问题国企提供一揽子优质的综合金融服务，坚定地壮大发展国有经济。

### （一）从战略认识上，以高度的责任意识服务问题国企

AMC 作为中央金融企业，要主动落实中央提出的发展国有企业、维护金融安全、支持实体经济、调整经济结构等精神，要主动服务问题国有企

业，尤其是主动服务涉及面广、影响重大的大型问题国企。针对问题国有企业的潜在风险，AMC要提高政治站位，增强维护金融安全的政治责任，加强发挥化解金融风险的独特功能。在思想认识方面，要打破过去处置坏账的畏难情绪，要善于运用收购、投资、银行、保险、证券、基金、租赁等综合手段，为问题国企提供切实可行的综合金融服务，切实推动国有企业改革发展。

## （二）从竞争方式上，以综合金融服务满足问题国企的客户需求

AMC作为独立核算的市场主体，要不断提高核心竞争力，发挥综合金融功能优势，切实抓住问题国企带来的业务机会。一方面，要抓住问题金融国有企业的客户需求。从金融不良资产看，各类银行的真实不良贷款及潜在不良资产规模巨大，总量要高于公开披露的不良贷款数据，部分农商行、城商行逐步成为问题国企。另外，受到债权性不良资产规模逐步增加的拖累，信托公司等部分非银行金融机构也成为潜在的问题国企。另一方面，要关注特定领域的大型问题国企。在产能过剩领域，由于国内外需求疲软，煤炭、钢铁、水泥、化工等产能过剩行业不断出现大型问题国有企业，而且潜在的债务违约大型国有企业也为数不少。

## （三）从业务协同上，以创新精神为问题国企提供综合金融服务

针对问题国企的内在需求，AMC要创新探索并形成有效的综合金融服务，切实解决问题国企的根本问题。首先，要发现问题国企的有效需求，提升并实现问题国企的内在价值。围绕问题国企或者是国企中的问题资产，针对其股权、债权、专利技术、专业设备、不动产等各类资产，综合运用收购、投资、重组、托管、破产清算等一揽子综合金融服务，提升其管理、市场、技术等要素的内在价值。其次，形成一批有针对性的集团协同业务。

针对问题国企,尤其是服务大型问题国企,AMC 提供的综合金融服务涵盖了不良资产、信贷、债券、股票、资金、不动产、工业技术等各个市场,涉及分公司、银行、证券、信托、基金、投资等各类平台公司,可以形成一批具有行业特点的综合协同业务。最后,打造服务问题国企的专业机构和专业团队。在集团系统内,AMC 发挥母公司金融功能和各类平台公司的专业优势,形成上下联动的业务合力,打造一个或者几个服务问题国企的专业机构。然后,根据业务规模,在指定的机构或部门中,打造一支或多支具有投行、投资、法律、工业技术、不良资产处置等专业技能的专业团队,创新服务问题国企。

### (四) 从风险控制上,以项目风险管控为抓手壮大国有经济

目前,发生问题的国有企业一般涉及面广、问题多、社会影响大,AMC 为问题国企提供综合金融服务的同时,也需要注意控制好各方面风险。从具体项目运作看,服务问题国企涉及股权、房地产、债权等各类资产,也会涉及金融机构、关联企业、企业员工、政府主管部门等主体,因此,AMC 需要高度关注项目相关的市场风险、信用风险、法律和声誉风险等。在市场风险方面,需要防控股票定增、未上市股权投资、债转股等股权资产的退出风险,需要关注分类、分区、分层调控带来的房地产市场风险,需要关注资金市场的利率波动风险。在信用风险方面,加强固定收益类投资项下的抵质押品管理、融资主体评级、债权项目评级等,加强管理资产销售、债权转让等变现风险,加强防范债务重组、资产重组及并购重组导致的不确定性。此外,部分问题国企涉及面广、涉及职工多,存在一定的社会稳定风险,为此 AMC 要管控自身的法律风险和声誉风险,坚定地维护社会稳定并壮大国有经济。

# 比较研究 AMC 与银行的市场化债转股业务[*]

债转股是实体企业降杠杆、降低资产负债率的有效手段。2018 年印发的《关于市场化银行债权转股权实施中有关具体政策问题的通知》，明确了金融资产管理公司在开展债转股业务中可以收购正常的信贷资产，提高了金融资产管理公司发展债转股业务的激励强度。同时，大型国有银行设立的债转股实施机构金融资产投资公司也在发挥作用。这里将金融资产管理公司的债转股业务与金融资产投资公司做个比较分析。

## 一、开展市场化债转股业务的政策比较

在金融严格监管的环境下，无论是金融资产管理公司还是商业银行，开展市场化转股业务都不要触碰红线，要守住底线，有必要深入地分析资产公司和商业银行债转股业务的法律法规等政策异同。一是实施主体不同。根据《中华人民共和国商业银行法（修正）》第三条规定，商业银行可以经营的业务不包括股权业务，没有明确商业银行可以直接经营债转股业务。我国商业银行法还规定，"商业银行因行使抵押权、质权而取得的不动产或者股权，应当自取得之日起二年内予以处分"，这类股权资产的获得及处置

---

[*] 原文发表于《经济观察报》2018 年 7 月 7 日。

等政策，与市场化债转股业务相去甚远。由此可见，我国商业银行不是市场化债转股业务的实施主体。但是，实践中，我国商业银行已经实质性地介入了市场化债转股业务，主要途径有三种：设立债转股实施机构，包括工农中建交五大国有银行的债转股实施机构；设立或通过私募基金等特殊目的实体（SPV），作为债转股业务的实施机构，参与企业的债转股业务；通过商业银行的投资银行部、业务创新部等机构，与股权投资机构、证券公司等金融企业开展合作，参与广泛意义上的股权业务或债转股业务。与商业银行不同，《金融资产管理公司条例》第十条规定，资产公司可以直接开展债权转股权，并对企业阶段性持股。因此，法律法规明确规定资产公司可以是债转股业务的实施主体，也规定了五大国有银行所属的金融资产投资有限公司要突出开展债转股业务，而不是作为法人的商业银行。二是收购债权有差异。根据《关于市场化银行债权转股权实施中有关具体政策问题的通知》规定，工银、农银、中银、建信、交银金融资产投资有限公司这五家银行所属债转股实施机构，开展市场化债转股所收购的债权，原则上限于银行贷款，适当考虑其他类型银行债权和非银行金融机构债权，主要范围是金融债权。在上述通知中，资产公司转股债权的范围，包括银行对企业发放贷款形成的债权，以及财务公司贷款债权、委托贷款债权、融资租赁债权、经营性债权等，不包括民间借贷形成的债权。对比可见，资产公司转股债权的范围比银行所属债转股实施机构的转股债权范围大，有共同部分也有不同部分。但是，未来银行所属债转股实施机构的收购债权范围也可能会扩大。三是共同之处概述。就四大金融资产管理公司和五大国有银行所属的债转股实施机构而言，在市场化债转股业务中存在许多相同点。根据《关于市场化银行债权转股权实施中有关具体政策问题的通知》，共同之处主要包括，允许采用股债结合的综合性方案降低企业杠杆率；允许实施机构发起设立私募股权投资基金开展市场化债转股，尤其是允许符合条件的银行理财产品依法向实施机构发起设立的私募股权投资基金出资；允许实施机构受让各种质量分级类型债权，四大金融资产管理公司及五大国有银行所属实施机构可以市场化债转股为目的受让各种质量分级类型债权，包括银行正常类、关注类、不良类贷款。其他相同之处不再赘述。

## 二、开展市场化债转股业务的综合能力比较

以四大金融资产管理公司与五大国有银行及其所属实施机构做比较，在开展市场化债转股业务方面，应该是各有各自的优势。一是客户资源比较。工商银行、农业银行、中国银行、建设银行、交通银行五大国有银行具有广泛的延伸到县镇区域的分支机构，具有百万亿的资产规模，具有人人皆知的银行品牌，都为其积累了海量的、丰富的客户资源。从客户资源总量看，华融、长城、东方、信达四家资产公司要稍弱一筹。虽然，四家资产公司已经拥有了银行、证券、保险等金融子公司，也具有遍布全国的各地省分公司，但是与五大国有银行相比，其企业客户资源相对较少。但是，仅仅从市场化债转股对象企业看，由于资产公司的风险偏好强于五大国有银行的风险偏好，也可能强于银行出生的五大债转股实施机构，在这个细分行业中，四大资产公司与五大国有银行所属实施机构的差距可能也会更加缩小。二是综合手段比较。四大资产公司是应对金融危机而诞生的，在近二十年防范和化解金融风险、处理银行不良贷款中积累了大量的债转股业务经验，围绕债权转股权业务具备了收购处置、收购重组、投资投行等各类手段，在金融市场上成功地打造了"ST超日"等多项经典案例。同时，四大资产公司已经不同程度地具有了银行、证券、保险、信托、基金等各类金融子公司，在相互合作中，对转股对象企业的再生和发展具备综合提升能力。相比较而言，五家国有银行所属的金融资产投资公司才刚刚

开业，受制于银行体系的风险偏好约束，以及债转股业务的实践经验不足等，在对债股对象企业的提升上相对不足。另外，建设银行等过往开展的类似的股债结合业务、转股业务等经验模式，是否可以复制到新设的金融资产投资公司，也存在疑问。总体看，目前四大资产公司开展债转股业务的综合手段更强。三是资金来源及资本占用比较。从广义的资金支持看，五大国有银行更具有优势，具有广泛的分支机构吸收存款，而四大资产公司主要是从银行借款、发行金融债以及增加资本，在某种程度上五大国有银行是四大资产公司的主要资金提供方。但是，根据银监会目前的规定，从债转股业务的资金来源看，五家债转股实施机构的金融资产投资公司，主要是依法依规面向合格社会投资者募集资金用于实施债转股；发行金融债券，专项用于债转股。具体地比较五家金融资产投资公司和四家资产公司，资产公司开展市场化债转股业务的资金来源更加丰富。另外，转股资产的风险权重会影响资产公司的资本充足率，也影响了资本的放大系数。根据目前银监会规定，资产公司市场化债转股及围绕不良资产开展的追加股权投资，这些股权的风险权重都是150%，相对较高。但是，银监会关于商业银行新设债转股实施机构相关管理办法还没有出台，适用于五家金融资产投资公司的转股股权的风险权重还没出台，以及这五家债转股实施机构是否纳入原五大国有银行的相关政策也不明确。因此，五大国有银行所属的金融投资公司开展债转股业务存在资本占用、资金来源等一些不确定性。

## 三、资产公司开展市场化债转股业务的启示

在我国现有的金融体系中，五大国有银行所属的债转股实施机构，客观上是四大资产公司开展债转股业务的最大竞争者。同时，在开展债转股业务中，工银、农银、中银、建信、交银金融资产投资有限公司这五家银

行所属债转股实施机构是与原五大国有银行在一起以一个整体出现，资产公司也是以包括银行、证券、保险、信托、基金等金融子公司在一起同样以一个整体出现。因此，比较资产公司与银行在市场化债转股业务具有积极的启示。一是向同业学习，开展案例比较研究。目前，在商业银行中建设银行开展市场化债转股业务的成效较大、影响较好、模式较多，包括以基金为特殊目的实体实施机构的云锡集团债转股、新设建信金融资产投资公司等。近期，建信金融投资公司与一些地方国有企业集团，拟通过"基金+永续委贷"、股权直投等方式开展债转股业务。因此，资产公司应加强向建设银行等一些优秀金融机构学习债转股业务模式、金融技术、工具组合等内容，对部分国有银行债转股业务的经典案例进行深入研究，取长补短，提高自身债转股业务的综合竞争力。二是积极拓展客户，与银行加强合作。按照目前的具体政策，资产公司以市场化债转股为目的可以受让正常、关注、不良等各类质量分级类型债权，因市场化债转股所收购的债权也从银行贷款扩大到了委贷、经营性债权等，因此资产公司开展债转股业务的重点应该转移到企业客户。资产公司要千方百计地扩大企业客户来源，加强与地方政府、地方国企、上市公司、龙头企业等客户主体合作，加强与股份制银行、城商行、农商行等银行机构的合作，同时，与地方资产公司、证券公司、信托公司、基金公司等非银行机构，与律师事务所、会计师事务所、评估机构等中介机构加强合作。三是加强内部管理，降低股权的资本占用。资产公司要从源头抓好债转股业务的内部管理，依法合规确立债转股所收购的债权范围，合理设计债转股业务的交易结构，完善债转股业务中的债权收购定价机制、转股股权的定价机制及相关配套机制，健全经营单位开展债转股业务的激励相容机制，加强债转股业务形成的股权在存续期间的管理。另外，按照现行的表内资产风险权重规定，资产公司应加强管理债转股业务、股债结合业务形成的股权、债权的资本占用，强化业务部门、风险管理部门对经营单位的指导，促进经营单位将资产风险占用因素纳入营销客户、项目立项等源头环节，引导经营单位合理设计交易结构、合法合规地降低债转股业务的股权资产的资本占用。四是动员社会资本，发展私募股权投资基金。资产公司以资产管理为核心竞争能力，可以充分利用当前政策给予的政策支持，加大发起设立私募股权投资基金开展市场化债转股业务。一方面加大发挥私募基金子公司的功能，另一方面以资产公司为主体积极申请获得私募基金管理人资格，全方位拓展市场化债转股业务的资金渠道。同时，与商业银行加强合作，引进银行理财资金向资产公司发起设立的私募股权投资基金进行出资；与股权投资机构加强合作，增强资产公司实施债转股业务的股权投资和管理能力。五是在加强风险防控的基础上大力创新。当前国家鼓励资产公司发展债转股业务，但是资产公司依然应该将业务开展的合规性风险放在首位，需要依法合规地开展市场化债转股业务。同时，在实际运作中，资产公司也需要加强债转股业务的流动性风险、信用风险、市场风险、操作风险等，应建立健全市场化债转股业务的全面风险管理体系。在风险管控的基础上，资产公司要秉承"创新精神"，探索组建一些具有灵活容错机制、激励机制的专业创新团队，加大市场化债转股业务的模式创新、产品创新、管理创新等，并就债转股业务的创新与监管部门加强沟通，做到符合监管要求下的债转股业务创新发展。

# 债转股的关键定价及最优投资模式 *

了解市场化债转股的关键定价,有助于解决债转股实施过程中遇到的不少问题,帮助金融机构更好地开展债转股业务,尽快达到降低企业杠杆率的目标。

## 一、债权的收购定价

一般而言,金融机构从事债转股业务的债权来源有内部和外部之分。对内部存量债权,如商业银行自身的存量贷款,或是做个新增贷款之后再考虑转股。对外部收购债权,如金融资产管理公司收购不良贷款等债权,或是在经营该不良债权之后再考虑转股。无论是外部新收购的债权,还是自身已有的存量债权,都需要考虑到这个债权的公允价。

在具体操作债权转股权的过程中,对拟转股的债权进行定价是第一个非常关键的资产定价,存在平价、折价、溢价三种定价行为。通常情况下,以银行为例,一般以五级分类中的正常贷款为拟转股的对象,该正常贷款在转股中以平价定价为主。目前,国家有关政策也是鼓励以正常债权开展市场化转股。相反,金融资产管理公司在收购银行的不良贷款或是违约债权,并以该不良债权开展转股,对该不良债权的收购价一般都是打折收购,

---

* 原文发表于《经济观察报》2018 年 9 月 8 日。

以低于该债权本金的价格进行收购,形成了折价收购和债权的折价定价。也存在溢价收购债权并转股的情况。例如,在某些情况下,金融资产管理公司持有特定企业的部分债权及股权,并且看好该企业的发展前景,拟对该企业加强再生支持和修复发展,为了加强对该企业的讨价还价能力,可能会溢价收购其他机构持有该企业的各类债权,包括会溢价收购正常贷款,以高于市场估值的价格收购特定不良贷款等。

## 二、债权与股权的兑价

开展债转股业务中的第二个核心定价在于,拟转股债权与股权之间的兑价。这个兑价,实际上涉及债权和股权的平价、折价、溢价这六个价格。对于金融资产管理公司等持有债权的机构而言,就是债权转换为多少股权的问题,本质上是金融机构与企业实际控制人之间的谈判结果。债转股兑价的关键性还在于体现了金融机构的风险偏好差异。例如,银行本身专长于债权的管理,如果转换为股权之后的风险偏好、资本占用、管理能力等都存在差异,这些都会深刻地影响债与股的兑价。

对于正常企业而言,相对简单点,银行、资产公司等债转股的实施机构,可以根据股权估值程序,通过净资产收益率等综合指标给股权做个定价,然后,以正常债权的平价做个转换,完成了债权和股权之间的兑价。对于问题企业而言,情况将更加复杂,金融资产管理公司收购了问题企业的不良债权,并将实施综合性措施进行救助,包括债转股、追加投资、资产重组等。在这个一揽子救助过程中,这个债转股的兑价将变得非常复杂,可能将不良贷款的本金、利息、滋息、罚息等作为总债权计入转股,同时由于企业经营困难、风险高企导致股权价值也是极大地受损,最后这个债转股的兑价就非常高。由此可见,债转股的兑价是一件非常重要又非常困难的工作,债转股的高兑价也常常伴随着高风险。

### 三、转股后的股权变现价

投资债转股的目的是为了获得最终的高收益。债转股成功之后的股权变现是非常重要的，尤其是对银行业机构。第一种是上市的可以流通的股票，具有很好的流动性，但是也面临着股票市场的市场风险。正因为变现容易，很多金融机构愿意围绕上市公司开展各类债转股业务，也包括通过换股、以股票抵股权等措施，将转股的股权置换为流通的股票。第二种是正常企业的非上市股权。一般以大股东回购、现金分红、被第三方收购等形式退出。这些与大多数 PE 等股权投资机构的退出渠道类似，但是，银行和金融资产管理公司作为银行业务机构，其股权资产的风险权重系数高、资本占用多，股权投资管理能力与券商、私募等专注于股权机构相比而言较弱，所以往往又容易做成"假股真债"。第三种情况是问题企业的非上市股权。这种情况是极具挑战的，也是金融资产管理公司涉足的领域之一。如果业务对象是属于上市公司的问题企业，那么债转股及股权的退出还是相对容易，比如名声大噪的"ST超日债"项目。对于非上市的问题企业，核心是对该问题企业的改造和价值提升，在此基础上提升股权价值，这也是真正体现金融资产管理公司的经营能力。纵观不良资产市场，改造和提升问题企业的投资收益最为丰富，不仅仅金融资产管理公司在从事这类业务，很多民营企业也在介入问题医院、问题房企等领域。

### 四、债转股的投资模式

对债权转股权的三个关键价格进行分析之后，最后要落到具体的投资模式上。本质上，金融机构在开展债权转股权业务的时候，是同时介入了债权和股权两个市场，相当于是"销售债权"和"新增股权"的组合。对同一个企业同时开展"销售债权"和"新增股权"，往往存在一个矛盾，对该企业的债权不看好，却又对该企业的股权看好，又或者是债权和股权之间存在套利价值。换个说法，也是该金融机构在债权和股权两个领域的能力存在差异的体现。在具体实践中，商业银行采取的策略可能是对预期发展较好的正常企业实施债转股，帮助企业降低了资产负债率，同时也会要求新增贷款投放，形成新增贷款和转股股权的资产组合。对于金融资产管理公司、地方资产管理公司、社会投资机构等而言，最优的投资模式，应该是针对问题企业实施债权转股权，以折价的方式获取低廉的债权，并且以债权的总额兑换更多的股权。并且，以控股、参股等形式，为该企业注入各类资金、资格、资产等资源，改造和发展该问题企业，获取股权的大幅增长。最后，再以高估的股票二级市场，顺利退出原问题企业的股权，实现巨大的盈利。从投资的角度看，债权转股权的最优投资模式是，首先在债权市场折价收购特定债权，之后高兑价将债权转换为股权，并提升企业的内在价值，最后在股权市场高溢价地套现。因此，债权转股权业务，真正地考验实施机构的债权风险管理能力、企业经营能力和股权价值提升能力，缺一不可。

# 市场化债转股的实施难点及改进措施[*]

目前,企业对市场化债转股的期望比较高,债转股业务的政策支持也比较足,但是在实施过程存在一些问题,需要加以改进,并促进本轮债转股的顺利落地。

## 一、资金供求存在悖论

从金融产品看,债转股的本质还是股权,与普通的直接投资股权不同,债转股是以收购债权为切入点、以股权为最终的资产形态,因此需要较长期限、较低利率的资金作为支撑。从实施对象看,需要债转股的企业本质上是希望降低负债率、降低财务成本,以负债融资转变为股权融资,转股企业的这种资金来源由存量的债权转换为新增的股权,最终目的还是指向长期、低廉、风险共担的资金需求。这些资金的需求特点,与商业银行、金融资产管理公司等实施机构的资金来源存在一定的不匹配性。商业银行及其下属的金融资产投资公司主要是通过各种负债工具,形成了以期限较短、利率较高的负债资金来支撑期限较长、成本较低、风险较高的股权资产的局面,加大了商业银行的资产负债管理难度。目前,四大金融资产管

---

[*] 原文发表于《经济观察报》2018年9月22日。

理公司及地方资产管理公司都是以银行借款为主要的资金来源，相比较于商业银行，则是在资金来源方面更加恶化，在股权管理方面可能存在一定的风险控制优势，但也不足以解决资金匹配的内在矛盾。

## 二、风险偏好存在悖论

目前，市场化、法制化的债转股的实施机构还是以商业银行下属的金融资产投资公司及四大金融资产管理公司、地方资产管理公司为主，这些机构还是以信贷市场和债权管理为主，与本质上是股权性质的债转股业务还存在一定的风险偏好偏差。就刚成立的金融资产投资公司而言，属于五大国有银行的全资控制，合并到五大国有银行的各类报表中，尤其是纳入资本充足管理。按照现行规定，商业银行因市场化债转股持有上市公司股权的风险权重为250%，非上市公司股权的风险权重为400%，远高于各类债权的风险权重。与贷款比较，债转股的较高资本占用，也就要求获得较高的资金回报率，增加了银行的资产风险。同样，金融资产管理公司也是接受资本充足管理的银行业机构，与不良资产收购处置业务相比较，因市场化债转股持有的公司股权的风险权重也较大，最大可以是8倍之差。地方资产管理公司虽然在资本方面的监管要求比较灵活，但是受制于资金来源、风控措施、技术人员等各种因素，也难以大规模开展债转股业务。

## 三、转股选择存在悖论

在实际操作中，可能存在银行愿意实施债转股，但是企业可能不情愿接受债转股，存在一个转股选择的偏差。在银行及金融资产投资公司方面，一般情况下也是按照ROE、现金流、产品技术、业务模式等因素来筛选转股对象，或者说是在筛选"优质企业"。但是，相反，在银行眼里的"优质企业"，应该是非常优秀的企业，这些优秀的企业有良好的现金流，应该是有能力应对已有的债务。例如，优质的民企，如果有能力应对现有的债务问题，而且企业的业务发展良好，为此实际控制人可能就不太愿意实施债转股而稀释自己的股权控制权。就国企而言，也可能存在实施债转股的同时，降低了杠杆率，同时银行也可能会推动转股企业再增加贷款，在维持负债率的基础上，不断扩大股本融资和债务融资，有可能将转股企业引入一个过度融资的循环。值得注意的是，近期，围绕上市公司的债转股项目较多地落地，主要是可以借助于上市股票的途径，提高了转股之后的股权转股票的流动性，降低了债转股之后的退出风险，提高了实施机构银行和上市公司的积极性。

## 四、风险控制存在悖论

从实施机构看，银行擅长贷款及其风险控制措施，涉及担保、抵质押等措施，对于转股企业的股权风险还不那么熟悉，相关的股权风险控制措施的体系还没建立健全。对于优质的转股企业，实施机构与转股企业之间的讨价还价能力不足，转股之后占的股权比例较小，大多数以强制分红、兜底回购等方式退出，尤其是非上市公司，其转股之后的股权退出渠道更少，过度地依赖于现金分红、实际控制人兜底回购等措施，将债转股产品扭曲为一个具有类债权的金融产品。对于困境中的转股企业，非常考验实施机构的企业价值提升能力，如中国资产管理公司主导的超日债项目。具有较强价值提升和股权管理能力的实施机构，可以通过债转股控制转股企业，发挥公司治理的核心作用，对转股企业实施改造、并购、再融资等措施，通过极大的股权价值提升来实现转股之后的股权退出。因此，实施机构特性、转股企业的经营状况及债转股产品之间还是存在一些风险偏好、风险控制措施等方面的难点。

## 五、可能的改进措施

目前来看，具有固定收益性质的上市公司作为转股对象，较为符合银行等实施机构的需求。例如，煤炭、钢铁等收益稳定、负债率高的上市公司，通过债转股降低负债率，置换未来的较为稳定的现金分红、股权及股票的市场增值，不仅可以满足银行等实施机构的风险偏好和资金来源，也可以促进这些企业的自身发展。反之，债转股的实施也会导致部分优质企业的过度融资，问题企业依然难以获得资金，使得债转股政策存在实施扭曲。要想扩大债转股的实施范围，达到政策的预期目标，还需要做些改进措施。一是实施机构的企业价值提升能力。从实施机构角度，不仅需要合适的长期、低廉的资金来源，解决转股企业的短期负债困境，核心还是要关注转股企业的价值提升，真正帮助转股企业健康发展，实现股权的增值。二是转股企业的治理与发展。从企业治理看，原有的债权治理可能是失效了，或是效果已经不佳了，通过债权转换为股权，对企业实施股权治理，这个股权治理能否更好地促进企业的发展是成功的关键。三是监管部门的支持政策。实施机构最终面临着债转股的退出风险，如果能通过股票市场增加股权的流动性和变现便利性，有助于降低实施机构的风险，可以扩大实施机构对转股企业的选择范围。最后，金融结构的调整，尤其是发展健康完善的股票市场，对市场化债转股业务的实施非常有利。

# AMC 如何加快发展分公司业务[*]
## ——以 BJ 分公司为例

近年来,金融机构竞争加剧,企业金融需求日益多元化,对 AMC 分公司开展业务带来新的挑战和机遇。为抓住机遇,应对挑战,金融资产管理公司的分公司应主动调整经营对策。

### 一、分公司业务发展面临的问题

目前,分公司的外部环境发生了很多新的变化。业务创新加剧各类金融机构相互竞争,企业的金融管理能力得到增强,这些为分公司的业务发展带来了新的问题。

#### (一)市场竞争加剧,资金收益率下降

大资产管理时代加剧混业经营,利率市场化不断推进逐步缩小融资业务的利差,改变了分公司做业务的外部金融环境。同时,分公司开办的收购业务(包括增信)在市场主体、业务、资源和利率等各方面受到竞争,导致分公司项目收益率趋于下降。在主体竞争方面,银行、券商、基金、信托、保险及资产管理公司等各类金融机构,积极参与到资产管理业务领

---

[*] 原文发表于《金融资产管理》2014 年第 4 期。

域，通过开办与资产公司的类似业务，加剧与分公司的项目竞争。在业务竞争方面，银行的投行业务、券商的资产管理计划、子基金业务、信托业务、资产管理业务等日益挑战资产公司的收购业务，同质化、可替代性逐步增强，进一步削弱了资产公司的业务独特性。在资源竞争方面，银行存在客户、项目、信息等资源优势，券商和信托在产品、技术、创新等方面具有领先性，这些同业优势为分公司业务加快发展带来重大挑战。在利率竞争方面，银行基于资金优势通过投行业务和理财业务提供的资金成本相对较低；在受托资产管理规模不断扩大的基础上，券商和信托为企业提供的融资成本也趋于稳定；分公司通过收购业务为企业提供的资金成本，尤其是相对于信托公司的优势逐步在下降。在项目收益方面，受制于公司资金来源和资金成本，分公司通过收购等业务为企业提供的资金利率受到各类金融机构的激烈竞争，导致分公司单个项目的资金收益率呈现下降趋势。

### （二）企业选择空间扩大，项目落地难度增加

在金融业改革开放持续深化的背景下，企业从银行信贷以外获得资金的范围逐步扩大，包括但不限于银行理财、信托、券商的资产管理计划等。各类金融机构加大业务创新，增加了企业非信贷资金的可得性，加剧了分公司收购业务的可替代性，进一步加大了分公司项目的落地难度。同时，企业的金融管理能力不断增强，企业的融资机构得到加强，企业融资人员的综合素质逐步提高，提高了对金融机构的谈判能力，提高了对分公司的项目谈判力。在具体项目方面，分公司为企业提供资金在用途、成本、风险控制等方面的优势，逐步受到同业、券商、信托及其他资产管理公司的有力竞争，增加了分公司与企业的谈判成本，削弱了分公司对具体项目的控制力。从企业信息不对称看，资金需求企业面临的可选择金融产品和金融机构范围扩大，企业逐步具有融资信息优势，分公司在业务落实中处于

信息劣势,增加了项目落地的不确定性。从项目审批流程看,当前分公司超出授权的项目基本经历立项、上会、实施等环节,相对于信托、券商、基金等灵活性较高的金融机构,分公司从客户洽谈到项目落地的周期相对拉长,不利于有效地服务企业。

### (三)客户稳定性亟需加强,金融综合服务能力有待提高

伴随着金融机构竞争日益激烈,融资企业对资金成本日益敏感,分公司客户管理问题和金融综合服务问题日益暴露。从客户来源看,存在不良资产转让需求的商业银行是分公司的主要客户,需要进一步加强与信托公司的业务合作,与券商、基金、保险及其他类型的资产管理公司的合作不够,具有资金需求的企业客户数量有待提高。从客户服务看,当前分公司主要围绕单个的具体项目服务企业,还没有从具体项目转变为对企业的全面综合金融服务。从客户粘性看,主要依靠收购业务服务企业的方式较为单一,与企业持续深化金融合作的手段不足,综合服务企业的工具和能力有限。从产品创新看,当前分公司主要从事收购及增信业务,难以满足企业日新月异的金融需求;分公司与信托、券商、基金及其他类型的资产管理公司的合作不够,难以形成新的业务模式和金融产品,不能很好地满足现代企业的多样化融资需求。从业务协同看,分公司的收购业务与平台公司业务的协同效应存在提高空间,收购业务和信托、保险、租赁、基金等平台公司业务的合作创新有待加强。从风险控制看,项目经理的风险识别和管理能力亟需提高,项目风险管理机制有待改进,事前、事中和事后风险管理流程存在优化空间。

## 二、分公司业务发展面临的机遇

我国经济金融环境正在发生变化,包括新三板在内的多层次资本市场

建设加快，各类金融机构主动管理资产的积极性提高，企业金融需求呈现多元化，这些外部变化为分公司发展业务提供重大机遇。

## （一）金融不良资产的市场供给增加，有利于分公司拓展不良资产收购处置业务

不良资产收购是典型的逆周期业务，是 BJ 分公司的主要业务。伴随着实体经济进入下行周期，商业银行、信用社、信托公司以及其他金融机构的不良资产都出现上升趋势，尤其是商业银行不良资产规模巨大。截至 2014 年第二季度末，BJ 银行业不良贷款率为 0.36%，不良贷款余额 214 亿元，另据投行测算，银行业隐含不良贷款率可能在 5%~6%，BJ 地区实际不良贷款规模可能更大。由于经济下行预期加强，经济结构和企业资产结构调整加快，商业银行等金融机构处置出售不良资产的规模和积极性加大，为分公司收购金融不良资产（包）提供机遇。金融不良资产的供给有效增加，扩大了分公司选择、甄别、挖掘具有潜在价值的不良资产范围，有助于提高分公司资产价值。从储备看，商业银行及信托公司等金融机构提供大量的金融不良资产，不仅增加了分公司储备资产的机遇，也为分公司带来了储备企业客户的机会。针对非银行金融机构，分公司进一步加强在收购、增信、投行等业务领域的深入合作，扩大与各类机构的合作范围，加强与其他金融机构在产品、客户、创新等方面的合作深度。

## （二）金融资产的市场转让增多，有利于分公司扩大业务规模

信托、券商、基金、资产管理等机构对受托资产的主动管理加强，激发出大量的金融资产转让需求，这为分公司扩大资产规模提供良好机遇。例如，包括民生加银在内的资管公司近期积极推出资产包，值得进一步挖掘。从转让动因看，各类资产管理机构的内外部环境发生了变化，金融市

场流动性和投资人流动性需求都存在不确定性，主动管理资产可以提高金融机构风险加权收益。从金融机构看，信托公司可以主动管理的信托资产规模庞大，证券公司的资产管理规模也突破5万亿元，这些为金融资产的市场交易和转让提供巨大规模。从转让资产看，主要以各类金融机构自营自持和代客管理的金融资产为主，相关金融机构的风险管理水平和基础资产风险决定了转让资产的优劣。基于流动性管理的金融资产转让市场日益扩大，借助资产管理的专业技术，这为分公司加强收购业务带来重大机遇。

### （三）企业金融需求呈现多元化，有利于分公司开展综合性金融服务

我国经济处于转型发展时期，实体企业的内外部融资环境正在改变，逐步呈现出多元化的金融需求，这为分公司发展综合性金融业务提供契机。按照不同标准，可以划分为大型企业集团和中小型企业、房地产企业和非房地产企业、政府平台公司和实业企业公司、上市公司和非上市公司等，不同类型企业的金融需求不完全一样，这些企业在不同发展阶段的金融需求也不一样，这有利于分公司联合集团公司资源，开展收购、增信、融资、投资、并购、重组等综合性金融业务。在金融业务方面，各类企业根据自身需求，既有不良资产、应收账款等收购业务，也包括信托、租赁、保险等子公司业务；不同类型企业面临的金融业务种类不同，单一企业也需要各类金融业务的综合性服务。在企业需求方面，由于货币环境总体趋于稳健，经济结构调整激发企业投资需求，总体上加大了企业金融需求，尤其是资产管理等新型金融需求旺盛，这些为分公司开拓综合性金融业务提供广阔天地。

## 三、分公司加快业务发展的策略

当前,分公司开展业务面临的竞争日益加剧,但也存在不良资产供给增加、企业需求旺盛等机遇,为此要根据具体情况,千方百计加快发展分公司各项业务,推动公司改革发展。

### (一)分类开办业务,提高分公司资产规模

为抓住不良资产供给增加的机遇,满足企业的多元化需求,务必要按业务分类的原则,切实扩大分公司业务规模。根据分类原则,将分公司业务分为"好批""想干""典范"三类,随时随地做第一类项目,在看好基本面的基础上积极争取第二类项目,在具备一定基础的前提下通过第三类项目树立品牌。在金融不良资产收购业务方面,主动联系具有转让意向的商业银行、信托公司及其他金融机构,深入调查其不良资产情况及转让意向,努力提高收购成功率;主动接洽转让意向不明确的金融机构,寻找潜在的市场机会。在非金融不良资产收购业务方面,严格按照公司下发的要求,扩大实体企业、优质政府平台、类金融企业等合作对象的遴选范围,扩大采用土地、房产等不动产抵押方式的项目选择范围,在符合相关要求下增加股权质押、应收账款质押等收购业务。在投资投行业务方面,围绕公司战略目标,加大开发投资投行业务客户,积极形成一批符合公司要求的投资投行项目,在条件允许的前提下努力做成一些具有示范作用的经典项目。

### (二)加快发展投资投行业务,形成新的收入增长极

根据 BJ 市金融环境特征,受制于资金来源成本较高、企业融资利率相对较低等因素,分公司开办的一般性质的固定收益类投资业务缺乏竞争

能力，短期内难以形成可持续的利润来源。但是，围绕上市公司的定向增发、并购、重组等投资投行业务大有可为。截至2013年末BJ地区上市公司有217家，加上这些上市公司的关联企业，及外地上市公司在BJ地区的相关企业，这为分公司开展定向增发、并购、重组等投资投行业务带来机遇。首先是了解本公司投资投行业务，加强联系投资投行事业部，加强学习总公司投资投行业务中的经典案例，充分熟悉本公司各类投资投行产品、流程及政策。其次是了解市场及企业需求，密切挖掘上市公司及其关联企业的融资、并购、重组等涉及股权的金融需求，积极联系证券市场监管部门、证券公司及相关中介机构，扩大投资投行业务的客户来源。最后是主动营销投资投行产品，以不良资产收购为切入点，以长城公司品牌为依托，突出资金优势和并购重组能力优势，提高增发、并购、重组等项目的成功率。

### （三）加强机构合作，多方位满足企业金融需求

全方位加强分公司与商业银行、平台公司及其他金融机构的合作，进一步提升分公司综合金融服务能力，促进分公司提高资产收益水平。首先要加强与商业银行的合作，商业银行是不良资产供给的主体，进一步扩大与国有银行、股份制银行、区域性银行及信用社等合作对象的范围，进一步深化分公司与商业银行在不良资产收购、增信、并购重组等多种业务领域的合作，特别是要进一步加强与农业银行的沟通联系，争取在收购处置业务上继续扩大规模。其次要加强与平台公司的合作，在继续做好传统代理业务的基础上，重点围绕"协同开发和营销产品、协同拓展和培育客户、协同运作项目"等方面，创新协同策略和机制，切实提高分公司和平台公司在业务产品上的创新能力，进一步提高分公司为客户提供一揽子综合金融服务的能力，加强分公司与平台公司协同运作重大复杂项目的能力。最

后要加强与其他金融机构的合作，拓展与信托、券商、基金、保险及其他资产管理公司的合作对象范围，扩大与各类金融机构的业务合作范围，加强分公司与其他金融机构在资源、项目、创新等方面的合作，尤其是在资产转让方面的深入合作，进一步提升分公司创新水平。

### （四）积极寻找客户，努力扩大项目来源，提高项目成功规模

分公司业务发展的关键在于满足客户的金融需求，在于更多更好的项目成功落地。做好企业客户开拓工作刻不容缓，务必要千方百计地加大客户营销，努力扩大项目落地规模。在不良资产收购处置业务方面，加大对国有银行、股份制银行、信用社等各类银行机构的营销，密切联系信托、财务公司、资产管理公司等非银行金融机构。在结构化融资业务方面，根据资金市场环境，做好存量客户的需求开发，拓展符合公司条件的房地产企业，积极沟通银行、信托、券商等金融机构扩大客户来源。在投资投行业务方面，紧紧围绕上市公司的定向增发、并购、重组等需求，加大挖掘上市公司及其股东公司、上下游企业等关联企业的潜在需求；加强联系证券公司、证券中介机构、证监会监管的资产管理公司等涉足证券市场的金融机构，增加上市公司金融需求信息的来源，提高与上市公司及各类证券机构的合作机会。在客户开发方面，大力做好存量客户的深入挖掘，努力开发存量客户的业务需求，加强收购、增信、融资、投资、并购、重组等综合性金融服务；重点开发具备较强资本实力、资金运营良好、综合负债能力不弱的优质龙头企业，综合运用收购、增信、投资投行等手段，提高分公司的业务规模。努力扩大不良资产收购、结构化融资及投资投行业务规模，不仅需要深挖存量客户需求，还需要开拓新的客户，不仅需要直接营销企业，还需要加强联系银行、信托、券商、保险、资产管理公司等金融机构，也要积极联系律师事务所、会计师事务所、评估师事务所等各类中介机构。

## （五）切实加强分公司各类风险管控

在项目前期管理方面，在努力增加客户和项目规模的基础上，加强具体项目的前期遴选工作，严格按照相关要求把控风险，充分做好项目相关的尽职调查，尽量将风险管理前置。在项目后期管理方面，认真贯彻执行公司下发的《关于进一步加强项目后期管理工作的意见》，加强分公司总经理、分管副总经理、风险总监和项目经理的责任意识，高度重视项目后期管理的检查监督，重点针对债务人日常经营状况、财务状况、现金流、抵质押品、重大经营管理事项、派出监督人员履职情况、保证人状况等开展现场和非现场检查，认真做好新增项目的管理台账等工作。在逾期项目管理方面，根据逾期项目的不同状况，因企制宜、分类施策，进一步加强逾期风险的化解。

# 第三部分
# AMC 内外科学管理

# 金融资产管理公司的业务分类与团队建设*

经过多年发展,我国四家金融资产管理公司化解金融风险、服务实体经济的综合能力得到加强。但是,随着地方资产管理公司等获得收购不良资产批量业务资格,不良资产行业的市场竞争日益加剧,这需要金融资产管理公司提高自身业务竞争能力,加强业务团队建设。

## 一、资产公司业务团队建设存在的问题

金融资产管理公司依然处于发展时期,同时资产公司内外部环境发生了新的变化。商业化业务快速发展,股份制改革上台阶,同业竞争日益加剧,这些对公司团队建设提出了新问题。

### (一)公司业务转型发展急需大量的专业性团队

近年来,资产公司从政策性处置业务向商业化业务转型,加快发展商业化业务,需要大量的专业性人员。在金融不良资产收购业务方面,资产公司已经积累了大量的专业经验,具备一定规模的具有法律、银行背景的从业人员,但是由于业务合作机构范围扩大,为促进不良资产收购主营业

---

* 本文完成于2014年,本书对部分内容作了更新。

务持续发展，还需要一批具有信托、券商、基金等背景的专业性人员，便于加强公司与其他金融机构的合作。在非金收购业务方面，资产公司开办的应收账款收购业务刚起步，虽然具备具有金融专业知识的团队，但是在行业发展、企业经营、产品技术等方面存在不足，需要尽快建设熟悉具体产业的专业性团队。在投资投行业务方面，紧紧围绕资本市场，打造品牌效应，加快事业部各类专业团队的建设，加大各地分支机构相关专业人员的引进和培养。在平台公司业务方面，各平台公司整体不强主要表现在业务竞争力不强，包含基金、评级、置业等在内的平台公司总体上还需要加强人员的专业提升，及具备战斗力的业务团队。

### （二）公司股份制改革需要大量的多元化人才

挂牌并成立股份制公司之后，资产公司增加了各类多元化人才的需求。在公司治理方面，进一步完善董事会、监事会等组织机构，加强公司与股东单位的沟通合作，并配备相应的综合性人才，建立服务于公司治理的专门团队，完善公司现代治理机制。在参与资本市场方面，加强与监管部门、投资者等沟通，加强信息披露与投资者关系，加强对债券市场和股票市场的综合利用，继续推动公司直接融资，急需一支专业性团队。在国际化业务方面，伴随着人民币国际化发展，国内企业加快走出去实现国际化发展，金融资产管理公司的国际业务将得到长足发展，为整合国内外业务资源，实现国内外两个市场互动，资产公司应加强建设国际业务团队，抓住国际业务发展的大机遇。在集团多元化经营管理方面，整个集团包含的业务越来越多元化，金融业改革发展促进各类业务加快创新，这增加了熟悉业务并具备综合性素质的管理人才的需求。

### （三）公司市场化发展需要进一步完善激励机制

金融业改革开放加剧各类金融机构创新竞争，需要进一步激发业务团队的活力和战斗力。在薪酬机制方面，与先进同业比较，同等级别的业务人员的总体收入相对不高，业务人员的收入与业绩关联度还存在提高空间，业务人员的积极性还可以进一步提高。在晋升机制方面，参照先进金融机构做法，继续完善行政和技术晋升通道，优化配置晋升资源，差异化地支持公司优先发展的业务板块。从总公司事业部看，完善专业性团队的激励机制，发挥薪酬对专业人员的激励作用，促进事业部在公司业务发展中的带头作用。从分公司业务部门看，将项目经理收入和业绩及风险紧密挂钩，完善办事处专业性团队建设，形成做业务的"战斗排"和相对分工的业务团队。从平台公司业务部门看，根据平台公司功能定位，制定合适的薪酬和晋升机制，形成平台公司和集团公司业务发展的协同效应。

## 二、资产公司团队建设的主要建议

为应对公司内外部环境变化，抢抓市场发展机遇，促进公司转型发展，应根据经典的人力资本专用性理论，结合资产公司发展的实际情况，加快建设具有金融资产管理公司特色的人才团队。

### （一）加强公司培训，提升员工素质

资产公司应该加快提升员工素质，为公司持续发展提供人才保障。金融业发展快速，业务创新加速发展，产品创新层出不穷，同业竞争日益激烈，无疑更加需要提升公司员工的整体水平。在总部层面，根据部门专业性质，面向集团持续发展，加大员工的专业性培训，有机结合内部培训和外部培训，在战略、法律、合规、核算、资金、人力等领域打造一批具有顶层设计能力的专业性人才，加快提升公司总部人员整体专业素质。在分公司层面，建设具有拓展能力的业务团队，提高业务团队的综合素质，提高基础一线业务人员的执行能力，打造一批能干事、干成事、不出事的业

务队伍，加快适应公司业务发展需要。在平台公司层面，围绕公司发展战略，紧密联系平台公司业务发展需求，提升各岗位人员的专业素质，优化人员的知识结构，加强业务培训工作，更好地为公司发展服务。

### （二）加大人才引进，提高公司人员专业水平

紧紧围绕公司发展战略，服务于公司上台阶、创品牌，不仅需要优化公司已有人才队伍，还需要大力引进公司优先发展、紧缺需求的专业人才。在人才引进方面，加大引进投资投行业务、多元化业务管理、风险控制等多领域的专业人才，充实到具体的前台业务部门及中后台的风险控制和管理部门；瞄准先进金融机构，尤其是相关业务领域的优秀人才，加大外部引智的力度，逐步形成专业性强的业务团队。在内部人才优化方面，根据业务特点、人才特性，及时调整优化人才与岗位的匹配程度，最大限度地发挥公司已有人才的能力和价值；加大开展专业性培训，加快形成干中学的学习创新型工作氛围，从整体上提升全体人员的综合才能。在引进外部人才的同时，着重提高人才引进与公司已有人才的互补性，有效发挥人才引进和已有人才的协同发展。

### （三）优化人员配置，打造特色业务团队

资产公司必须建设服务公司持续发展，具有市场竞争能力的业务团队。在总公司方面，细化事业部业务团队，形成具有行业、金融、创新等技术的各类专业性团队，形成具有代表公司最高水平的专业性技术力量；加快中后台部门对业务部门的支持服务功能，进一步在部门内部形成相对分工的技术团队，提高服务公司业务发展的能力。在分公司方面，提高项目组的激励力度，进一步完善项目组的激励机制，充分调动项目组人员找客户、做项目、出成绩的内在动力，保障办事处持续发展；继续完善办事处中后

台服务功能，加强审核、法律、会计、评估等专业性功能，进一步提高项目成功率和风险控制水平。在平台公司方面，打造专业化业务团队，发挥平台公司的专业性，加强平台公司的市场竞争力和对集团公司的服务功能。加大平台公司引进基金、保险、信托、租赁、资产管理等专业性人才，比照行业通行惯例，完善各类人才的市场化激励机制，依托专业性人才，做精做强平台公司。

### （四）加大公司系统内部优秀人才的交流

金融业发展快速，业务竞争激烈，必须加快培养人才，提高公司竞争力。加大总部年轻员工向下交流，了解基层一线工作情况，积累业务工作经验，有助于更好地体会基层工作需求，更加合理地为公司和部门决策服务。增加基层员工到总部相关部门学习锻炼机会，促使基层员工尽快了解总部决策要求，为基层办事处培养专业性人才，提高分公司与总部之间的沟通效率，提高办事处做成业务的效率。健全完善公司系统内部的员工交流制度，完善公司总部与分公司、平台公司之间的人员交流，有针对性地培养公司内部的专业性人才，加强公司人员在多个不同层次的不同岗位上的学习锻炼，促进公司人员培养适应公司股改之后的快速发展，为公司实现上台阶的发展战略提供更多更好的高素质人才。

### （五）完善与业务发展相适应的薪酬激励机制和晋升机制

纵观中外金融历史，人才是金融企业发展的核心竞争力，激发人才和团队的根本在于激励制度。为促进公司可持续发展，保障公司发展战略实施，关键在于人才团队的建设，要充分利用好薪酬资源和岗位资源，最大限度地激发公司员工的创新力。在薪酬激励机制方面，在总结先进金融机构经验的基础上，遵照专业性人才定价的市场规律，完善符合公司长期发展的薪酬激励制度，调动公司人员的积极性，发挥公司人才的创新性。在晋升机制方面，充分运用好行政岗位和专业技术等晋升资源，优先支持公司发展急需的紧缺型人才，进一步完善企业年金等现代人力资源管理制度，加强员工对公司的忠诚度。

### （六）加强公司文化建设

公司文化建设是激励员工内在动力的关键。进一步加强企业文化建设，建设完善适合资产公司发展的企业文化，建设完善服务公司发展战略的金融文化。围绕公司员工发展，激励公司员工干事创业，在公司系统内逐步形成以"内化于心、外化于形、固化于制、优化于效"的现代金融企业文化。持续推进企业文化落地深植，建立健全企业文化发展机制，尤其是在资产公司系统内，将公司总部、分公司、平台公司等形成统一的公司文化，提高公司内部的文化凝聚力。公司企业文化建设，必须紧跟时代潮流，应该将公司文化与国家金融经济发展战略紧密结合，应该将公司文化与员工发展紧密结合，努力实现"公司梦"与"中国梦""个人梦"的有机结合。

# 金融资产管理公司的资产配置与业务发展[*]

2019年以来，金融供给侧结构性改革不断深化，监管部门要求金融资产管理公司做强不良资产业务，并合理拓展投资银行业务。为此，金融资产管理公司应抓住机遇，合理配置资产，推进业务可持续发展。

## 一、资产公司资产质量面临的风险

1. 房地产市场持续调整

目前，资产公司房地产企业项目风险化解压力较大。房地产市场持续调整，不仅压缩房地产债权资产带来的利差利润，也增加房地产项目的信用风险。同时，还增加了公司债权类资产的以房地产为抵押的押品风险。总体上，房地产市场调整对公司持续盈利冲击较大。

2. 经济增速下行，资产质量整体下降

我国经济增速持续下行，增加了农商行、小贷公司、民营企业等客户的经营风险，并将风险传递到公司对这些客户持有的债权类资产。

3. 利率市场化发展，债权资产利差下降

货币政策持续宽松，债权类资产的信用利差持续缩减，也激励具有再

---

[*] 原文完成于2015年，本书对部分内容作了修改、更新。

融资能力的企业提前还款。在货币宽松环境下，利率市场化发展，助推债权类资产的信用利差缩减，提高了企业融资可得性，相对凸显资产公司高利率的劣势。

4. 金融机构混业经营，公司难以满足客户多元化金融需求

从需求看，客户主要关注资金成本、规模、期限、用途、效率、风险措施、资产增值、未来合作空间等因素。从供给看，银行、证券、保险等传统机构逐步转向全能型金融机构，银行依然在贷款、债券等债权类资产占据主导地位，证券公司在多层次股权市场中占据优势。资产公司仅有不良资产收购、债转股等独特的金融牌照，在不良资产市场受到地方资产公司竞争，在资本经营方面没有优势。全牌照的集团优势还没有发挥出来，难以形成持续合作的长期客户。

## 二、资产公司业务持续发展的机遇

1. 企业与产业发展升级引发新的金融需求

房地产行业出现新变化，包括并购重组、产业集中、出售转出租、"互联网+"等。制造业更加追求产品质量、科技含量，引发海内外并购等行为。传统的基础产业因大宗商品价格持续走低，存在市场出清、并购重组、转型升级等需求。企业及产业发展升级，推动金融资源从注重新增资产转向重视盘活存量资产，从债权资产调整增加股权投资等。

2. 多层次股权类资本市场快速发展，股权投资市场庞大

我国正在构建多层次的股权资本市场，包括上交所、深交所、新三板，还包括各省的区域性四板市场。目前，新三板转板有进展，注册制稳步实行，人民币国际化将推动国际板。科技型企业、高负债企业及国有企业改革等激发股权投资、并购重组等业务。

### 3. 债权类资本市场巨大规模，直接融资类业务需求旺盛

债券类金融资产依然是各类金融资产中占比最大的资产，也是最为重要的资产。公司运用负债资金，投放到类信贷、固定收益资产等业务模式依然存在市场需求，但需要关注利率市场化、货币政策、客户信用等级等风险。以银行间市场、交易所为核心的债券类业务方兴未艾。以互联网P2P、地方金融资产交易所等为代表的债权类直接融资业务蓬勃发展。资产公司是以坏账银行著称，在债权类资产有所专长，应有能力进一步拓展债权类市场。

### 4. 不良资产激增，增加公司业务资源

商业银行不良贷款余额增加，非银行类金融不良资产、实体企业应收账款、过剩产能资产等也在持续增加。从供给角度看，全社会不良资产的市场供应规模将进一步扩大，为公司开展各项业务增加了大量的客户、项目等资源。公司具有收购商业银行不良贷款等不良资产的金融牌照，具有财政部控股背景的高评级信用，具有遍布全国的分支机构及子公司，应在风险可控的情况下着力增加客户、项目、业务、资产等资源。

### 5. 经济新常态下优质客户的金融需求依然强大

我国经济进入新常态，GDP新增速度下降，但存量资产巨大，引发龙头企业整合产业、政府推动结构调整等需求。上市公司及其相关企业存在项目融资、股权投资、并购重组等金融需求，具有市场前景的实体企业依然需要融资，各级政府以基金等手段大力推动经济结构调整等。有道是银行"嫌贫爱富"，包括资产公司在内的金融机构都应该是"嫌贫爱富"的企业，加强与优质客户合作。

## 三、促进资产公司业务持续发展的策略

### 1. 加强客户管理，更好地服务优质客户

从目前的项目管理，逐步过渡到项目管理与客户管理并存，最后达到

以客户管理为主。尽快大规模地增加基因项目和基因客户，形成基因项目和基因客户的联动增长，促进项目及客户的持续发展，夯实公司业务持续发展基础。从资产负债表出发，按照公司出资形成的资产类型、行业、所有制、规模等分类管理客户。在债权类资产方面，建立健全客户准入、评级、授信等管理体系，做好客户的融资需求管理，并延伸客户在股权投资、并购重组、结算理财等方面的服务。在股权类资产方面，借鉴PE、VC、券商、基金等公司经验，加强资本运作，增强股权投资与股票市场互动，做好股权退出通道及渠道。

### 2. 优化资产配置，获取持续利润

围绕客户开拓业务，形成结构合理、风险可控的资产，并以此保障资产公司持续获取利润。不良资产收购处置是资产公司主业，固定收益业务可以维持资产公司基本收益，并购重组业务收益率高。按照公司的内外环境，未来应该调整公司资产结构。根据出资比例和获取利润比例，合理配置公司资产。其中，不良资产收购出资占50%，利润占20%；收购重组的固定收益占30%，利润占30%；并购重组业务出资占20%，利润占50%。

### 3. 尊重资金利差收缩趋势，做大债权类资产

在资金持续宽裕、利率更加市场化的趋势下，信用利差持续缩小是大势所趋。在适当降低利差的基础上，做大获取固定收益的债权类资产规模，降低债权类资产的信用风险，并发挥债权类资产的规模经济、范围经济等效应，增加客户粘性，为后续的股权投资、并购重组、子公司业务拓展空间。

### 4. 控制龙头企业，实现产融结合，做优股权类资产

股权投资的关键在于股权转让及退出，其中上交所、深交所是退出的

理想通道。随着注册制实施，新三板转板制度完善，股权投资的退出通道增多。本质上，股权投资的收益在于以 PB 价格入股，以 PE 价格在股票市场退出。为促使股权类资产大幅增值，未来在地产、医疗、TMT 等目标行业共计控制 8~10 家上市公司，通过定向增发、并购重组等形式，装入未上市资产，实现产融结合，做强股权资本市场业务。

5. 创新传统不良资产收购处置业务

传统不良资产处置的现金回收率不高，存在较大的资金成本、追诉追偿等风险。当前，不良资产的市场供给增加较快，商业银行等金融机构要求处置不良资产的愿望强烈。利用不良资产收购牌照，加强与商业银行等金融机构合作，引入财政资金、社会资金等，通过基金等模式，创新扩大不良资产收购处置业务，增加不良资产收购市场的份额比重，储备公司开展其他业务的客户、项目等资源。

6. 优先发展具有巨大市场需求的子公司业务及协同业务

将相对有限的资源，优先用于发展具有巨大市场需求的子公司业务及协调业务。当前，银行间市场、交易所的债券业务需求巨大，可以考虑加强证券、银行在债券方面的发行、承销、投资、通道等业务。同时，产业基金、创投基金等各种类型的基金兴盛，可以考虑加强基金公司通过基金募集、管理等，参与各级政府介入的产业基金业务、PPP 业务等。

7. 加强研究及产品开发

随着公司资产规模增大，加强研究已经是非常必要的。中等规模以上的银行、证券、保险、信托等公司，都有专门的研究部门。就资产结构而言，集团表内外资产中的债权类资产占比最大，母公司房地产类债权资产规模较大，还涉及股票资产、持有的不动产等，急需要预判债权、股权、不动产等大类资产的变动趋势。就发展业务而言,应加强客户、产品、业务、资产配置、风险控制等研究,发挥研究部门的统筹作用,加强条线管理部门的客户研究、产品研究等功能,加强协同发挥证券、银行等平台公司的研究力量。

# 金融资产管理公司的资金与资产匹配[*]

金融资产管理公司作为一家金融企业,与商业银行类似,务必管理好自身的资产负债关系。具体而言,资金管理、资产管理、资金与资产匹配管理是金融资产管理公司的重要管理内容。本文紧紧围绕资产公司"出资配比结构"这个核心,立足各类资产的周期性质,从资产公司的资产负债表角度,进一步分析内部资金差异定价、资产风险分类管理、差异化的业务激励等与出资结构调整及资产质量提高的内在联系,并从内部资金供给、资产风险分类管理、业务激励等维度,探寻资产公司的资产结构调整及资产质量提高的发展路径。

## 一、从内部资金出发,精细内部资金转移定价机制,发挥内部资金差异化配置调控功能,支持出资结构调整

内部资金差异化定价是指针对不同类型业务形成合理的出资配比结构,确定不同的内部资金利率。优化出资结构,离不开内部资金差异化定价的支持。从资产公司情况看,需要逐步完善内部资金转移定价机制,主要是设置"利率上限"、降低展期利率上浮比例、对保证金借款短期内暂不计息

---

[*] 原文完成于2016年,本书对部分内容作了更新。

等政策，将低成本的外部资金平价转移给分公司。但从出资结构调整看，需进一步细化内部资金对各项业务及资产形成的差异化利率调控。

## （一）继续做好不良资产包收购优惠利率等措施，支持扩大不良资产包收购出资比重

针对不良资产包收购处置的周期性特征及回收现金周期，细化不良资产包收购资金的内部定价，包括各期限利率、优惠利差、优先配给、规模等。例如，如果鼓励不良资产包在 2 年左右全部回收现金，则可以考虑降低 2 年期以内的内部资金利率，相对抬高 2 年期以上的利率水平。在短期，为抓住不良资产包大量供给的有利机遇，给予不良资产包收购资金的优先配给权，提高相应收购规模。长期看，也需要适度考虑不良资产包收购资金与其他固收业务、股权业务资金的利差，引导调控不良资产包、债权、股权三类资产配比结构。

## （二）形成内部资金差异化定价的动态调整机制

从长时间周期看，不良资产包、固收、股权投资的出资资金利率是动态变化的。从出资种类看，内外环境变化导致公司调整所支持的业务类别，要求动态改变不同类别业务的出资资金利率。从业务子种类看，固收业务也可以根据房地产、企业集团等客户差异，进一步细化内部资金差异定价。从期限看，不良资产包收购资金的内部短期与长期利差是在变动的，引导办事处在合理的期间回收现金。从利差看，三类业务之间出资利率差是动态的，传递总部支持不同业务的力度，引导分公司扩大某类业务规模。

## （三）合理把握内部资金差异化定价的定价依据

根据资产定价理论，现金回收、资产风险影响内部资金利率差，货

币政策及公司外部融资成本决定了内部资金总体利率。对于传统不良资产包，其收购资金的内部利率优惠幅度、不同期限的利率优惠幅度等，受到不良资产包供给、质量、现金回收周期，以及公司业务支持力度等影响。吃利差的固收业务，受到货币政策、经济周期、债务人经营风险等影响。包括拟上市公司投资、定增在内的股权投资业务，受股票市场、企业经营状况等影响巨大。合理确定三类业务出资的资金利率及其利差，不仅与具体业务的风险收益性质相关，更是公司业务发展战略的体现。

## 二、从资产端出发，用好经济资本，做好资产风险与内部资金差异定价匹配，以出资结构调整促资产质量提升

实现既定的出资配比结构的目标，如"5-3-2"，就是要求提高资产质量，提高风险折算后的资产收益水平。那么，出资结构及其形成的资产风险，与内部资金差异定价是分不开的。目前，各公司已经根据监管机构相关政策完善有关风险监管指标，合理地运用经济资本开展业务。这里，从资产负债表的资产端，阐述实物、债权、股权等资产的风险收益属性与出资配比、内部资金差异定价的内在联系。

### （一）继续完善债权资产的信用风险管理工作

由资产收购、固收投资等形成的存量规模较大固定收益债权资产，与银行信贷类似，主要面临着信用风险。根据监管机构相关政策，不仅需要符合集中度、风险分类等监管要求，还需要调整经济资本占用等。还应该在客户评级、授信、担保、行业、规模、所有制等维度，加强资产信用风险管理。根据债权资产质量、利率期限结构等，合理匹配相应的负债、内

部资金利率等。根据客户企业的成长性，适当支持具有并购重组价值的债务企业，也可以考虑以内部资金利率优惠支持。根据经济周期阶段，通过内部资金价格差异，适当引导债权资产规模调整，需要做大量的前瞻性研究，尤其是信贷市场和经济增长趋势。

### （二）预测并管理好房地产及其相关资产的市场风险

目前，资产公司有三方面涉及房地产：传统不良资产包清收现金中处置债务人房地产，获得融资的房地产企业，其他债权类资产以房地产作为抵押物。公司开展的许多业务离不开房地产市场，需要长期地深入研究房地产市场的内在周期规律。前几年，资产公司抓住了房地产融资需求激增机遇，利润大幅改善。现在，房地产市场波动又对公司资产质量及利润产生影响。何时加大房地产金融业务，何时收缩，如何利用内部资金准确地调控房地产业务出资规模及资产形成，都需要牢牢地把握房地产市场内在规律。

### （三）股权资产价值波动与股票市场密切关联

定增、拟上市公司股权投资等股权业务，不仅受企业及行业因素影响，更是受到股票市场影响。股权资产的风险管理及投资退出，与债权资产、房地产等存在本质区别，但是都具有显著的周期性规律。一方面，关注以私募基金形式作为劣后资金投资股权的杠杆性与股票市场波动相互作用带来的风险，既会放大收益率，也可能放大损失。另一方面，我们没有控制多少龙头上市公司，还没有做到产业资本与金融资本的有机结合。以上市公司为核心的实体产业整合的能力，还需要提升。为达到以 20% 的股权投资出资比例，获得占公司 50% 份额的利润，还需要完善股权投资业务条线中的出资资金、配资杠杆率、经济资本占用、组织架构，以及深入把握股票市场运行规律。

## 三、从激励看，客观对待不同业务的性质差异，匹配合理的激励机制，激发团队开拓业务

资产公司要完成既定的出资配比结构目标，并形成高质量的大类资产，离不开各条业务条线的专业团队，更离不开对特定业务条线专业人员的专门性的差异化激励机制。目前，资产公司在并购重组业务、不良资产包收购业务上落实了相应的激励措施，取得了一定的效果，但依然有进一步完善的空间。

对不良资产包业务，存在以下特点：处置资产的现金回收是非连续的，回收率有不确定性，历史资产回收率不一定有参考价值，面临的主要风险是抵质押的市场风险、法律政策风险等，而不是信用风险。因此，在从事不良资产包收购处置业务的团队中，团队领导需要有丰富的处置经验和处置技能，需要法律背景、金融运作的团队成员等。相应地，对从事不良资产包业务的项目团队的考核激励机制，不能与银行信贷类似，而应该独立地设计。例如，项目团队应该将不良包收购、管理、经营、处置等环节完整地操作，到最后回收现金为止，完成一个独立的不良资产包的收购处置收益，并以此为考核基础，以承包分成制为激励机制，考核项目团队的收益。

在固收投资业务方面，与银行信贷类似，关注债务人的信用风险，落实好担保、抵质押等。这可以借鉴银行、券商资产管理、信托等做法，选派懂信贷、懂固定收益业务的人员，加强项目的信用风险和操作风险，并将项目回款周期与经办团队的奖金按比例挂钩，实施延迟奖金支付等。

在股权投资业务方面，与券商、PE 等从事的股权投资业务大体类似，主要是关注企业的成长性、股权估值、回购及退出风险等。对于具体项目

团队的薪酬考核，也可以参照券商和PE机构，以项目的完全退出为截止，以项目最终退出的净收益为基础，按照约定比例进行奖金提成。

这三类业务的收益风险性质不同，需要的专业知识及经验不同，从业人员的市场激励机制也不同。在资产公司现有的文化及激励机制上，合理、差异化地设计出符合这三类业务属性的激励机制，调动不同专业人员的积极性，有助于完成既定的出资配比结构，更有助于提高各类业务形成的资产质量。

## 四、未来：提升资产公司在金融市场的影响力

金融中介理论指出，优秀的金融企业与金融市场是互动发展的，不是此消彼长的。目前，资产公司是不良资产收购处置市场的四大寡头，在并购重组领域打响了市场品牌。但这与我国金融市场快速发展还存在差距。

从我国金融市场发展趋势看，资产公司作为金控集团，在母公司出资配比结构的基础上，需继续提高传统不良资产包收购处置市场、并购重组市场的品牌影响力，继续做好房地产金融市场、信贷市场，引导做大债券市场、股债结合及投贷联动市场，以金控集团的力量更好地服务实体经济。

一是千方百计提高传统不良资产包的处置能力。联合社会资本做大不良资产包二级处置市场，带动不良资产包收购规模，提高公司在不良资产包收购、处置市场地位。收购不良资产包并分类管理之后，在二级处置市场上与私募基金等金融机构合作、转让等，提高其不良资产收购处置规模。

二是大力提升产融结合能力。依托股票市场及具有实业技术的专业团队，控制龙头企业开展国内外资本运作，发现并支持未来高成长性企业，以"实体技术+金融资本"的模式，熨平股权价值市场波动。

三是房地产金融业务要随着房产市场需求变化而升级。在房产端，整合置业公司及外部房企优势，提升满足市场需求的房产开发能力。在资金

端，加强把握房地产周期规律，以母公司、银行、券商、信托、海外机构等整合境内外融资。

四是找准细分信贷市场客户。分层并整合母公司类信贷客户，与银行、证券、保险、信托、租赁的融资企业客户的异同点，寻找与外部的大银行、中小银行、证券、保险、小贷、典当等存在的异同，从企业融资的角度上准确定位集团整体在细分信贷市场上的优势。

五是债券市场应该是公司作为银行业金融机构的天然强项。从资产证券化业务切入，以母公司的"资产收购+资产证券化"、银行的信贷资产支持证券、证券的资产支持专项计划、保险的资产支持计划为联合，结合全国各地的小银行客户资源，做大做强银行类的资产证券化业务。

六是股债结合市场潜力巨大。包括债转股、夹层投资、投贷联动的股债结合市场，对科技企业、初级阶段企业等具有巨大吸引力，获得了银监会的大力推崇，必然引来新的发展机遇。整合母公司的债转股及并购重组、银行未来的投贷联动、证券的保荐承销及风险投资等优势，率先在股债结合市场树立方向标，拥抱新经济。

# 金融资产管理公司行政管理机制探析[*]

我国金融资产管理公司成立于亚洲金融危机爆发时期的1999年,借鉴了西方国家的不良资产处置经验。但是,不同于西方国家的"坏账银行",我国金融资产管理公司具有国有资本属性和市场经营主体的双重身份。作为中央金融企业,华融、长城、东方、信达四家金融资产管理公司受多个国家部委的行政管理。作为市场法人的经营主体,四家金融资产管理公司行为受到《中华人民共和国公司法》《金融资产管理公司条例》等调整。因此,有必要梳理和分析金融资产管理公司的外部行政管理机制,更好地剖析金融资产管理公司的行为。

## 一、AMC法律法规机制

我国AMC的改革发展,与我国法律法规体系发展密不可分。法律因素不仅影响经济和金融发展,也影响到具体从事业务的金融资产管理公司。从成立以来,我国金融资产管理公司的改革发展始终与相关的法律密不可分,我国AMC的功能形成、壮大与发挥,都离不开相关的法律支持。一方面,法律因素对金融资产管理公司的影响,在理论上已经有了大量的研究。

---

[*] 原文发表于《金融资产管理公司功能研究》,社会科学文献出版社2018年12月出版。

研究法律与金融资产管理公司的理论渊源，可以追溯到法与经济学、法律经济学、法与金融学、法律金融学等理论体系。从法律与经济学的关系看，法律经济学（economics of law）、法和经济学（law and economics）、法律的经济分析（economic analysis of law），主要是用经济学阐述法律问题，将经济学的理论和经验方法全面运用于法律制度分析，具体是运用微观经济学及其福利经济学分析法律的形成、法律的框架、法律的运作以及法律与法律制度所产生的经济影响。从法律与金融学的关系看，拉波塔（La Porta）、洛配兹·西拉内斯（Lopez-de-silanes）、安德烈·施莱弗（Andrei Shleifer）和罗伯特·维什尼（Robert W. Vishny）四位学者早在20世纪90年代，量化了政治、法律、宗教、文化等因素的数据，并第一次明确引用法律因素介绍金融发展差异，开启了法与金融宏观理论、法与金融微观理论，前者主要在宏观层面上研究法律和金融的关系、法律起源与金融发展、法系与金融发展、司法效率与金融发展、投资者保护与金融发展等，后者主要在微观层面上研究法律与企业融资能力及融资成本、法律体制的质量与企业所有权和企业规模、投资者保护与企业公司治理、公司价值等问题。因此，可以看出，法律因素对AMC的外部环境、内部管理、业务经营等存在密切的关系。另一方面，从实践看，非常有必要梳理我国AMC的相关法律制度，并从法律供给的角度剖析国家对AMC行为的管控，也可以为促进发挥好AMC的金融功能做好法律供给的供给侧改革。

目前，从我国法律体系看，四家金融资产管理公司除了接受《宪法》《公司法》等法律约束外，主要受到国务院颁布的《金融资产管理公司条例》、最高人民法院各类司法解释、相关行政部门制定的办法等约束。首先，《金融资产管理公司条例》（以下简称《条例》）自2000年11月10日施行以来，对规范金融资产管理公司行为，依法处置国有银行不良资产，化解金融风险，维护金融稳定和促进经济发展发挥了积极作用。随着经济和金融改革的不断深化和资产公司的转型发展，《条例》的部分规定已不能适应资产公司改革发展的需要，也很难适应金融监管的要求，有必要对《条例》进行修订。其次，银行业监管部门、财政部门等相关部委，也陆续出台了各类规章，适实调整金融资产管理公司的行为。最近，银保监会制定的《金融资产管理公司监管办法》等相关办法，进一步强化了金融资产管理公司的资本管理，推动金融资产管理公司健康发展。最后，最高人民法院出台的各类司法解释，完善了规范金融资产管理公司的制度。可以发现，国家是金融资产管理公司的实际控制人，根据国家政策需要，结合金融经济环境及金融资产管理公司实际情况，从完善法律体系这个角度，可以更好地推动金融资产管理公司发展，也通过金融资产管理公司实现了国家的目标。

总体上，从1999年成立至今，金融资产管理公司以及后来的地方资产管理公司的成立及发展，都离不开法律、行政法规等约束。在成立之初，有《金融资产管理公司条例》，到2008年国务院明确资产公司遵循"一司一策"原则，按市场化方向进行改革试点，财政、银监等部门出台了大量的规章办法。股份制改革后，四家金融资产管理公司要按照公司法等规范行为。因此，法律法规机制是约束金融资产管理公司的重要机制。

## 二、AMC人事管理体制

根据有关法律法规，金融资产管理公司的最高负责人是由国务院任命的。早在2000年，《金融资产管理公司条例》已经对金融资产管理公司的人事作出了规定。根据该《条例》第八条，金融资产管理公司设总裁1人、副总裁若干人，总裁对外代表金融资产管理公司行使职权，负责金融资产管理公司的经营管理，并且，总裁、副总裁由国务院任命。随着金融资产管理公司的发展，《金融资产管理公司条例》依然存在，这也就意味着华融、长城、东方、信达四家金融资产管理公司的最高管理团队应该由国务院任命。但是，在具体实施中，四家金融资产管理公司的人事管理体制发生了变化。

金融资产管理公司的人事管理体制变化，与我国的金融管理体制是密不可分的。具体而言，华融公司、东方公司、长城公司、信达公司最高管理成员的任命，以2003年为分界线主要分为两个阶段。第一阶段为，中央金融工作委员会（以下简称中央金融工委）代理管理四家金融资产管理公司。为应对亚洲金融危机，加强党对金融工作的领导，1998年6月，在国务院总理朱镕基的主导下，经中共中央批准成立中央金融工作委员会。与中央金融工委的诞生有着类似的背景，四家金融资产管理公司也是为应对亚洲金融危机、化解金融风险而成的金融机构。但是，中央金融工委在2003年3月被撤销了，四家金融资产管理公司的人事主管单位也相应地发生了变动。第二阶段为银监会管理四家金融资产管理公司，四家金融资产管理公司也成为银监会的会管单位，并且一直延续至今。2003年，根据第十届全国人民代表大会第一次会议批准的国务院机构改革方案和《国务院关于机构设置的通知》，设立中国银行业监督管理委员会，为国务院直属正部级事业单位。2003年4月25日，中国银行业监督管理委员会成立；2003年4月28日起正式履行职责。根据中共中央决定，中国银行业监督管理委员会（以下简称银监会）成立党委，履行中共中央规定的职责。其中，银监会划入了中国人民银行对银行业金融机构的监管职责和原中共中央金融工作委员会的相关职责。至此，银监会党委成为四家金融资产管理公司党委的上级党委。

## 三、AMC薪酬管理体制

目前，财政部是四家金融资产管理公司的主要考核部门，具体落实是在财政部金融司资产处。在各类考核指标中，主要是考核国有资本的保值增值，即考核四家金融资产管理公司的净利润，并将净利润的增幅与该公司工资（包括各类福利）总规模的增幅挂钩。在这个净利润增幅和工资规模增幅挂钩机制下，四家金融资产管理公司存在着追求国有资本保值增值的内在动力，通过引战、上市、发债等途径，不断地拓展各类金融业务。

但是，这种挂钩机制，对四家金融资产管理公司而言，不是同样公平的。这个涉及历史问题，与当初起点的存量工资包规模有密切关系。如果当初存量工资包规模大，那么在净利润不断增长的情况下，该金融资产管理公司可以扩招人员，在内部薪酬激励方面也有较大空间。反之，在发展中，受到薪酬规模的约束，难以引进外部人才，难以增加适当人员，对业务开展也不利。因此，在统一的薪酬机制下，四家金融资产管理公司的薪酬规模、人均薪酬等不同，这些不同反过来又制约了业务经营发展。

这种挂钩薪酬机制，体现了主管部门的导向，就是促进国有资本保值增值，也非常符合财政部门的要求。同样，在政策性业务时期，财政部门通过现金回收率、费用率等指标，对四家金融资产管理公司实行"统收、统支"的双线管理。在政策性业务时期，四家金融资产管理公司还属于国有独资公司，以政策性收购处置不良资产为主要业务，目标是提高不良资产的回收率。因此，财政部门作为股东和财政管理部门，对四家金融资产管理公司的考核指标也就与"现金回收率"密切挂钩。

此外，根据中央要求，四家金融资产管理公司的党委委员的税前薪酬受到限制，并要求公示。一般情况下，华融、长城、东方、信达四家资产公司都会在本公司网站上公布该公司负责人的税前薪酬情况。由此可见，作为中央金融企业，四家金融资产管理公司的薪酬直接受国家财政部门管理。

## 四、AMC 业务监管体制

根据《金融资产管理公司条例》，资产公司在成立之初的业务管理的主管单位是中国人民银行。《金融资产管理公司条例》明确规定，金融资产管理公司由中国人民银行颁发《金融机构法人许可证》，并向工商行政管理部门依法办理登记；金融资产管理公司设立分支机构，须经财政部同意，并报中国人民银行批准，由中国人民银行颁发《金融机构营业许可证》，并向工商行政管理部门依法办理登记；金融资产管理公司的高级管理人员须经中国人民银行审查任职资格。但是，由于后来的行政机构调整，新成立的银监会成为四家资产公司的业务管理部门。

目前，银监会对资产公司履行业务监管职责，由现在的非银部落实具体的监管事务。资产公司是以不良资产收购、管理和处置为主业，同时开展与不良资产相关的投资、受托管理、咨询顾问等业务的非银行金融机构，接受银监会的监督管理。银监会不仅监管华融、长城、东方、信达四家资产公司，也监管四大国有银行设立的资产管理公司，还监管各地的地方资产管理公司。为管理好资产公司，银监会也陆续印发了关于不良资产业务、风险管控、统计信息、资本管理等各类管理办法。依据这些办法，银监会对四家资产公司实施全方位监管，包括公司负责人、分公司负责人的资格审查，各项业务的审查、检查，以及资产风险、人员薪酬等。另外，财政部对资产公司也履行一定的管理职能，具体工作由金融司资产处承办。财政部不仅是四家资产公司的大股东，也是主管部门，先后出台了关于不良资产批量转让、业务转型、财务税务、数据报送等各类管理办法。目前，人民银行和外汇管理局对资产公司没有特别的管理职能，主要是根据各自的法定职责对金融资产管理公司实施监督管理。证监会、保监会、工商等部门更是在各自的法定职责内对金融资产管理公司履行职责。

2017年以来，全国金融工作会议等要求资产公司回归主业、聚焦主业，大力发展不良资产业务。以银监会为主要监管部门的业务监管体制发挥了重要的保障作用。其中，中国银监会印发了《金融资产管理公司资本管理办法（试行）》，加强对金融资产管理公司的资本监管，弥补制度短板，提升监管效能，引导资产公司进一步聚焦不良资产主业，服务实体经济和供给侧结构性改革，规范多元化经营。《金融资产管理公司资本管理办法（试行）》（以下简称《办法》），将于2018年1月1日起正式实施，主要内容包括总则、集团母公司资本监管要求、集团资本监管要求、监督检查、信息披露和附则等六个章节，共八十四条。重点强调以下五个方面：一是结合资产公司业务经营特点，设定适当的资本充足性监管标准，明确第二支柱监管要求和信息披露监管要求，强化监管部门的监督管理和市场约束作用。二是通过设定差异化的资产风险权重，引导资产公司按照"相对集中，突出主业"的原则，聚焦不良资产主业。三是对资产公司集团内未受监管但具有投融资功能、杠杆率较高的非金融类子公司提出审慎监管要求，确保资本监管全覆盖。四是将杠杆率监管指标及要求纳入该资本《办法》，形成统一的资本监管框架。调整完善集团财务杠杆率计算方法，防控集团表外管理资产相关风险。五是要求集团母公司及相关子公司将信用风险、市场风险和操作风险纳入资本计量范围，并结合资产公司实际选择适当的风险计量方法。

对资产公司资本管理的调整，直接影响资产公司的业务规模、范围、结构。其中，确定的资产公司表内资产风险权重系数，明确了资产公司开展各类业务形成资产的资本占比。例如，规定了批量收购金融不良资产形成的债权的风险权重系数为50%，因实质性重组项目形成的表内资产的风险权重系数也为50%，切实引导资产公司开展这两类业务。在股权方面，围绕不良资产开展的追求投资、市场化债转股的风险权重系数为150%，而对工商企业的其他股权投资的风险权重系数为400%，就是要引导资产公司开展围绕不良资产的股权业务，而不是定向增发等普通的股权业务。可以预见，《办法》的出台有助于完善资产公司并表监管和资本监管规制体系，有助于资产公司提高资本使用效率，进一步引导资产公司发挥不良资产主业优势，防范多元化经营风险，实现稳健可持续发展。

# 金融资产管理公司如何
# 对接地方政府资源[*]

金融资产管理公司是化解金融风险、服务实体经济的金融机构,功能发挥和业务开展离不开地方政府的支持。在自身发展的需求下,金融资产管理公司应关注国家全面深化改革带来的机遇,跟踪研究地方政府全面深化改革政策,对其选择业务发展模式和研究产品开发具有重要意义。

## 一、地方政府资源现状分析

改革开放以来,我国经济持续增长,成为世界第二大经济体。地方政府在经济高速发展中通过不同形式积累了丰富的资源。

### (一)地方政府资源丰富,类型多样

地方政府的资源以多种形式存在,总体而言可以概括为四大类:一是牌照资源,主要以业务开展需经政府相关部门审批为主,该资源一类是金融机构牌照,包括银行、证券、保险、信托等,另一类是行业准入牌照,包括电力、化工、石油、煤炭等;二是土地资源,指地方政府拥有的,且有权收取土地出让金的国有土地资源,该部分资源是地方政府财政收入的

---

[*] 原文完成于2014年,本书对部分内容作了更新。

主要来源；三是公共设施资源，指地方政府提供的为社会公众服务的资源，如医疗、交通、教育、体育等公共服务；四是地方国企资源，指由地方政府投资参与控制的企业，涉及行业广泛，且在地方某些领域内具有支配地位。

地方政府资源数额庞大，根据《中国国家资产负债表 2013》，2011 年地方政府拥有的总资产近 90 万亿元，其中：国土资源 52 万亿元、地方国有经营性资产近 30 万亿元，如何发掘优化这些地方政府资源支持资产公司可持续发展值得研究。

### （二）地方政府资源发展面临困境

当前，我国面临的宏观经济金融形势错综复杂，资源与环境约束加剧，部分行业产能严重过剩，经济增速明显放缓，金融风险逐步暴露。地方政府资源利用在当前经济形势下，面临三重挑战，一是地方政府债务规模日益庞大，地方融资平台风险不容忽视，政府平台资源面临困境。二是地方政府对"土地财政"依赖严重，助推房地产泡沫越做越大，同时随着可出售土地的日益减少，这种财政模式体现出其不可持续性。三是地方中小金融机构发展严重滞后，服务于中小企业的金融工具和创新产品严重不足，对地方经济发展和社会稳定造成很大冲击。总之，在目前宏观经济背景下，地方政府资源价值的发挥利用受到限制，部分资源结构亟需调整与外溢。

### （三）地方政府资源面临调整，形成新的外溢价值

1. 加快转变职能，地方资源结构加速调整

党的十八届三中全会要求加快政府向宏观调控和提供公共服务职能转变，在发展成果考核评价体系不断完善趋势下，地方各级政府必将逐步从建设型政府向服务型政府转变，进而影响地方政府资产资源的一系列调整。

在牌照资源方面，地方政府可能逐步分享、退出银行、证券、保险、信托等金融领域，对经营困难的、具有产业特许经营牌照的实体企业存在退出、并购重组的可能。在国土资源方面，基于土地红线约束，国土用途和利用可能得到改变，形成新的内涵价值。在公共设施方面，基于服务型政府转变和民生需求加大等因素，基础设施供给必将加大，筹资来源扩大到地方政府发行债券及 PPP 模式（公共私营合作制）。在国有经营性资产方面，地方政府存在退出竞争性领域的内在动力，调整国有资本投向到公共服务、保护生态环境、国家安全等关系国家战略目标的领域。

2. 在混合所有制发展形势下，地方资源形成外溢价值

积极发展混合所有制经济，为地方政府调整资产结构、放大国有资本功能提供政策机遇，有利于地方政府各类资源形成外溢价值。对于金融牌照，存在收购、参股、上市、并购重组等资本运作机遇；产业特许经营牌照，可能有股权融资、并购重组、企业托管等新需求。国土资源因新资本注入，形成新用途、新项目建设而得到价值提升。具有盈利性的公共设施因为体制机制创新和多元化资本，可能获得更加稳定、充足的现金流入。地方国有经营性资产在市场化趋势下参与资本交易，重新发现价值。

3. 地方政府财政收入和政府平台的偿债乏力也会迫使地方政府将资产变现，形成资源价值外溢

地方政府融资平台在 2008 年刺激计划之后加速发展，且房地产市场的收入是地方政府偿付债务的主要来源。然而，在当前宏观经济形式下，房地产市场面临调控，地方政府财政收入减少，面对高企的政府平台债务，地方政府形成较大的财政压力。在这种情况下，政府资源有较大的可操作空间，地方政府可能会利用手中的资源，通过改制、转让、合作等多种途径，盘活资源，改善政府债务结构，实现政府资源价值外溢。

## 二、地方政府资源为资产公司发展带来机遇

随着地方政府改革的深化，政府资源面临调整，这为资产公司业务发展带来机遇。

### （一）利用地方牌照资源，把握战略平台建设机遇

当前公司业务发展迅速，经营业绩持续增长，从同业比较来看，办事处和事业部的发展与同业公司相比差距不大，主要差距体现在平台公司的发展。当前，地方政府持股大量金融企业，主要是城市商业银行、农村信用社等中小型银行机构、地方性证券公司、地方资产管理公司、小额贷款公司、典当、担保等非银行金融机构或准金融机构，涉及多个金融领域。但受制于地方发展的局限性，部分金融企业盈利能力弱，发展缓慢，对地方经济增长的推动作用不明显。不少地方政府开始推动地方金融改革，培植地方金融平台做大做强，甚至会出现新一轮的引战与金融机构托管。部分地方政府希望借助中央金融机构帮助其推动地方金融改革，实现共赢发展。在此过程中，资产公司可结合建设金融控股集团的战略要求，选择适合资产公司发展需要的战略平台公司，通过参与地方金融改革，重组收购符合公司战略要求的金融平台公司，为开展多种综合金融服务打下基础。

### （二）参与地方金融改革，把握不良资产收购机遇

当前，地方政府债务规模庞大，地方金融机构及政府融资平台风险积聚，一些机构有改善资本结构、剥离不良资产的需求。资产公司可积极参与地方金融机构改革，运用各类不良资产收购管理处置、金融机构救助等多种手段，帮助化解地方融资平台、地方金融机构经营管理风险，并及时对其进行风险隔断，做大做强不良资产收购主业。

## （三）利用土地、项目资源，把握地方城镇化建设机遇

中央提出要大力推进新型城镇化建设。这在地方政府的"土地财政依赖"短期内无法摆脱的情况下，将会为其提供进一步存续、缓冲和过渡的空间。地方政府拥有大量土地资源，同时也拥有旧城改造、保障房建设等项目，这些项目符合国家城镇化建设的大背景，风险系数较小。资产公司可加强与政府合作，结合自身业务发展，以城镇化建设为契机，通过多种投融资手段对地方城镇化建设进行支持。如建立专门基金，通过融资增信、融资担保、信托投资等多种手段，全面服务新型城镇化战略的实施，特别是重点支持城中村、棚户区改造和保障房、商品房建设。另外，也可通过资产公司的置业平台，积极参与到城镇化建设中，发挥公司置业平台作用，以项目带队伍，积累经验，协同公司业务发展。

## （四）参与地方国企改造，把握收购、重组、托管、投资机遇

地方政府拥有大量企业，行业涉及面广。以安徽省级政府为例，截至2013年底，安徽省属企业及其实际控制企业1688户，其中省属企业上市公司15户，总股本约289.8亿股，总市值2217.84亿元。这些企业中，既有规模较大、资产质量较好的优质企业，也有面临经营困难的企业。针对优质企业，资产公司可以立足支持企业做大做强，通过非金收购、金融租赁、融资上市、发行债券等手段，为其提供全生命周期的"一揽子"综合金融服务；针对暂时出现经营困难的企业，公司可以为其提供阶段性的、个性化的解决方案，通过资产收购重组、企业托管等手段，帮助企业盘活资产，解决流动性问题，渡过难关；针对成长性较好的高新技术企业，资产公司可以在初创期为其提供创业投资，发展期为其提供多种融资，上市前为其提供改制指导和IPO推荐等服务。

## 三、优化地方政府资源的相关建议

### （一）加强研究，建立地方政府资源名录

地方政府手握大量资源，但其资源具有一定分散性，相关信息也较为零散。资产公司加强地方政府资源研究，一是加强对国家经济、金融的政策研究，把握经济改革及发展前沿，为地方政府资源的梳理提供方向；二是研究地方政府经济金融改革动态及地方政策，随时掌握地方政府资源调整动态，结合政府转型需要，寻求合作机遇；三是主动出击，利用与地方政府的战略合作协议，发挥办事处地缘优势，积极与地方政府、国有资产管理机构、金融办、金融机构及国有企业联系，建立地方政府资源信息名录，关注动态发展。

### （二）分类管理，发掘地方政府资源内在价值

针对地方政府资源多样性特点，资产公司对其实施分类管理，对不同类型资源采取不同业务手段对接，寻求结合点，发掘资源利用价值。如对地方金融牌照类资源，可与公司战略平台建设相结合，筛选有价值的金融牌照，通过战略性收购，完善平台功能；对土地类资源，可与置业平台发展相结合，通过增信、结构性融资、项目开发等手段，服务地方城镇化建设；对地方国企资源，可结合资产经营、投资投行、并购重组等业务，提供多元化、全方位金融服务，为企业的持续发展、做大做强提供金融支持；对公共事业类资源，可开展创新金融业务，提供资产证券化、发行企业债等服务。

### （三）协同发展，打好综合金融服务组合拳

针对同一类政府资源，总部各事业部、分公司、平台公司要充分利用

各自优势,找准市场定位,利用业务切合点,提供全方位综合金融服务。如对地方国企改造,资产公司可以提供非金收购、融资租赁、资产证券化、发行企业债、咨询顾问等多种服务,为企业提供一条龙、一站式全方位金融服务。

# 资产管理行业变化及 AMC 的应对[*]

2018年4月，中国人民银行等金融管理部门联合发布了《关于规范金融机构资产管理业务的指导意见》，将促使我国资产管理行业更加规范的发展，也有助于金融资产管理公司规范开展资产管理业务。目前，金融资产管理公司已经具有不良资产、问题企业、问题机构的受托管理经营业务，并具有银行、证券、信托、基金等多种金融子公司，围绕第三方资产管理业务，将面临新的机遇和挑战，应该积极做出应对，促进自身健康发展。

## 一、资产管理行业变化

2012年以来，政策环境发生巨大变化，市场化方向主导了资产管理行业的政策变化，原有的分业经营限制逐步淡化，不同金融机构可以开展类似的受托资产管理业务。2013年，银行、券商、保险、基金、信托、资产管理公司等各类金融机构竞相涌入资产管理行业，正式迈入大资管时代。2019年，党中央要求深化金融供给侧结构性改革，增强金融服务实体经济能力，为我国资产管理行业带来了新变化。在现阶段及未来一段时间，中国资产管理行业主要呈现以下三个特点。

---

[*] 原文发表于2014年，本书对部分内容作了修改、更新。

### （一）商业银行依然占据优势地位

商业银行利用机构网络、专业技术及客户资源等优势，在资产管理行业中占据明显优势。从受托资产规模看，相较于信托理财、券商资管、基金公司及保险资管，银行理财具有优势地位。根据银监会公布的数据，截至 2013 年 6 月末，银行理财资金余额 9.08 万亿元；2013 年，211 家商业银行共募集资金规模约达 28.8 万亿元。2013 年末，证券行业受托资金规模 5.19 万亿元，公募基金总规模为 4.2 万亿元，信托管理资产规模 10.9 万亿元，保险业资产 8.3 万亿元。但银行通道业务在券商资管、信托理财及保险资管中占据一定比重。总体上，商业银行在资产管理行业具备优势。

### （二）监管创新改变行业竞争格局

2012 年以来，监管部门密集出台一系列创新政策，放松了对各类资产管理机构销售及产品的监管，加剧了资产管理行业的竞争格局。在银行业，允许城商行设立基金公司；在证券业，先后修订《证券投资基金运作管理办法》和《证券投资基金法》，并允许期货公司开展资产管理业务；在保险业，先后发布《保险资金委托投资管理暂行办法》和《关于保险资产管理公司有关事项的通知》。一系列监管创新政策扩大了城商行、期货公司参与受托资产管理，放宽了保险公司、私募基金的受托范围，加大保险资金的投资范围。总体上，监管创新加剧了资产管理行业在参与机构、受托范围、投资范围及募资渠道等方面的激烈竞争。

### （三）财富增长引领行业长期发展

资产管理行业靠近金融体系的需求端，投资者财富及需求决定行业的长期发展。有关研究表明，中国居民部门净资产从 2004 年的 50 万亿元，提高到 2011 年的近 150 万亿元，其中净金融资产从 15 万亿元提高到 44 万亿元。中国非金融企业净资产从 2000 年的 16.8 万亿元增长到 2012 年的 91.6 万亿元。2011 年地方政府总资产近 90 万亿元，总负债近 29 万亿元，净资产 61 万亿元。伴随居民收入及企业利润的持续增长，以及地方政府财政约束硬化等，社会各类经济主体对受托资产管理的需求必将日益增强，推动中国资产管理行业长期发展。

## 二、对资产公司的机遇

资产管理业务的主要优势在于受托资金、项目资源及表外受托通道，对资产公司资产负债及收入产生深刻影响，带来以下三大机遇。

### （一）提高受托资产规模，增加中间收入来源

利用信托、基金等资产管理机构在受托资金、客户项目及受托通道等资源，提高资产公司受托资产管理规模，并增加表外中间收入来源。从受托资金看，立足资产公司的项目资源，对接银行理财、券商资管、基金子公司及保险资管等受托资金，发挥技术优势并投资到各类不良资产，扩大对非金融企业不良资产的收购、管理及处置，提高受托中间收入。从受托主体看，发挥不良资产处置专业技术，接受实体企业委托，受托处置企业不良资产、应收账款等资产，并挖掘企业纵向及横向的并购重组机会，提高财务顾问等表外收入。从开办资管业务看，基于金融控股集团优势，资产公司收购或设立商业银行、证券公司、基金公司、信托公司及保险公司等资产管理机构，获得受托资产管理资格，并开办各类银行理财、基金、信托及保险资管等各类资产管理业务。

### （二）扩大资产业务范围，提高资产收益水平

在资产收购方面，通过受托计划，拓展原有不良资产收购业务，创新

收购关注类信贷等金融资产。在投资范围方面，借助资管通道，扩大对贷款、高风险债、私募债、集合债等债权投资，增加对上市及非上市公司的股权投资，形成对债权、股权和固定资产的全面投资。在资产处置方面，对接受托资金，利用资产支持证券等手段，提高不良资产及其他资产的处置变现能力。在资产结构方面，对接受托资金或借助资管通道，在资产性质、风险及期限等维度上，资产公司平滑大类资产配置的风险曲线，匹配各类负债资金的期限结构，逐步降低资产配置风险并提高资产收益率。

### （三）增加负债资金来源，降低负债资金成本

利用受托资金或通道资源，资产公司扩大负债资金渠道和规模，调整负债资金成本。在利用受托资金方面，利用金融控股公司优势，通过母公司或子公司，借助同业拆放或同业投资等同业业务，资产公司直接吸收银行理财、保险资金、资产管理计划资金等受托资金。充分利用银行间债券市场等金融市场，对接银行理财、保险资金等低风险受托资金，发行金融债、私募债等债券产品，在现有银行信贷融资的基础上，资产公司扩大资金来源，调节资金期限结构。在利用资管通道方面，借助券商资产管理计划、信托计划等业务通道，资产公司直接向居民、企业发行理财产品，并直接从居民、企业吸收负债资金，有助于降低负债成本。通过现有或收购设立的银行、信托、券商、基金及保险等子公司，借道发行各类资产管理计划，直接从居民、企业及农村金融机构等资金富余主体吸收资金，扩大负债规模并降低负债成本。

## 三、对资产公司的挑战

一系列监管创新政策的出台，开启了大资管时代，也加剧了资产管理行业的同业竞争。同时，利率市场化、多层次资本市场建设及人民币国际

化等金融环境发展,增加各类资产的风险波动。这些变化深刻影响资产公司的资产负债,并产生重要挑战。

## (一)分业经营制度红利萎缩,投资领域竞争激烈

2012年以来,出台了一系列监管创新政策,打破原有的分业经营限制,银行、信托、券商、基金及保险等各类资产管理机构的受托资金投资范围快速扩大,银行业存贷市场利差、证券业资本市场业务及保险业务等制度红利逐步萎缩,对资产公司的主要资产业务产生冲击。在债权投资方面,伴随银行资金成本提高、存贷利差缩小,资产公司的固定收益产品利差也逐步缩小,并可能提高整体债权资产的信用风险。在股权投资方面,无论是A股、新三板还是地方产权交易所,针对上市公司、未上市公众公司及非公众公司的股权,投资限制已经放开,机构发行的资产管理计划日益增多,竞争已经非常激烈。在非金收购方面,通过保理、新型投行等业务,银行为企业应收账款融资,已经形成较强的竞争优势。在传统的不良金融资产收购方面,借助金融资产交易所,信托、基金、券商等机构的受托资金积极参与,逐步形成竞争格局。

## (二)资产管理行业快速发展,资金成本地位突显

近期,存款、银行理财、各类信托资产管理计划、银行贷款及民间借款等金融市场的资金价格越来越受到货币市场资金价格的影响。银行理财、券商资产管理计划等受托资产管理业务与利率市场化密切关联,对资产公司等各类金融机构产生成本冲击。从直接债务性融资看,机构及个人投资者要求的债权收益率高于银行存款收益率,并逐步向银行间债券市场及民间借贷市场等资产市场靠拢,可能抬高资产公司发行金融债等直接融资成本。从间接债务性融资看,银行理财等资产管理业务又进一步抬高资产公

司获取负债资金的成本。资产管理业务逐步收窄债权利差，更加突出资产成本在资产公司发展中的重要性。

### （三）利率市场化转入中后期，资产负债风险加剧

伴随银行理财等资产管理业务全面放开，各类金融市场加速市场化，全面加剧资产公司的资产负债风险。从资产角度看，资产公司投资的债权及委托、受托的债权资产，面临的信用风险和操作风险加大，资产公司投资的股权及委托、受托的股权资产面临的市场风险也会加大。从负债角度看，资产公司发债融资、银行贷款及受托资金等负债性资金，面临的利率风险加大。从资产负债综合角度看，债权、股权等各类市场的发展，加剧资产公司的流动性、利率、信用及市场等风险，增加了全面风险管理难度。

## 四、资产公司的应对

资产管理行业蓬勃发展，加剧行业竞争，改变金融环境，对资产公司带来重大机遇和挑战，但机遇大于挑战。

### （一）坚持不良资产经营，夯实发展基础

现阶段，包括受托资产管理在内的牌照资源对资产公司具有相应价值。开办受托资产管理，服务不良资产收购、处置等主营业务，有助于提升各类不良资产价值。运用资产管理通道，扩大债权、股权、不动产等投资渠道，有助于提高资金投资回报率并控制风险。发展受托资产管理业务，开办财富管理等业务，形成新的收入增长极。发展私募基金、理财业务等资产管理业务，联合不良资产收购、投资及增信等手段，提升客户服务价值，增强客户满意度。

### （二）创新盈利模式，实现长期发展

资产管理业务的实质在于受托性质及表外收入。立足基金、信托、金

融交易所等金融牌照资源,在原有不良资产经营管理等主营业务的基础上,搭建新的资产管理业务模式。所谓"新模式"是指,以金融交易所为核心,辅助基金、信托等资产管机构及产品,调动办事处、平台公司、事业部等业务机构的资金资源和项目资源,在金融交易所挂牌并交易,形成以金融交易所为核心的二级交易市场,资产公司及其附属机构在新的交易市场中交易债权、股权、不动产等各类资产项目,实现投资退出、资产结构调整及风险管理等目的。同时,新的交易市场是面向全国性的资产交易场所,有助于资产公司调整资产结构和收入结构,实现公司转型和长期健康发展。

### (三)全面调整结构,促进公司转型

为应对资产管理行业触发的市场化竞争,应加快调整资产、负债结构,并引导收入结构调整。在资产方面,调整债权、股权和不动产的资产配置,调整房地产和非房地产的资产结构,调整资产的风险结构、期限结构和地区结构。在负债方面,调整负债资金的期限、成本结构;调整资金来源结构,更多的直接吸收居民、企业及保险公司等资金供给主体。数据表明,2013年末人民币各项存款余额104.4万亿元,资产公司应积极参与存款资产的挖掘。[①] 在收入方面,调整利差收入、股权收益和中间收入的结构,逐步加大股权收益和中间收入的比重。

### (四)转型分支机构,发挥协调效应

当前,资产公司具有事业部、平台公司及遍布全国的分支机构,应发挥机构网络的协同效应,加强发展资产管理业务,发挥资产管理业务与主营业务的协同发展。从受托资产看,促进地方机构(分公司)全面转型,

---

① 中国人民银行网站。

加强分公司、平台公司及事业部的筹资能力。从投资项目看，利用分公司、平台公司及事业部等机构，发掘、对接风险收益相匹配的项目资源。从主副业务协同看，做大做强受托资产管理业务，服务不良资产及投资等主营业务，更好地服务各类客户，提升资产公司的企业价值。

### （五）加强风险管理，用好经济资本

资产管理行业发展背后逐步显现市场对金融资源的配置作用，加剧流动性风险、利率风险、信用风险及市场风险等波动。对于流动性风险，强化资金管理，加强同业合作，建立健全流动性管理机制；对于利率风险，加强宏观研究，预测、预警利率变动，运用利率衍生品等风险管理工具；对于信用风险，严格客户准入，加强抵质押品管理，完善资金投后管理；对于市场风险，加强债权、股权市场研究，适当分散、转移市场风险。在现有监管体制和风险环境下，应加强管理经济资本，充分利用经济资本，引导资产配置和风险配置，促进各类业务有序发展。

### （六）发挥人才资源，实施创新战略

资产管理行业的竞争在于人才和创新竞争。从专业技术看，各类资产领域的投资专业化，加剧了各类资产管理机构对专业人才的争夺。从薪酬激励看，伴随金融市场发展，专业人才的市场价值得到体现，人才激励引导人才流动。对于分支机构高管及员工，实施股权激励机制，将收入与公司的股权、业务绩效和项目风险挂钩，实现公司利益与人员收益激励相容。从创新看，新业务的创造引领资产公司发展转型，这离不开创新机制的支持和创新性人才的发展。在牌照资源贬值、金融市场充分竞争的未来，无论是资产管理行业还是资产公司，都必将越来越倚重于专业性人才。

# 第四部分
# AMC 改革发展研究

# 金融资产管理公司支持"一带一路"建设探析*

我国四大金融资产管理公司作为中央金融企业,已经发展为开展多元化业务的金融集团,具有支持"一带一路"建设的综合实力及内在动力。通过集团资源和集团优势,四家金融资产管理公司正在开展境内"一带一路"业务,也有能力开拓境外"一带一路"项目。为更好发挥金融资产管理公司在"一带一路"建设中的支持作用,尤其是推进落实境外"一带一路"发展,需要从考核、业务、资金、安全等多个层面增强金融资产管理公司的政策保障。

## 一、AMC支持"一带一路"建设的内在动力

### (一)作为中央企业,AMC有责任支持"一带一路"建设

我国四家金融资产管理公司都属于财政部控股。截至2016年末,财政部持有华融公司股本63%以上、信达公司股本67%以上,控股长城公司股本97%、东方资产股本98%。同时,与我国三大政策性银行、五大国有银行类似,华融、长城、东方、信达四家公司也都属于中央金融企业。因此,四家金融资产管理公司需要从政治责任高度,主动支持"一带一路"建设。

---

* 原文发表于《国际金融》2017年第7期。

从中央大局看，作为中央金融企业，四家金融资产管理公司要主动贯彻落实习近平提出的"以钉钉子精神抓下去，一步一步把'一带一路'建设推向前进"等讲话精神。从国家发展看，作为财政部控股金融企业，四家金融资产管理公司也要主动支持"一带一路"倡议。为此，四家金融资产管理公司应主动担起建设"一带一路"的光荣责任，并抓好抓住"一带一路"发展机遇。早在2015年，华融公司就积极响应国家发展战略，谋划自己的"一带一路"倡议，提出要"把握'一带一路'新机遇、实现'强国强企'新梦想"。长城公司通过设立国际业务部、招收研究国际业务的博士后等措施，主动将公司国际化发展与国家"一带一路"倡议结合在一起。

### （二）作为金融集团，AMC有能力支持"一带一路"建设

我国四家金融资产管理公司都已经发展为开展多元化业务的金融集团。目前，华融、长城、东方、信达四家公司分别控股了10家左右具有专业金融牌照的平台公司。在母公司层面，四家金融资产管理公司拥有金融不良资产收购、非金融不良资产收购、股权投资、固定收益投资、债转股等金融资质。在子公司层面，四家金融资产管理公司均控股了银行、证券、信托、金融租赁、置业等专业平台公司。其中，华融公司、信达公司还拥有期货公司，长城公司、东方公司和信达公司则控股了保险公司，信达公司还控股了一家公募基金公司。由此可见，四家金融资产管理公司已经具有了丰富完善的金融资质和金融功能，有能力为"一带一路"建设提供全方位金融服务。此外，在硬实力方面，截至2016年末我国四大金融资产管理公司总资产在4万亿元左右，拥有遍布国内各省区市的分支机构，也包括在自贸区、香港等地区的国际性机构，积累了成立以来近18年的成功经验、专业金融技术、大批专业人员等，完全有实力支持"一带一路"建设。最

后，从现有业务看，四家金融资产管理公司已经主动开展了"一带一路"相关业务，尤其是已经在"一带一路"的国内地区开展了业务。

### （三）作为市场主体，AMC有动力支持"一带一路"建设

我国四家金融资产管理公司都已经完成了股份制改革，发展为独立核算、自负盈亏的市场主体。在1999年成立之初，四家金融资产管理公司只开展政策性不良资产收购处置业务，经过十多年的改革发展，现在已经转变为具有强大竞争力的市场主体。信达公司、华融公司分别于2010年、2012年完成了股份制改革，东方公司和长城公司在2016年都改制为股份有限公司。完成股份制改革之后，四家金融资产管理公司开拓业务的积极性更高，也更加有动力融入"一带一路"建设。从国有资本考核看，四家金融资产管理公司都需要保持国有资本保值增值，增强企业经营净利润，完成股东核定的考核目标，有动力围绕"一带一路"开拓新业务。从企业自身发展看，华融、长城、东方、信达四家公司都需要实现业务发展、承担社会责任、促进员工发展等，需要搭乘这个"一带一路"机遇。从市场竞争看，我国五大国有银行已经获批成立资产管理公司，部分股份制银行也在建设资产管理公司，地方资产管理公司在不断扩容，国内同业竞争不断加大，推动这四家公司主动挖掘"一带一路"新业务蓝海。此外，我国对外开放的大门越开越大，国际竞争也日趋激励，华融、长城、东方、信达四家公司是最有可能成为具有国际竞争力的跨国投资银行，与国际金融巨头的第一次正面交战可能就是"一带一路"境外业务。

## 二、AMC支持"一带一路"建设的具体途径

### （一）运用集团资源，主动融入国内"一带一路"建设

"一带一路"倡议覆盖区域广阔，境内区域包括西北、东北、西南地

区、内陆地区、沿海、港澳台等区域。在这"一带一路"境内区域内，四家金融资产管理公司都设有分公司、平台公司等分支机构，开展了资产收购、投资投行、产业基金等业务，具备了继续支持"一带一路"国内业务的基础。但是，四家公司还应提高认识，通过发挥集团资源，抓重点地区、重点项目和业务创新，更加主动建设"一带一路"。在西北，发挥好在新疆的分公司、平台公司等机构优势，立足新疆独特区位优势，主动建设新疆丝绸之路经济带核心区；运用机构、产品、客户等资源，重点拓展西安、兰州、西宁等省会城市。在东北，运用投资投行、产业基金、资产管理等手段，深挖内蒙古联通俄罗斯和蒙古国、东三省与俄罗斯远东地区陆海联运、BJ—莫斯科欧亚高速运输走廊建设等大项目。在西南，重点拓展广西、云南、西藏的核心区域，运用置业、投资、基金等手段，主动支持北部湾经济区、珠江-西江经济带、大湄公河次区域经济合作区、西藏与尼泊尔边境贸易等。在内陆，主动拓展长江中游城市群、成渝城市群、中原城市群、呼包鄂榆城市群、哈长城市群等重点区域，加大对重庆、成都、郑州、武汉、长沙、南昌、合肥等重点城市的项目投放。在沿海地区，利用好自贸区等政策机遇，重点开拓上海、广州、深圳、厦门、天津、青岛、大连等港口城市。在港澳台地区，发挥好银行、证券、投资等国际平台公司功能，创新开展跨境金融业务。

## （二）发挥集团优势，积极实践境外"一带一路"业务

"一带一路"贯穿亚欧非大陆，包括活跃的东亚经济圈、发达的欧洲经济圈等。针对境外"一带一路"业务，金融资产管理公司要整合现有国际业务资源，将新开发的"一带一路"业务与已有的国际业务统筹管理，以"一带一路"新业务推动集团国际化发展，又以集团国际化发展带动"一带一路"业务。一是集团加强统筹"一带一路"国际业务。新设或改造已有

国际业务总部，整合集团系统内的国际机构、跨境项目、相关团队等资源，加强"一带一路"政策研究、客户营销、产品创新等，发挥银行、证券、香港平台公司等涉外业务资源，推进"一带一路"跨境项目协同及落地。在集团国际业务框架内，重点推进以"一带一路"为核心的跨境业务，开展"一带一路"区域内的跨境并购，成立并运作"一带一路"相关的国际产业基金、中外合作股权基金等。例如，长城公司成立国际业务部统筹集团国际业务，也与国际金融机构设立了跨国并购重组基金，推动集团国际化发展。二是重点发展香港和自贸区的跨境业务。在香港，华融、长城、东方、信达四家公司都设有平台公司，作为开展国际发债、跨境并购、离岸金融等业务平台。在上海、广东、福建等自贸区，四家公司也设有分公司、自贸区分公司，及专注于自贸区政策市场机遇的平台公司、投资基金等机构。四家金融资产管理公司要牢牢抓住香港、上海在"一带一路"建设中的核心区位优势，发挥其连接国内外金融业务的独特地理功能，作为大力拓展"一带一路"境外业务的支撑。三是有步骤地拓展境外业务。围绕"一带一路"机遇，根据境外金融需求，以跨境项目为抓手，组建精干团队，在境外灵活设置办公室、工作团队等组织，推动境外客户营销、项目落地。

### （三）加强机构合作，创新开拓境外"一带一路"业务

金融资产管理公司加强与中外国际机构合作，对其开拓境外"一带一路"业务具有重要作用。首先，要与国家层面的国际投资金融机构加强合作。包括，支持"一带一路"发展的亚洲基础设施投资银行、丝路基金、中国－欧亚经济合作基金等，还包括中投国际、中投海外、中非发展基金、中拉产能合作投资基金等国家海外投资机构。其次，要与中资背景的跨国企业、跨国金融机构加强合作。围绕"一带一路"项目，四家公司要主动

与石油、电力、有色、基建等跨国中央企业开展项目投资合作,要主动与五大国有银行在资金、结算、托管、收购等领域创新开展金融业务,要主动与优质的跨国民企开展综合金融业务合作。最后,围绕"一带一路"合作机制和项目建设,加强与外资机构合作。围绕上海合作组织、中国—东盟"10+1"、APEC、ASEM、ACD、CICA、CAREC 等现有多边国际合作机制,以及"一带一路"国际高峰论坛、博鳌亚洲论坛、欧亚经济论坛、中国国际投资贸易洽谈会等沿线各国相关国际论坛,以基础设施互联互通、资源开发、产业投资、海上合作、经贸合作、生态保护等领域的重点项目为载体,金融资产管理公司要与外资金融机构和外资企业加强合作。

## 三、AMC 支持"一带一路"建设的保障政策

与五大国有银行相比,四大金融资产管理公司实力还不强。与石油、有色、基建等大型中央企业相比,四大金融资产管理公司海外经验还不足。因此,需要从多个层面为金融资产管理公司建设"一带一路"提供良好的政策保障。

### (一)优化经营考核政策,引导 AMC 建设"一带一路"

我国四大金融资产管理公司是财政部控股的中央金融企业,并接受财政部经营考核。从经营考核看,作为四家金融资产管理公司考核单位,财政部可以在保障国有资本保值增值的基础上,适当设置金融资产管理公司开展"一带一路"业务的考核加分项,或提高"一带一路"相关业务在考核指标中的加分权重,提高其支持"一带一路"建议的积极性。从组织机构设置看,财政部作为控股股东,可以适当引导华融、长城、东方、信达四家公司完善或新设境外"一带一路"业务机构,例如,在"一带一路"相关的海外地区设立业务办公室、业务团队等。此外,从财政系统出发,

可以将国家支持"一带一路"建设的专项基金，与金融资产管理公司支持"一带一路"建设相互结合起来，更好推进我国"一带一路"建设发展。

## （二）扩大业务经营范围，推动 AMC 建设"一带一路"

我国四大金融资产管理公司是属于银行业金融机构的非银金融机构，并接受银监会监管。从监管角度看，银监会可以在业务、机构、资本等多个方面探索支持华融、长城、东方、信达四家公司建设"一带一路"，发挥金融资产管理公司在"一带一路"倡议中的独特功能。一是扩大业务范围。在现有业务监管内，鼓励华融、长城、东方、信达四家公司发挥其金融集团的功能优势，充分运用母公司收购、投资等手段，以及银行、证券、保险、信托、金融租赁、产业基金等平台公司功能，创新业务模式支持"一带一路"建设。针对境外"一带一路"业务，在符合项目要求和风险可控前提下，放宽金融资产管理公司在境外地区的业务范围，为金融资产管理公司拓展境外"一带一路"项目松绑。二是支持设立"一带一路"境外机构。从机构监管角度看，以建设境外"一带一路"为目的，鼓励有条件、有意愿的金融资产管理公司在"一带一路"境外地区新设、完善境外业务机构，也可以鼓励其下属机构在这些地区增设海外业务机构、业务团队，壮大金融资产管理公司开展境外"一带一路"业务的综合实力。三是创新运用经济资本。在现有经济资本考核框架下，监管部门可以创新管理金融资产管理公司的经济资本，在"一带一路"项目上给予经济资本考核优惠，鼓励华融、长城、东方、信达四家公司开展"一带一路"业务。

## （三）加强资金定向支持，助力 AMC 建设"一带一路"

我国金融资产管理公司开展"一带一路"项目，尤其是境外"一带一路"项目，需要从国家层面加强全方位的资金支持。一是鼓励股权融资。

截至 2016 年底，四家金融资产管理公司已经完全实现了股份制改革，其中华融、信达已经早在香港实行了公开上市。当前，财政部、银监会等主管部门需要继续支持东方、长城两家公司引进战略投资者，尤其可以引进亚投行、丝路基金等"一带一路"性质的金融机构作为战略投资者，有序推进上市工作，扩大股权融资。同时，也鼓励四家金融资产管理公司的平台公司引进战略投资者，尤其可以引进"一带一路"相关的国际知名金融机构作为战略投资者，并推进公开上市，扩大子公司股权融资。从母子公司层面增加股权融资，壮大金融资产管理公司经营实力，推动其扩大"一带一路"业务。二是支持债务融资。继续支持金融资产管理公司在国内外发行金融债券，探索"一带一路"专项金融债券，支持其"一带一路"项目的资产证券化业务，增加其开展"一带一路"项目的资金来源。加强与境内外大型银行合作，增加借款来源及规模，保障"一带一路"境外业务融资。三是加大项目融资。金融资产管理公司可以主动牵头，与央企、社会资本、政府引导资金等成立"一带一路"发展产业基金，为"一带一路"项目提供资金支持。还可以与亚投行、丝路基金、中国—欧亚经济合作基金、中投国际、中投海外、中非发展基金、中拉产能合作投资基金等机构合作，加强"一带一路"境外项目投资合作。

### （四）保障境外收益安全，助力 AMC 服务"一带一路"

针对境外"一带一路"项目，尤其要保护金融资产管理公司的境外金融资产安全，保护其建设"一带一路"。一是加强安全保护。金融资产管理公司投资境外"一带一路"项目，将面临境外政治动荡、军事政变等巨大风险，这需要国家加强安全保护，确保国有资本在境外的资产安全。二是提升政治待遇。为更好服务"一带一路"，开展"一带一路"境外项目，可以比照五大国有银行等机构，提高四家金融资产管理公司在"一带一路"

国家的政治待遇。三是完善金融资产管理公司有关法律法规。为规范"一带一路"新业务，需要尽快完善金融资产管理公司参与"一带一路"项目的法律法规。

**参考文献**

[1] 中国"一带一路"网，https：//www.yidaiyilu.gov.cn。

[2] 王元凯：《国有资产管理公司金融功能的国际比较》，载于《新金融》2015年第3期。

[3] 王元凯：《AMC银行子公司开展投贷联动业务探析》，载于《华北金融》2016年第12期。

[4] 王元凯：《金融资产管理公司开展投贷联动业务设想》，载于《中国银行业》2017年第1期。

# 央行支持 AMC 融资的路径探析*

AMC 在我国金融组织体系中发挥着"金融稳定器"功能，包括防范和化解金融风险、盘活存量资产、跨周期经营资产等。与现有的银行、证券、保险、信托等金融机构相比，AMC 的主要优势在于其不良资产收购处置能力。但是，当前 AMC 收购处置能力与巨量的不良资产供给之间存在矛盾，AMC 需要大量的期限长、成本低的资金与不良资产收购处置中的巨大风险相匹配，为充分发挥 AMC 的"金融稳定器"功能，有必要加强中国人民银行对 AMC 的支持，这里主要探讨中国人民银行对 AMC 融资的支持。

## 一、金融资产管理公司融资路径分析

在政策性经营时期，央行通过再贷款、金融债等工具支持 AMC 收购处置不良资产[①]。商业化转型发展以来，AMC 逐步发展为自负盈亏的市场经济主体，与央行不直接发生金融交易。从资产负债表看，AMC 的融资路径主要是债务、股权、资产及表外等四个方面。（1）债务融资。一是同业借款。同业借款是 AMC 最主要的融资工具，其期限通常为 1~3 年、个别可达 5

---

\* 原文发表于《金融街 8 号》2016 年第 4 期。

① 根据《金融资产管理公司条例》第十四条，金融资产管理公司收购不良贷款的资金来源包括：（一）划转中国人民银行发放给国有独资商业银行的部分再贷款；（二）发行金融债券。

年。在授信额度内，同业借款融资效率高，资金到位快，可用于业务拓展、日常营运等。二是发行债券。AMC 可以在境内外金融市场发行金融债、次级债，以及私募债券。在境内市场，AMC 可以在银行间市场公开发行 3 年、5 年期限不等的金融债，用于补充营运资金、不良资产收购等，优化中长期资产负债结构。在境外市场，AMC 可以发行 5 年、10 年期限不等的人民币债券、美元债券，拓展其融资渠道，支持其开展国际业务。同时，AMC 也可以发行次级债、私募债等债务融资工具。三是银行间同业拆借。经央行批准并作为银行间同业拆借市场的参与者，AMC 可以采用同业拆入、债券逆回购等工具，实现短期资金融通，满足短期流动性需求。（2）股权融资。股权融资属于长期资本型融资工具，对 AMC 具有补充资本的特殊作用，在 AMC 融资及发展中具有不可替代性。AMC 主要通过股份制改革、引进战略投资者、IPO、增发、配股等方式实现股权融资，比如信达、华融的 IPO，东方、长城的股改。（3）资产出售。表内资产出售变现是 AMC 的融资路径之一。除了直接出售表内资产，AMC 主要通过发行资产支持证券等资产证券化工具，实现融资。资产证券化是 AMC 扩大融资的有效途径，帮助其盘活存量资产，并扩大财务杠杆效应。近期，AMC 积极推动发行信贷资产支持证券，如长城公司于 2015 年 9 月在全国银行间市场成功发行了 13.40 亿元的"金桥通诚 2015 年第一期信贷资产支持证券"。当然，AMC 也可以探索发展资产转让，创新证监会、保监会等主管的资产证券化业务，增多融资路径。（4）表外融资。AMC 与银行、信托、证券、基金等金融机构合作，通过银行理财、信托计划、资产管理计划、基金等结构化金融工具，融入第三方资金，放大项目资金投放的杠杆率，扩大表内资金收益率。虽然表外的结构化融资成本相对偏高，但其融资对象广泛，可以降低 AMC 对银行融资的依赖，在项目层面上有效扩大资金来源。总体上，虽然 AMC 融资工具不少，但股权融资、长期债券等资金规模有限，不足以支持其大规模收购处置不良资产，依然需要央行支持其获得大量的期限长、成本低的资金与大规模不良资产收购处置风险相匹配。

## 二、央行支持金融机构融资的金融工具概述

我国央行对金融机构融资的金融工具种类丰富。这里根据品种、期限、对象及资金用途等，分为以下四类概述央行对金融机构的融资工具，包括央行货币政策工具。

### （一）公开市场业务

1. 公开市场操作

我国央行的公开市场操作，包括本币操作和外汇操作，目前已成为央行货币政策日常操作的主要工具之一，并从1998年开始建立公开市场业务一级交易商制度，目前将一级交易商的机构类别从商业银行扩展至证券公司等其他金融机构。根据《关于公布2015年度公开市场业务一级交易商名单的通知》，共计46家交易商，包括42家中外资银行及4家证券公司。

从交易品种看，央行本币公开市场操作工具主要包括债券回购交易、现券交易和发行中央银行票据。其中：债券回购交易分为正回购和逆回购，正回购为央行向一级交易商卖出有价证券，并约定在未来特定日期买回有价证券的交易行为，正回购为央行从市场收回流动性的操作，正回购到期则为央行向市场投放流动性的操作；逆回购是正回购的方向操作。现券交易分为现券买断和现券卖断，前者为央行直接从二级市场买入债券并一次性地投放基础货币，后者为央行直接卖出持有债券并一次性地回笼基础货币。中央银行票据即央行发行的短期债券，央行通过发行央行票据可以回笼基础货币，央行票据到期则体现为投放基础货币。目前，债券回购交易

是央行本币公开市场操作的主要工具,其期限较短,以 7 天为主,并实行一级交易商制度,采用债券质押为担保方式,其合格抵押品为国债、政策性金融债。

2. 短期流动性调节工具

2013 年 1 月,央行创设了短期流动性调节工具(SLO),作为公开市场常规操作的必要补充,在银行体系流动性出现临时性波动时相机使用。SLO 是一项创新流动性管理工具,其参与机构初定为 12 家商业银行,主要以 7 天以内的短期回购为主,遇节假日可适当延长操作期限,采用市场化利率招标方式开展操作。

3. 中央国库现金管理商业银行定期存款

根据《中国人民银行法》,我国央行履行经理国库职责,财政部、中国人民银行以利率招标方式,进行中央国库现金管理商业银行定期存款招投标,为金融机构提供流动性,并引导资金利率,主要包括 3 个月、6 个月和 9 个月的期限,主要操作对象是商业银行。

## (二) 借贷便利

1. 常备借贷便利

常备借贷便利(SLF)是我国央行正常的流动性供给渠道,主要功能是满足金融机构期限较长的大额流动性需求。对象主要为政策性银行和全国性商业银行。期限为 1~3 个月。利率水平根据货币政策调控、引导市场利率的需要等综合确定。常备借贷便利以抵押方式发放,合格抵押品包括高信用评级的债券类资产及优质信贷资产等。

2. 中期借贷便利

2014 年 9 月,我国央行创设了中期借贷便利(MLF)。中期借贷便利是我国央行提供中期基础货币的货币政策工具，对象为符合宏观审慎管理要求的商业银行、政策性银行，可通过招标方式开展。中期借贷便利采取质押方式发放，金融机构提供国债、央行票据、政策性金融债、高等级信用债等优质债券作为合格质押品。中期借贷便利利率发挥中期政策利率的作用，通过调节向金融机构中期融资的成本来对金融机构的资产负债表和市场预期产生影响，引导其向符合国家政策导向的实体经济部门提供低成本资金，促进降低社会融资成本。

### （三）中央银行贷款

#### 1. 抵押补充贷款

为贯彻落实国务院第 43 次常务会议精神，支持国家开发银行加大对"棚户区改造"重点项目的信贷支持力度，2014 年 4 月，我国央行创设抵押补充贷款（PSL）为开发性金融支持棚改提供长期稳定、成本适当的资金来源。抵押补充贷款的主要功能是支持国民经济重点领域、薄弱环节和社会事业发展而对金融机构提供的期限较长的大额融资。抵押补充贷款采取质押方式发放，合格抵押品包括高等级债券资产和优质信贷资产。

#### 2. 信贷政策再贷款

再贷款是指央行对金融机构的贷款，是中央银行调控基础货币的渠道之一。央行通过适时调整再贷款的总量及利率，吞吐基础货币，促进实现货币信贷总量调控目标，合理引导资金流向和信贷投向。根据资金用途，目前我国央行主要有支农、支小、扶贫再贷款等。其中，2015 年 6 月末，全国支农再贷款余额 2180 亿元，同比增加 338 亿元；支小再贷款余额 596 亿元，同比增加 340 亿元。2016 年上半年，为全面贯彻落实《中共中央 国务院关于打赢脱贫攻坚战的决定》，央行决定设立扶贫再贷款，专项用于支持贫困地区地方法人金融机构扩大涉农信贷投放。

3. 信贷资产质押再贷款

为贯彻落实国务院关于加大改革创新和支持实体经济力度的精神，央行在前期山东、广东开展信贷资产质押再贷款试点形成可复制经验的基础上，决定在上海、天津、辽宁、江苏、湖北、四川、陕西、北京、重庆9省（市）推广试点。信贷资产质押再贷款试点地区人民银行分支机构对辖内地方法人金融机构的部分贷款企业进行央行内部评级，将评级结果符合标准的信贷资产纳入人民银行发放再贷款可接受的合格抵押品范围。信贷资产质押再贷款试点是完善央行抵押品管理框架的重要举措，有利于提高货币政策操作的有效性和灵活性，有助于解决地方法人金融机构合格抵押品相对不足的问题，引导其扩大"三农"、小微企业信贷投放，降低社会融资成本，支持实体经济。

## （四）央行支持金融机构融资的其他工具

1. 央行在股灾时期支持证金公司

2015年7月，为支持股票市场稳定发展，央行积极支持中国证券金融股份有限公司（简称证金公司）融资。证金公司成立于2011年10月28日，是经国务院同意、中国证监会批准设立的全国性证券类金融机构，是中国境内唯一从事转融通业务的金融机构，旨在为证券公司融资融券业务提供配套服务。根据《中国人民银行新闻发言人关于支持股票市场稳定发展的声明》，在股灾期间，央行将积极协助证金公司通过拆借、发行金融债券、抵押融资、借用再贷款等方式获得充足的流动性；央行也将将密切关注市场动向，继续通过多种渠道支持证金公司维护股票市场稳定，守住不发生系统性、区域性金融风险的底线。

## 2. 央行运用国家外汇储备注资国开行、进出口银行

根据《中国人民银行法》第四条，央行可以持有、管理、经营国家外汇储备。2015 年上半年，国务院批复了国家开发银行、中国进出口银行、农业发展银行改革实施总体方案，其中央行以外汇储备委托贷款债转股形式，注资国开行和进出口银行，注资金额分别为 320 亿美元、300 亿美元[①]。

## 3. 央行在银行间债券市场支持金融机构发行融资工具。

根据《中国人民银行法》，央行可以监督管理银行间债券市场，可以审批管理金融机构在银行间债券市场发行各类债务工具，包括政策性金融债、普通金融债、二级资本工具、混合资本债、资产支持证券、次级债、证券公司短期融资券、保险公司资本补充债等。央行可以利用银行间债券市场，支持金融机构获得融资（见表1）。

表1　　　　　　　中国人民银行主要货币政策工具

| 分类 | 工具名称 | 主要期限 | 主要功能 | 操作对象 | 合格抵押品 |
|---|---|---|---|---|---|
| 公开市场业务 | 公开市场债券回购 | 短期，以7天为主 | 管理金融机构的短期流动性 | 一级交易商* | 国债、政策性金融债 |
| | 短期流动性调节工具（short-term liquidity operations，SLO） | 短期，以7天以内为主 | 作为公开市场常规操作的必要补充，在银行体系流动性出现临时性波动时相机使用 | 12家商业银行** | 国债、政策性金融债 |
| | 中央国库现金管理商业银行定期存款 | 包括3个月、6个月、9个月，目前6个月品种余额最大 | 管理流动性 | 商业银行 | — |

---

① 《国务院关于同意国家开发银行深化改革方案的批复》《国务院关于同意中国进出口银行改革实施总体方案的批复》。

续表

| 分类 | 工具名称 | 主要期限 | 主要功能 | 操作对象 | 合格抵押品 |
|---|---|---|---|---|---|
| 借贷便利 | 常备借贷便利（standing lending facility, SLF） | 1~3个月 | 满足金融机构期限较长的大额流动性需求 | 政策性银行和全国性商业银行 | 高信用评级的债券类资产及优质信贷资产 |
| | 中期借贷便利（medium-term lending facility, MLF） | 中期 | 中央银行提供中期基础货币，中期借贷便利利率发挥中期政策利率的作用 | 符合宏观审慎管理要求的商业银行、政策性银行 | 国债、央行票据、政策性金融债、高等级信用债等优质债券 |
| 中央银行贷款 | 抵押补充贷款（pledged supplemental lending, PSL） | 未公开 | 支持国民经济重点领域、薄弱环节和社会事业发展而对金融机构提供的期限较长的大额融资 | 国家开发银行 | 高等级债券资产和优质信贷资产 |
| | 信贷政策支持再贷款（包括支农、支小、扶贫再贷款） | 1年以内 | 引导金融机构加大支持"三农"、小微企业等薄弱领域 | 符合标准的金融机构 | — |
| | 信贷资产质押再贷款 | | 解决地方法人金融机构合格抵押品相对不足的问题，引导其扩大"三农"、小微企业信贷投放，降低社会融资成本，支持实体经济 | 试点地区辖内的地方法人金融机构*** | 符合标准的信贷资产 |

注：*根据《关于公布2015年度公开市场业务一级交易商名单的通知》，共计46家，包括42家中外资银行及4家证券公司；**SLO操作对象为公开市场业务一级交易商中具有系统重要性、资产状况良好、政策传导能力强的部分金融机构；***试点地区为：山东、广东、上海、天津、辽宁、江苏、湖北、四川、陕西、北京、重庆等11个省（市）。

资料来源：作者整理。

### 三、当前央行支持 AMC 融资的主要路径

在现有制度框架下,根据央行已有做法,从 AMC 资产负债表出发,央行可以从债务、股权、资产及表外等四个方面支持 AMC 的长期融资工作。

#### (一)央行支持 AMC 的债务融资

1. 央行支持 AMC 在金融市场发行各类金融债券

根据《金融资产管理公司条例》第十四条,AMC 收购不良贷款的资金来源包括金融债券。为加快处置不良资产、化解金融风险、维护金融系统稳定,央行可以积极支持 AMC 在银行间债券市场发行普通金融债券、专门用于收购处置不良资产的专项金融债等债务融资工具。在普通金融债方面,央行可以支持 AMC 发行较长期限的金融债,拓展资金用途。在专项金融债方面,央行可以支持 AMC 发行 10 年以上的超长期限、低利率专项金融债,专门用于收购处置不良资产,促进其化解金融风险。同时,央行也可以支持 AMC 在交易所市场、境外市场等发行金融债券,支持 AMC 扩大收购处置境内不良资产,增强其化解金融风险的能力,更好地发挥 AMC 金融稳定功能。

2. 央行直接对 AMC 开展贷款,纳入抵押补充贷款、再贷款、信贷资产质押再贷款等

根据《金融资产管理公司条例》第十四条,AMC 收购不良贷款的资金来源之一可以是央行再贷款。根据现有央行贷款开展情况,为增强 AMC 收购不良资产及化解金融风险的能力,央行可以考虑将 AMC 纳入现有的抵押补充贷款、再贷款、信贷资产质押再贷款等金融工具中。一方面,央行可以将 AMC 纳入抵押补充贷款的操作对象范围内。针对处置不良资产、化解

金融风险、维护金融稳定等，央行可以向 AMC 发放较长期限、较低利率的补充抵押贷款，专门用于 AMC 收购处置金融机构及大型重要实体企业的不良资产，同时 AMC 以合格的债券、债权等资产为作为央行贷款的质押品。另一方面，比照现有的支农、支小、扶贫再贷款，央行可以支持 AMC 申请金融稳定再贷款。目前，央行发放的再贷款包括流动性再贷款、信贷政策支持再贷款、金融稳定再贷款及专项政策性再贷款。为加大处置金融机构和实体企业的不良资产，央行可以向 AMC 采用质押、抵押等方式发放金融稳定再贷款，扩大 AMC 收购不良资产的资金来源，并加强 AMC 的融资稳定性。此外，央行将 AMC 纳入信贷资产质押再贷款范围，央行分支机构可以向当地的 AMC 分公司发放再贷款。在试点地区内，以试点地区内的符合标准的债权资产为合格抵押品，央行可以向 AMC 分公司发放再贷款，专门用于收购处置当地金融机构及实体企业的不良资产。

3. 央行协助 AMC 获得中短期流动性

比照股灾时期央行对中国证券金融股份有限公司的支持经验，在特殊时期，央行可以通过公开市场短期流动性调节工具（short-term liquidity operation，SLO）、常备借贷便利（standing lending facility，SLF）、中期借贷便利（medium-term lending facility，MLF）等工具支持 AMC 获得中短期流动性。央行也可以通过拆借、回购等手段，加强 AMC 获得同业的中短期融资。

4. 央行将 AMC 有关金融资产纳入其合格抵押品范围

一方面，央行将 AMC 在银行间市场发行的金融债券，纳入公开市场债券回购、短期流动性调节工具、借贷便利、再贷款等货币政策工具中的合格抵押品范围，以此支持 AMC 降低金融债券发行利率。另一方面，央行可以将 AMC 部分高等级的债权资产纳入其合格抵押品范围，支持 AMC 以符合标准的债权类资产为质押品向央行申请借贷便利、再贷款等。

## （二）央行支持 AMC 提高资本充足率

央行可以支持 AMC 在银行间市场发行二级资本债、混合资本债等，提高 AMC 的资本充足率。根据《金融资产管理公司集团监管办法（试行）》，AMC 属于银行业金融机构，受到资本充足率约束。比照商业银行，对符合条件的 AMC，央行可以支持其在银行间市场发行二级资本债、混合资本债等工具，提高 AMC 的资本充足率，增强 AMC 收购不良资产的能力。

## （三）央行支持 AMC 的股权融资

一方面，央行可以运用外汇储备直接向 AMC 注资。比照国开行和进出口银行，央行以外汇储备委托贷款债转股形式向 AMC 注资，支持 AMC 扩大收购不良资产、处置金融风险，尤其是在不良资产大规模涌现并导致金融危机时。另一方面，央行可以通过外管局下属的三家投资平台公司，通过一级、二级股权投资及增发等手段，增持 AMC 的股权，扩大 AMC 的股权融资范围，支持 AMC 发挥收购不良资产、化解金融风险的特殊功能。

## （四）央行支持 AMC 的资产出售

AMC 可以通过出售表内资产获得流动性，所以央行可以支持 AMC 资产证券化、资产转让等获得融资。可以支持 AMC 创新资产证券化产品，鼓励 AMC 批量发行资产支持证券，鼓励 AMC 开展"收购＋证券化"业务，拓展 AMC 的不良资产收购及转让能力。央行也可以协同商业银行共同为 AMC 的资产支持证券提供融资，或是购买 AMC 出售的合格债权资产，帮助 AMC 获得特定的流动性。央行还可以考虑将 AMC 发起的资产支持证券的优先级证券纳入借贷便利、再贷款等货币政策工具的合格抵押品范围，以便增强其优先级证券的流动性，支持 AMC 的融资能力。

### （五）央行支持 AMC 的表外融资

从表外融资看，央行可以运用外汇储备、再贷款等资金，与 AMC 共同成立不良资产收购处置基金，加大不良资产收购处置规模，充分发挥 AMC 收购不良资产、化解金融风险、维护金融稳定的独特功能。考虑到 AMC 已经成为具有全牌照的金融控股集团，央行通过专门的不良资产收购处置基金模式，可以将央行维护金融稳定的政策性目标以市场化的基金作为载体得以实现。央行与 AMC 共同成立运作的不良资产收购处置基金，既可以实现央行宏观目标，又可以充分发挥 AMC 化解金融风险功能。

# AMC 服务经济高质量发展探析*

党的十九大报告指出，中国特色社会主义已经进入了新时代，我国经济发展也进入了新时代——由高速增长阶段转向高质量发展阶段。推动高质量发展，是保持经济持续健康发展的必然要求，是适应我国社会主要矛盾变化和全面建成小康社会、全面建设社会主义现代化国家的必然要求，是遵循经济规律发展的必然要求。因此，作为中央金融企业，我国金融资产管理公司有责任、有能力、有激励推动经济高质量发展，履行金融机构的本职功能，加强服务实体经济。

## 一、AMC 推动经济高质量发展的对接层面

要全面贯彻党的十九大精神，以习近平新时代中国特色社会主义思想为指导，坚持新发展理念，紧扣我国社会主要矛盾变化，按照高质量发展的要求，统筹推进"五位一体"总体布局和协调推进"四个全面"战略布局，坚持以供给侧结构性改革为主线，大力推进改革开放，推动质量变革、效率变革、动力变革，促进经济社会持续健康发展。围绕推动高质量发展这一主题主线，金融资产管理公司要按照党的十九大精神、全国金融工作会议精神等要求，加大推动经济高质量发展。

---

\* 原文完成于 2018 年 6 月。

## （一） AMC 主动回归金融本源，增强服务实体经济能力

习近平强调，金融是实体经济的血脉，为实体经济服务是金融的天职。目前，我国经济发展进入了新时代，大力深化供给侧结构性改革，必须增强金融服务实体经济的能力，尤其是要加强金融资产管理公司等金融机构服务实体经济的能力。一方面，金融机构要做到"打铁还需自身硬"，提高金融机构自身的发展质量，提升金融机构自身风险抵抗能力。具体到金融资产管理公司，要围绕推动高质量发展，主动服务供给侧结构性改革，按照全国金融工作会议精神，积极回归金融本源，加大化解内生不良资产风险，大力发展不良资产收购业务，优化金融产品，全面提升金融效率和服务水平，形成金融和实体经济的良性循环。

另一方面，要进一步加强防范化解金融体系内部的风险，尤其要做好问题金融机构的救助处置工作，加速金融供给侧的市场出清。2017年底，中央经济工作会议明确要求，今后3年要重点抓好防范化解重大风险，而金融风险是当前最突出的重大风险之一，事关国家安全、发展全局、人民群众财产安全，必须坚决打赢这场攻坚战。金融风险防控要服务于供给侧结构性改革这条主线，促进形成金融和实体经济以及金融体系内部的良性循环，坚决守住不发生系统性风险的底线，并建立起防范化解金融风险的长效机制。其主要任务就是做好重点领域风险防范和处置、坚决打击违法违规金融活动以及加强薄弱环节的制度建设，特别是要有序开展金融体系不良资产处置、化解问题企业债务危机和开展问题机构的救助处置，从而有效降低实体经济的杠杆率，提高金融体系的稳健性和适应性。针对问题金融机构的托管和处置，金融资产管理公司已经积累了丰富经验，先后托管银行、证券、信托、金融租赁等各类金融机构，取得了良好成果。

## （二）AMC 推动破除实体经济的无效供给，加速供给侧的市场出清

在新时期，我国社会的主要矛盾已经转化为人民日益增长的美好生活需要与不平衡不充分的发展之间的矛盾。这个矛盾突出体现在供给体系发展比较粗放，以量取胜，难以满足人民日益多样化、高层次的需求，也没有很好地适应现代科技发展的新变化，是发展质量不高的表现。推动高质量发展，建设现代化经济体系，必须首先解决我国经济中供给侧的结构性问题，大力推进实施供给侧结构性改革。这里包括两个方面，一个是低效的、过剩的供给将被清除，另一个是符合社会需求的新供给增加和传统产业升级。毫无疑问，金融资产管理公司可以参与到这两个方面，尤其是对无效供给的破除。

经过几十年的高速发展，我国实体经济中积累了大量的过剩产能，从过去的"生产供给不足"，转变为现在部分行业的"生产供给过剩"，表现在实体企业上面，就是出现了一批问题实体企业和"僵尸企业"，无效占用了大量的社会经济资源，形成了不良贷款、不良债权、问题股权和不动产等，这些可以把它统称为不良资产，这些错配的资源必须通过市场化、法治化的手段重新配置、优化配置，提高资源利用的效率。金融资产管理公司成立以来就承担了处置不良资产的重任，积累了大量的处置经验，可以高效率地破除实体经济的无效供给，加速实体经济供给侧的市场出清。

## （三）AMC 推动实体产业的优化升级，助力新经济、新产业的有效形成

在供给侧结构性改革的另一个方面，人民群众迫切需要的部分优质产品和服务，得不到满足。这里存在供给不足的情况，这就要大力推动产业、企业和产品服务的优化升级，包括新经济和新产业的形成，为金融资产管

理公司发挥功能、拓展业务提供了大量的机遇。

继续深入推进供给侧结构性改革，提升经济发展质量，这与实体产业的优化升级是紧密联系在一起的。满足人民日益增长的美好生活需要，需要进一步推动产业优化升级，增加新产品的有效供给，提高产品的质量，形成优质高效多样化的供给体系。一方面，传统行业、产能过剩行业需要进一步升级发展，传统企业需要提高自身的产品质量，改进生产技术，提高管理水平，研发新的符合市场需求的产品。这个过程中的很多问题，也是以问题企业和问题资产的形式表现出来。金融资产管理公司以收购重组这些问题企业和问题资产为主要业务，以资产重组、债务重组等手段，促进一批传统企业的转型升级。

另一方面，需要大力推动新兴产业发展，强化科技创新，加强基础性研究，突出应用研究，完善科技创新和成果转化激励机制，大力发展先进制造、节能环保、清洁生产、清洁能源等产业，努力培育新发展动能，显著增强我国经济的供给质量，更好地满足人民的生活需要。针对新技术、新产业，金融资产管理公司一方面加速"旧经济"市场出清，为新经济的发展提供了劳动力、土地、资金等要素，另外通过私募股权基金、资产并购等手段，加速新经济的成长。

## 二、AMC 推动经济高质量发展的内在动力

### （一）作为中央金融企业，AMC 有责任推动经济高质量发展

与我国三大政策性银行、五大国有银行类似，华融、长城、东方、信达四家公司也都属于中央金融企业。目前，我国四家金融资产管理公司都属于财政部控股。截至 2017 年末，财政部持有华融公司股本 63% 以上、信达公司股本 67% 以上，控股长城公司股本 97%、东方资产股本 98%。因

此，四家金融资产管理公司需要从政治责任高度，主动推动经济高质量发展。从中央大局看，作为中央金融企业，四家金融资产管理公司要主动贯彻落实，围绕推动经济高质量发展，深入推动供给侧结构性改革。从国家发展看，作为财政部控股金融企业，四家金融资产管理公司也要主动支持经济高质量发展的战略布局。从战略地位看，我国已开始深入实施供给侧结构性改革，将推动高质量发展作为确定发展思路、制定经济政策、实施宏观调控的根本要求。为此，四家金融资产管理公司应主动担起推动经济高质量发展的光荣责任，并抓好抓住经济高质量发展的历史机遇。例如，2018年初，中国东方资产明确要求，充分发挥金融资产管理公司优势，全力推动经济高质量发展。

## （二）作为金融控股集团，AMC有能力推动经济高质量发展

经过近20年的改革发展，我国四家金融资产管理公司都已经成为开展多元化业务的金融控股集团。目前，华融、长城、东方、信达四家金融资产管理公司分别控股了10家左右具有专业金融牌照的平台公司。在母公司层面，四家金融资产管理公司拥有金融不良资产收购、非金融不良资产收购、股权投资、固定收益投资、债转股等金融资质。在子公司层面，四家金融资产管理公司均控股了银行、证券、信托、金融租赁、置业等专业平台公司。其中，华融公司、信达公司还拥有期货公司，长城公司、东方公司和信达公司则控股了保险公司，信达公司还控股了一家公募基金公司。由此可见，四家金融资产管理公司已经具有了丰富完善的金融资质和金融功能，有能力为高质量发展提供全方位金融服务。此外，在硬实力方面，截至2017年末，我国四大金融资产管理公司总资产规模超过了5万亿元，拥有遍布国内各省市的分支机构，也包括在自贸区、中国香港等地区的国际性机构，积累了成立以来近19年的成功经验、专业金融技术、大批专业

人员等，完全有实力推动经济高质量发展。最后，从现有业务看，四家金融资产管理公司已经主动地围绕高质量发展，开展了资产收购、债转股、投资投行等相关业务，尤其是围绕不良资产加大收购处置。

### （三）作为市场经营主体，AMC 有动力推动经济高质量发展

我国四家金融资产管理公司都已经完成了股份制改革，发展为独立核算、自负盈亏的市场主体。在 1999 年成立之初，四家金融资产管理公司只开展政策性不良资产收购处置业务，经过近 20 年的改革发展，现在已经转变为具有强大竞争力的市场经营主体。信达公司、华融公司分别于 2010 年、2012 年完成了股份制改革，东方公司和长城公司在 2016 年都改制为股份有限公司。完成股份制改革之后，四家金融资产管理公司开拓业务的积极性更高，也更加有动力投身到高质量发展的经济体系中。从国有资本考核看，四家金融资产管理公司都需要保持国有资本保值增值，增强企业经营净利润，完成股东核定的考核目标，有动力围绕"高质量发展"开拓新业务。从企业自身发展看，华融、长城、东方、信达四家公司都需要实现业务发展、承担社会责任、促进员工发展等，需要搭乘这个"推动高质量发展"的国家战略机遇。从市场竞争看，我国五大国有银行已经获批成立资产管理公司，部分股份制银行也在建设资产管理公司，地方资产管理公司在不断扩容，国内同业竞争不断加大，推动这四家公司主动围绕"高质量经济发展"开展收购处置、收购重组、投资投行等业务。此外，我国对外开放的大门越开越大，国际竞争也日趋激励，国际金融巨头也不断地涌入到境内金融业务，作为国家队的华融、长城、东方、信达四家金融资产管理公司必须提升自身服务实体经济的能力。

## 三、AMC 推动经济高质量发展的具体对策

金融资产管理公司成立以来，就肩负着"化解金融风险，服务实体经

济"的光荣使命。围绕推动高质量发展，立足自身发展实际，金融资产管理公司必须发挥功能优势，履行好国家赋予的新的历史使命。

### （一）发挥风险化解功能，AMC有效化解实体经济中的问题资产

众所周知，金融资产管理公司成立之初的目标之一，就是化解国有银行的不良资产。经过多年的坚实发展，金融资产管理公司已经积累了专业的风险化解技术和丰富的风险化解经验。目前，按照监管部门对金融资产管理公司的要求华融、长城、东方、信达四家公司坚决回归金融资产管理公司的本源，大力发展不良资产主业，将业务对象从传统的不良贷款，拓展到金融和非金融不良资产，延伸到实体经济中的问题资产。金融资产管理公司可以发挥风险化解专家的独特功能，有效化解产能过剩行业、传统行业升级等积累的问题资产，履行好防控金融风险的光荣使命。例如，中国长城资产、中国东方资产等机构参与运作的"ST超日"项目，这是国内首例公募债违约事件，社会影响较大，经过AMC收购重组之后取得了良好的社会效益。

### （二）发挥资源重组功能，AMC推进问题实体企业的再生发展

改革开放以来，我国经济经历了40年的高速发展，但也积累一批问题实体企业。针对这些问题企业，金融资产管理公司可以通过收购重组、投资投行等有效手段，改善问题企业的经营状况，变"问题企业"为"优良企业"，推动供给侧结构性改革向纵深发展。早期，中国信达资产重组了新疆啤酒花公司等上市公司。近年来，金融资产管理公司积极打造自身的业务和专业优势，以债务重组、资产重组、管理重组等专家角色，破除技术落后、经营低效、管理失效、资金短缺等一系列掣肘因素，帮助了很多问题企业解决实际难题，支持实体企业转型升级。例如，中国长

城资产运作的"众泰项目"。中国长城资产进入时，早期作为一家民营汽车零部件制造商，众泰集团正面临着产品型号落后、融资渠道单一等一系列发展瓶颈。针对这些问题，中国长城资产发挥出"并购重组专家"的独特功能，通过融资租赁修复资产负债结构，通过重组剥离优质核心资产，通过信托、保险、非金融债权收购等方式提供发展资金，通过股权投资解决企业重组中的历史遗留问题，最后帮助该企业完成重组并成功上市。在中国长城资产的大力支持下，众泰集团已经升级为以汽车整车研发、制造及销售为核心业务的汽车整车制造企业，并在新能源行业积极布局。

**（三）发挥问题机构救助功能，AMC 促进金融和实体经济的良性循环**

回顾近 20 年的发展历史，金融资产管理公司曾多次受国家有关部门、地方政府和债权人委托，参与救助问题金融机构，有效化解了重大金融风险，恢复了这些金融机构服务实体经济的能力。成立以来，四大金融资产管理公司一直以来都主动充当问题金融机构救助专家，积极救助了一批问题金融机构，将这些"问题金融机构"转变为"正常的金融机构"，并通过对银行、证券、租赁等子公司增资，进一步丰富了化解不良资产的"工具箱"。例如，中国东方资产重组改制后的中国外贸金融租赁公司，中国信达资产将西部金融租赁公司重组为信达租赁公司。又如，中国长城资产控股的长城国兴金融租赁公司，脱胎于原新疆德隆系的新疆金融租赁有限公司。"德隆系事件"爆发之后，中国长城资产对原新疆金融租赁有限公司实施机构救助，通过改造股权、改进公司治理、改善业务经营等有力措施，使其得到快速修复并实现健康发展。

## （四）发挥综合金融服务功能，AMC推动实体经济的优化升级

目前，金融资产管理公司已经拥有了银行、证券、保险、信托、投资、基金、金融租赁等多家金融平台子公司，积累了丰富的金融协同经验，开发了大量的金融协同产品，完全具备全方位、多层次服务实体经济的综合金融能力。近年来，华融、长城、东方、信达四家AMC积极响应党中央国务院号召，主动发挥金融全牌照的协同综合优势，依托母子公司所具有的多样化金融功能，以收购经营、收购重组、投资投行等综合手段，有针对性地支持了一些传统行业的技术升级，重点支持了一批具有发展前景的新产业，从而以综合金融为服务手段，在推动供给侧结构性改革等方面发挥了积极作用，有力助推我国实体经济提高发展质量。

# 地方资产管理公司需要
# 打好"三张牌"*

为应对亚洲金融危机、处置大规模银行不良贷款,我国在 1999 年成立了四家 AMC,现在已经具备了防范化解金融风险、盘活存量资产、提供综合金融服务等功能,也逐步发展了资产收购、投资投行、股债结合等业务(王元凯,2015、2016、2017)。结合四家 AMC 发展经验,为化解地方区域金融风险,我国在 2013 年出台了地方资产管理公司开展金融企业不良资产批量收购处置业务资质的认可条件,在 2014 年批准了首批 5 家地方资产管理公司(以下简称地方 AMC)。在 4 月份又批准了 7 家,截至 2017 年 4 月末,全国已经批准了 42 家地方 AMC,其中 10 省(市)获批了第二家地方 AMC。成立以来,地方 AMC 已经呈现出数量激增、股东多样、业务多元的发展格局,在参与金融不良资产市场、化解区域金融风险等方面发挥了积极作用,但也存在风险管控不强、处置能力较弱、融资受限等突出问题(王洋,2017)。为此,地方 AMC 应尽快打好战略发展的"三张牌",包括风险管控、资源整合及政策支持。

---

\* 原文发表于《经济研究参考》2017 年第 61 期。

## 一、打好全面风险管控牌

目前，地方 AMC 虽然获批许可开展金融企业不良资产的批量收购、处置业务，但并不属于"一行三会"监管下的金融企业。但是，从业务性质看，地方 AMC 开展的不良资产批量收购处置业务具有金融属性，应将其作为金融企业看待并审慎经营，将金融风险管控作为首要任务。

1. 完善公司治理，高度重视风险管控

目前，各家地方 AMC 的股东性质多样化，大多数属于地方政府控制，如北京、上海、广东、重庆等地方 AMC；少数是民营资本控制，如安徽国厚。无论公司股份如何构成，地方 AMC 建立健全完善的公司治理体系，是开展各类业务、做好风险防控的首要前提。在公司日常运行中，地方 AMC 的股东及全体员工，应在思想和行动上高度重视风险管理在经营活动中的重要性，将本公司与其他金融企业一样看待，切实做好各项风险防控。

2. 坚持各项业务合规开展

作为持牌的从事金融业务的资产管理公司，地方 AMC 应主动接受银监、财政等部门监管，与商业银行、四大 AMC 一样，将合规性作为底线、高压线、红线。近年来，由于成立不久、业务经营经验不足等问题，地方 AMC 已经爆发了合规风险，已有部分地方 AMC 在不良资产的通道、代持等业务中受到监管部门警告等处罚。在不良资产收购处置业务中，监管部门要求不良资产"真实出售"，但是出于各种原因，地方 AMC 与地方商业银行之间存在合谋的可能，产生不良资产的虚假交易、关联交易、资产收购范围不合规等问题，导致国有金融债权流失等严重后果。同时，在多元化业务中，地方 AMC 的不良资产业务也可能存在关联交易、利益输送等不合规交易，引发跨市场、跨行业等事件。因此，地方 AMC 要将合规作为开展业务的底线。

### 3. 加强项目全流程风险管理

与实业项目不同，地方 AMC 应将风险管控贯穿在项目的各个环节，妥善应对监管政策、同业竞争、市场供求等变化风险，扎实做好项目的事前、事中、事后的风险管控。第一，全面细致做好尽职调查。针对不良资产包，需要做实做细专项尽职调查，全面深入了解各个债权及债务人状况，科学做好不良资产包的估值评估。针对单户收购重组等业务，要对融资企业的资产质量和风险状况进行客观分析，避免陷入信用违约风险。第二，严格把控项目审核审批。严格对照监管要求，严格执行各项业务标准，加强各部门风险意识，提高项目审核质量。严格做好项目授权，完善项目决策机制，精细管理项目合同，将项目审核审批责任落到实处。第三，做好项目实施及后期管理。对收购的不良资产包，要与银行妥善办理不良债权的移交、抵质押物转移、合同交接等工作，安排专门的机构及团队管理不良债权的档案、抵质押物、债务人等。对不良资产的后期处置，要遵循合规合法的处置程序，联合律师、会计、追债等机构，加强掌握债务企业动向，实现不良资产经营收益。

### 4. 建立健全全面风险管控体系

按照监管要求及公司章程，地方 AMC 应逐步完善符合本公司经营实际的全面风险管控体系，以提高风险管控能力增强公司的综合竞争实力。在组织体系上，建立健全风险管理委员会、风险管理、法律合规、评估评审等机构，在风险管理条线体系内配备专业风险管控人员，在公司总部、业务条线、分支机构等贯彻落实全面风险管理。在制度体系上，梳理、建立、完善流动性、市场、信用、操作、合规等风险管控制度，各前台业务部门要完善业务标准的制度文件，中后台部门要完善审核审批、法律合规、评估评审、风险管控等制度文件，建立统一的全面风险管理规范，实现前中后密切联动的全面风险管理体系。此外，地方 AMC 还要丰富经济资本管理、信用风险内部评级、资产风险分类、流动性压力测试等全面风险管控工具，完善反洗钱、非法集资、法律案件等防控体系，重视新业务、新产品的创新风险，有序开展不良资产收购、管理、处置涉及的风险文化活动。

## 二、打好全面资源整合牌

地方 AMC 作为市场主体，参与市场竞争的核心关键主要是在于全面整合地方资源能力。在资本充足监管和缺乏多元化金融牌照的前提下，围绕地方不良资产收购处置业务，地方 AMC 全面整合地方资金、项目、技术等资源的需求更加强烈。在既定政策情况下，地方 AMC 从内部资产负债表和外部交易主体两个维度进行资源整合，完全可以提升自身的市场竞争力。

### （一）全面整合股东机构资源

按照股东性质分类，目前地方 AMC 的股东主要分为三类，即为地方国企、四大 AMC、民营企业，其中地方国企股东的背后体现了地方政府的真实意图。这三类股东各自具有不同的比较优势，都可以支持地方 AMC 加快发展。

1. 民营企业股东具有灵活优势

监管部门明文鼓励民间资本投资入股地方资产管理公司，可以改变资产管理公司的股东现状，例如安徽国厚资产管理公司就是民营资本控股的地方 AMC。民营资本控制的地方 AMC，具有一般民营企业的经营特色，可以灵活地引进专业人才，制定灵活富有竞争力的市场薪酬机制，灵活地设置经营单位，灵活地与私募不良资产处置基金等合作。

## 2. 四大 AMC 具有技术优势

在发起设立过程中，四大 AMC 成为不少地方 AMC 的发起股东，与当地的分公司形成了竞争合作关系，比如山西的华融晋商资产管理公司。四大 AMC 作为股东，可以帮助地方 AMC 在不良资产收购、管理、处置等业务较快提升，加强不良资产业务的风险管控能力，在项目开发上面开展多元化合作，形成的互惠关系大于竞争关系。

## 3. 地方政府是大多数地方 AMC 的股东和主管单位

在现行管理体制下，我国大多数地方 AMC 都是属于地方政府控制的国有企业。尽管以地方国企作为股东，但是地方 AMC 依然是隶属于地方政府管理的国有企业，其单位负责人属于组织部管理，也具有一定的行政级别。同时，地方政府也履行管理地方 AMC 的行政职能。因此，我国现在的大多数地方 AMC 依然是体现了地方政府的意图，也可以顺理成章地利用好地方政府给予的各类资源。

## （二）全面整合地方企业资源

以地方政府控制的地方 AMC 为例，有机会整合系统内的国有企业资源，也可以与民营企业、外资企业等开展深入合作。

### 1. 地方 AMC 与地方国企开展全面业务合作

在不良资产收购方面，地方 AMC 具有一定的信息优势，可以更加详细地了解到相关地方国企的债务情况，占据了不良贷款收购的主动性。在债务重组方面，地方 AMC 与地方国企的合作模式更加丰富，可以在期限、利率、担保等方面协商解决，也可以就特定资产的转让交易、合作开发等深入合作。同时，在不良资产收购处置业务之外，地方 AMC 与地方国企还可以在资金、投资投行、产业基金等其他相关领域开展业务合作。

2. 地方 AMC 可以扩充不良资产价值链条下游

目前，监管部门已经拓展了地方 AMC 对外转让不良资产受让主体的范围，不受地域限制。地方 AMC 可以将感兴趣的民营企业、外资企业作为不良资产转让对手，加强不良资产价值链条下游企业建设，发挥下游实体企业的专项资产处置技术，进一步整合不良资产的上中下游的价值链条。

3. 地方 AMC 可以灵活整合外部企业资源

通过引入战略投资者，地方 AMC 增强资本充足，扩大外部资金来源，加强不良资产销售、清收、重组、交易等处置能力。通过合作新设资产管理机构，地方 AMC 可以与外部实体企业加强项目合作，提升机械设备、土地厂房等特定资产的内在价值，进一步提高不良资产的处置收益。

## （三）全面整合同业合作资源

由于金融资质不足、资产处置工具不多等原因，地方 AMC 与其他金融企业的全面合作是必然趋势。

1. 以拓展资金来源为目标的同业合作

由于没有取得金融许可证，无法进入银行间同业市场，地方 AMC 的资金来源受限。为扩大资金来源，地方 AMC 可以主动负债、积极开展资产交易业务，与各类地方金融资产交易所合作，开展债务凭证发行、资产交易、卖出返售等融资业务；也需要进一步加强与银行合作，推动发行债券、ABS 承销、借款等负债业务。

2. 以提高资产处置收益为目标的同业合作

目前，地方 AMC 自身具有的资产清收、资产转让、债务重组等处置工具有限，可以与银行、券商、四大 AMC 等加强资产分类、资产重组等合作，也可以与非持牌的各类资产管理公司加强贷款清收、房产土地拍卖等。

3. 以全面开展业务为目标的同业合作

围绕不良资产收购处置业务，地方 AMC 已经逐步发展为多元业务的资产管理公司，增设了产业基金、融资租赁、融资担保、融资典当、小额贷款等非"一行三会"审批的金融类企业，同时也积极申请民营银行、征信公司等"一行三会"监管的金融资质。基于不良资产市场蓬勃发展，地方 AMC 主动拥抱"大资管"时代，探索介入债转股、债股联动等新业务，以综合性金融集团为目标快速发展。

## 三、打好全面政策支持牌

地方 AMC 健康发展离不开国家政策的全面支持。从 2014 年获批成立至今，地方 AMC 的经营发展时间较短，也暴露出了各类问题，需要完善法律监管政策，加强发展支持政策。

1. 完善地方 AMC 的法律政策

目前，规范四大金融资产管理公司行为的最高法律有《金融资产管理公司条例》，但是地方 AMC 并没有在法律层面进行明确。可以考虑修订完善《金融资产管理公司条例》，并将地方 AMC 明确纳入此修订后的条例，为地方 AMC 确立金融法律地位。近期，可以在司法解释、审批案例等方面，完善地方 AMC 的受让人法律地位、资产处置执行权益等。此外，还需要完善债务相关的信用法律制度，包括但不限于打击逃废债、完善《破产法》等。

2. 完善地方 AMC 的监管政策

地方 AMC 目前属于双头监管，在行政管理上，省级政府实施监管；在业务资质上，银监部门实施许可。大多数地方 AMC 属于国有企业，接受省级政府监管，也由省级、市级政府履行股东权力，有权任命各级干部，更多的是"行政管理"，缺乏足够的"金融监管"。因此，需要加强省级政府对地方 AMC 的金融监管。此外，银监部门对地方 AMC 的设立、业务资质、资本充足等方面有权监管，但是并没有确立地方 AMC 的同业融资资质，与其开展的不良资产业务不匹配，限制了地方 AMC 的壮大发展。在合适的时机，监管部门还需要进一步确立地方 AMC 的金融企业性质。近期，监管部门重新定义了"批量转让"，由原先的 10 户及以上组包下降到 3 户及以上组包，有效地降低了地方 AMC 收购不良资产包的准入门槛，有助于地方 AMC 发展业务。

3. 加大地方 AMC 的支持政策

首先要扩大地方 AMC 的长期限、低成本的融资渠道。地方 AMC 经营不良资产收购处置业务，面临着资产处置周期长、收益现金流不稳定等风险，需要期限长、成本低的资金相匹配。监管部门要支持地方 AMC 发债、增资、资产证券化、资产交易等各类融资业务，地方政府以产业基金形式参与到地方 AMC 业务中，央行可以探索以再贷款等形式支持地方 AMC 收购处置不良贷款。同时，完善不良资产市场建设，完善不良资产交易定价机制，加强资产处置清收执行和企业破产保护，维护银行、地方 AMC、相关企业等参与主体的合法权益。

**参考文献**

[1] 王元凯：《国有资产管理公司金融功能的国际比较》，载于《新金融》2015 年第 3 期。

[2] 王元凯：《AMC 银行子公司开展投贷联动业务探析》，载于《华北金融》2016 年第 12 期。

[3] 王元凯：《金融资产管理公司开展投贷联动业务设想》，载于《中国银行业》2017 年第 1 期。

[4] 王洋：《地方 AMC 发展配套政策》，载于《中国金融》2017 年第 2 期。

# 法律金融学视角下的《金融资产管理公司条例》研究[*]

围绕法律和金融之间的关系,国内外专家学者已经取得了丰富的理论和实践成果,并形成了法律金融学(Law and Finance)。毫无疑问,法律金融学是一门关注法律和金融关系的交叉学科,不仅关注金融法律制度的经济学分析,还关注法律环境对金融行为的影响。2019年,党的十九届四中全会要求完善法治体系和经济制度。本文借助法律金融学的研究思路,着重研究《金融资产管理公司条例》(以下简称《条例》)与实际运行中的金融资产管理公司(以下简称资产公司),并讨论《条例》修订等事项。

## 一、法律因素与金融资产管理公司关系的研究概述

在广泛的理论层面,研究法律与金融资产管理公司关系的理论渊源,可以追溯到法与经济学、法律经济学、法与金融学、法律金融学等理论体系。从法律与经济学的关系看,法律经济学(economics of law)、法和经济学(law and economics)、法律的经济分析(economic analysis of law),主要是用经济学阐述法律问题,将经济学的理论和经验方法全面运用于法律制度分析,具体上是运用微观经济学及其福利经济学分析法律的形成、

---

[*] 原文完成于2015年,本书对部分内容作了修改。

法律的框架、法律的运作以及法律与法律制度所产生的经济影响。从法律与金融学的关系看，拉波塔（La Porta）、洛配兹·西拉内斯（Lopez-de-silanes）、安德烈·施莱弗（Andrei Shleifer）和罗伯特·维什尼（Robert W. Vishny）四位学者早在20世纪90年代量化了政治、法律、宗教、文化等因素的数据，并第一次明确引用法律因素介绍金融发展差异，开启了法与金融宏观理论、法与金融微观理论，前者主要在宏观层面上研究法律和金融的关系、法律起源与金融发展、法系与金融发展、司法效率与金融发展、投资者保护与金融发展等，后者主要在微观层面上研究法律与企业融资能力及融资成本、法律体制的质量与企业所有权和企业规模、投资者保护与企业公司治理、公司价值等问题。本文主要讨论金融资产管理公司的基本法——《金融资产管理公司条例》是否应该修改、如何修改等问题，是立足于法律问题，并运用法与经济学、金融学的有关分析方法，同时也分析了金融资产管理公司在实际运行中与现行《条例》之间的矛盾。

在微观的实践操作层面，《条例》不仅影响着金融资产管理公司的宏观管理体制，也影响到金融资产管理公司具体从事的不良资产收购、管理、处置等业务。从1999年成立以来，我国四大金融资产管理公司在改革发展过程中，伴随出现了一批政策法规，包括人民银行、财政部、银监会等金融管理部门出台的规章制度。同时，我国金融资产管理公司的功能形成、业务壮大与健康发挥，都离不开这些规章制度的支持。因此，经过近20年的高速发展，非常有必要梳理我国金融资产管理公司的相关法律制度，并从法律金融学的角度研究金融资产管理公司条例的修订，以便更好地监管和规范现行金融资产管理公司的发展。

2008年，国务院明确四大金融资产管理公司要遵循"一司一策"原则，按市场化方向进行改革试点。近年来，四大金融资产管理公司改革发展迅速，已经形成了金融控股集团发展模式，并相继完成了股份制改革，逐步转型成为具有较强竞争力的市场经营主体。同时，金融资产管理公司行业也涌现出了一批新的地方资产管理公司，这些地方资产管理公司也是从事不良贷款收购、管理和处置业务，也需要一并纳入相关法律规范中。2019年，党中央要求深化金融供给侧结构性改革，为金融资产管理公司提出新要求。由此可见，伴随着国家政策的不断调整，结合金融经济环境变化及金融资产管理公司的实际情况，非常有必要对《条例》作进一步研究、调整、修订，这样不仅可以更好地推动金融资产管理公司的健康发展、合规发展，也可以促进金融资产管理公司（包括地方资产管理公司），更好地服务实体经济。

## 二、是否需要修订《条例》

《条例》自 2000 年 11 月 10 日施行以来，对规范金融资产管理公司行为，依法处置国有银行不良资产，化解金融风险，维护金融稳定和促进经济发展发挥了积极作用。但随着经济和金融改革的不断深化和资产公司的转型发展，尤其是资产公司增加了非金融机构不良资产收购、管理和处置业务，也出现了一批被授予批量收购不良贷款的地方资产管理公司，因此，《条例》的部分规定已不能完全适应资产公司改革发展的需要，也很难适应金融监管的要求，有必要对《条例》进行修订。

### （一）《条例》赋予四大金融资产管理公司的规定目标和任务已经完成，金融资产管理公司的业务对象已经发生了变化

自成立以来，四大金融资产管理公司的业务性质发生了变化，从政策性收购，经过了商业化探索，到现在的市场化业务。在政策性时期，1999年资产公司接收国有商业银行和开发银行剥离的政策性不良资产约 1.4 万亿

元，2003年后结合国有银行股改接收和受托处置不良资产约1.25万亿元。政策性不良资产处置回收任务于2006年底基本完成，并成功将500多家国有企业的债权转为股权，转股额约2000亿股。在商业化探索时期，两次资产剥离和对国有企业实施债转股，有力地促进了国有银行和国有企业的改革，特别是国有大型商业银行在2010年前已全部上市成为公众公司。目前，四大金融资产管理公司，不仅收购国有银行的不良贷款，也收购金融租赁、信托、券商等非银行机构的不良资产，还收购实体企业的应收账款等非金融不良资产。因此，《条例》中对金融资产管理公司规定的业务范围，已经扩大了。

**（二）《条例》调节的对象的性质发生了变化，四大金融资产管理公司已从政策性机构发展为市场化主体**

在2006年底政策性任务完成之后，2007年，在财政部、人民银行和金融监管部门的指导和推动下，资产公司开始积极探索商业化转型发展路径，从追加投资、商业化收购不良资产、委托代理处置等业务起步，逐步发展成为现代金融控股集团，并搭建了银行、证券、保险、信托、金融租赁等多家金融子公司平台。目前，资产公司已从开始的政策性不良资产处置机构，转型为在不良资产处置行业具有核心竞争力，并横跨多个金融领域，为实体经济提供全面金融服务，具有较强盈利能力的市场主体。信达公司和华融公司已按国务院要求实现股改，并都已成功在中国香港上市，华融公司还将准备回归A股市场。另外，长城资产、东方资产在2016年底已经完成了股份制改革。至此，我国四大金融资产管理公司已经从独资国有金融企业，改制为股份制公司，并接受《公司法》的调节。因此，迫切需要根据市场化的原则，按照商业化运作的要求，重新界定金融资产管理公司的机构性质，并连带考虑地方资产管理公司的性质。

## (三) 金融资产管理公司"盘活存量"的独特功能，需要纳入《条例》中加以考量

我国经济发展进入了新时代，优化经济结构是重点任务。"优化金融资源配置、用好增量、盘活存量"，是统筹金融资源、支持经济结构调整和转型升级的核心。目前，我国主流金融机构如银行、证券、保险、信托等，主要是以增量方式来配置金融资源的。而资产公司的显著特点就是从存量入手，收购处置金融机构和非金融机构的不良资产，解决存量中的资源错配问题；通过盘活存量，优化资源配置，化解金融风险，救助问题实体企业，支持实体经济发展。因此，有必要从"盘活存量资产，优化资源配置"的角度，思考资产公司的功能定位，充分发挥其在优化资源配置、调整经济结构中的独特作用。这一功能定位既是对资产公司十多年创新实践的归纳和总结，也是在新的经济金融环境下，根据金融功能观理论赋予资产公司新的功能的必然选择。同时，在对不良资产这一存量资产的收购处置过程中，金融资产管理公司实际上也发挥了更大范围内的资源配置功能。鉴于各种资产的专用性，金融资产管理公司从金融不良资产和非金融不良资产入手，进一步优化不动产、工业设备、专业技术、企业管理等一系列资源要素，提高了实体经济体系中存量资源的再配置效率。这种特殊的存量资源再配置功能，需要得到相关法律法规的认可及规范。

## (四) 修订《条例》，可以引领金融资产管理公司的创新发展，并规范金融资产管理公司的创新行为

为更好地服务实体经济，金融资产管理公司的业务和产品已经发生了变化。一方面，资产公司近年来商业化业务发展的创新实践已突破了《条例》规定的业务范围，如收购非金融不良资产。另一方面，为更好地发

挥资产公司在经济结构调整中的独特作用，也需要鼓励资产公司围绕"盘活存量资产、优化资源配置"创新更多的金融产品。此外，在化解金融风险方面，金融资产管理公司也要创新对问题金融机构的救助，开创机构托管、救助等新金融业务。目前，通过问题金融机构救助等措施，金融资产管理公司已经控股了多家金融子公司。总体上看，自1999年成立以来，资产公司行为继承《条例》的基本精神，具有很强的继承性，同时在实践中不断探索和创新，增加了新业务和新产品。因此，这里需要对资产公司的业务范围和经营规则进行重新界定，指导和引领资产公司的业务创新，为化解金融风险、服务实体经济提供更好的金融服务和更多的新产品。

## 三、修订《条例》需要解决的发展问题

### （一）针对金融机构不良资产和非金融机构不良资产，完善资产公司功能发挥的配套政策

伴随着宏观经济的周期波动、严格的金融监管和监管制度的完善，金融机构与实体经济的不良资产日益显性化，同时，资产公司市场化发展道路的逐步推进，政策性时期的业务处置模式已经不适合了。因此，应有效发挥资产公司所具有的金融风险化解功能，积极参与到对不良资产的处理中去。一方面，通过市场化手段，加大对实体经济的无效资产、无效供给、僵尸企业的破除。另一方面，在系统性或局部性金融危机爆发的特殊时期，需要政府通过提供资金、政策等继续给予资产公司政策支持，尤其是加强其对问题金融机构的托管和救助的政策支持，帮助其收购后的一般处置和价值再造延伸转型等工作的有序开展，凸显其为政府解难、为企业解困、为金融机构解围的社会价值。

## （二）围绕不良资产主业，为充分发挥资产公司的化解风险优势，完善资产公司的激励考核机制

我国经济经过数十年的高速发展，实体经济和金融体系积累了不少的不良资产，为防止不良资产问题严重化，降低不良资产问题对经济金融的破坏程度，需要继续发挥资产公司不良资产处置的主业优势。在我国当前的金融组织体系中，资产公司作为财政部控股的国有企业，接受财政部门相应的绩效考核评价，包括净利润增长、股东分红、工资包等。因此，为推动资产公司在化解金融风险、服务实体经济方面能够有所作为，相应的激励考核措施应与政策性时期的规定有所区别，按照现代金融企业的激励要求，完善资产公司的激励考核体系，为资产公司有效处置不良资产创造良好的激励环境。

## （三）资产公司面临的法律环境发生了变化，与不良资产直接相关的收购、处置、公告、拍卖等法规应纳入修改考虑范围

当前，资产公司已成为市场主体，完成了股份制改革，并且信达、华融公司已经实现了公开上市。随着《破产法》的颁布和银行风险管控的改善，资产公司经营的法律环境已大为改善。但是，财政部等部门原先执行的部分规章制度，已经不能适应新的法律环境，也不适应资产公司所处的经营环境。资产公司在发展传统不良资产业务的过程中，仍面临着政策性时期保留下来的操作流程和规定，集中表现在与银行的协议收购，以及处置过程中的公告、拍卖等。当前资产公司已有能力和手段以市场化的方式更有效地处置不良资产，格式化、模板化的操作流程也应相应改变，以适应资产公司提升资产价值手段的综合运用。因此，在修订《条例》中，需要充分修订各金融部门出台的一些规章制度，形成完善合理的规范体系。

## （四）在不良资产收购处置过程中，资产公司面临资金期限、不良资产供求、金融监管三个不匹配问题

在市场化经营中，四大金融资产管理公司面临着三个业务方面的不匹配。首先，资产公司处置不良资产回收的现金具有非常大的不确定性，包括回收资金的周期和规模都因为外部环境产生不确定性。这与资产公司的融资规模和到期还款时间，存在非常大的不匹配。本质上，资产公司对不良资产的另类投资，与其负债融资模式，存在矛盾冲突。其次，在实体经济周期性波动下，我国银行业可能会涌现大量不良资产，但是资产公司受自身规模等因素限制，如政府支持缺位，则难以在短期内收购处置大量的不良资产。不良资产市场的大量供给和资产公司的有限收购需求存在不匹配的矛盾。最后，资产公司需接受与银行等金融机构类似的监管，发展受到资产负债率、资本充足率等指标的严格限制，现行的监管与资产公司的功能发挥及其业务经营是不匹配的。因此，在修订《条例》中，必须要考虑金融资产管理公司的难点和痛点。

## 四、修订《条例》应该遵循的基本原则

### （一）尊重资产公司的发展历史和运行现状

经过近20年的改革发展，资产公司已成为中国金融组织体系中不可或缺的重要组成部分，成为化解金融风险、维护金融稳定、支持经济健康发展的重要力量。资产公司已经形成不良资产收购处置、投资融资、委托代理、机构托管、财务顾问、法律咨询等业务，控股和参股了银行、证券、保险、信托、租赁等各类金融机构，积累了丰富的专业经验，取得了良好的经营业绩，成为金融市场的重要力量。当前及未来一段时间，资产公司

的外部环境发生变化，我国经济进入新时代，经济周期波动加剧，不良资产供给增多，地方债、企业债等风险加大。另外，地方资产管理公司也得到快速发展，成为参与不良资产市场的重要力量。因此，应该充分肯定金融资产管理公司的历史作用，充分考虑资产公司的发展现状，充分考虑地方资产管理公司的发展，以及不良资产市场的变化。

### （二）明确资产公司的法律地位和功能定位

资产管理公司因金融危机而诞生，作为金融体系中防范和化解金融风险功能的承担者，在维护国家金融安全方面发挥了积极作用。在未来我国经济的结构性转型升级中，仍需加强这个作用。因此，在《条例》修订中，可以考虑将资产公司的法律地位确定为"维护国家金融安全"。同时，参考国际先进经验，在特殊情况下，赋予其特殊权利的条款。

资产公司区别于其他金融机构的显著特点就是"盘活存量"功能，因此在《条例》修改中，以"盘活存量资产，优化资源配置"作为资产公司功能定位，从资产业务、负债业务、中间业务、或有业务等方面，重新梳理资产公司的业务范围。这里也要考虑四大金融资产管理公司与地方资产管理公司之间的区别和相同点，从总体上统一确定原有的四大金融资产管理公司和目前50多家地方资产管理公司的功能定位。

### （三）确立资产公司的组织形式

对四家金融资产管理公司而言，一方面，资产公司要按《公司法》的要求，建立股份公司的治理架构；另一方面，资产公司已发展成为实质上的金融控股公司，形成以母子公司、总分公司为集团架构的综合经营模式。《条例》修订，就要根据资产公司组织形式发展的现状和趋势，确立资产公司的集团管控和综合经营模式，并按集团并表方式加强对资产公司的监管。

对地方资产管理公司而言,现有的监管部门给予其更加灵活的组织机构设置,尤其是民营资本控股的地方资产管理公司。因此,需要《条例》从更加宏观的层面加以规范。

### (四)促进资产公司的持续发展

为盘活巨大的存量资产,优化资源配置,调整经济结构,提高经济运行质量,必须促进资产公司与时俱进、创新发展。因此,有必要将资产公司的创新实践进行归纳、总结并认可,同时为资产公司的未来创新发展预留政策空间。在当前严格监管的背景下,合规经营与创新发展是不矛盾的,四大金融资产管理公司和地方资产管理公司必须要在合规的道路上开展业务,同时在规定的合规领域内,要加大创新,更好地化解金融风险,更好地服务实体经济。

### (五)衔接资产公司相关的法律法规

现行《条例》自 2000 年 11 月施行以来,与资产公司相关的法律法规发生了很大变化,财政部、人民银行、银监会等相关部门也先后出台了许多管理制度和办法,最高人民法院也出台了相关的司法解释,在《条例》修订过程中,需要衔接好相关法律法规及各项管理制度和办法。具体到地方资产管理公司,也需要吸收、完善相关的法律法规,促进地方资产管理公司的健康发展。

## 五、修订《条例》需要关注的重要内容

### (一)关于《条例》制定目的

现行《条例》制定目的在于处理国有银行不良贷款,促进国有银行

和国有企业的改革和发展，是基于亚洲金融危机时代背景，这一历史使命已经完成。未来经济发展和金融改革中，为防范化解新的金融风险，并以不良资产主业促进实体经济高质量发展，在整个金融体系中必须要有处置不良资产的专业机构，这是维护国家金融安全和促进实体经济发展的需要。综合考虑四大金融资产管理公司和地方资产管理公司的发展情况，在《条例》修订中，可以考虑将"维护金融安全，规范资产公司经营活动，促进社会主义市场经济的健康发展"作为制定《条例》的目的。

### （二）调整资产公司的经营目标

针对四大金融资产管理公司，现《条例》规定的"最大限度保全资产、减少损失"的经营目标，在政策性资产处置任务和目标完成后已经实现，目前已经实现了股份制改革，成为了市场主体。地方资产管理公司是根据《公司法》设立的市场主体，也是按照市场化原则开展各项业务的。因此，《条例》规定的经营目标不再适合。同时，为了承继资产公司在防范化解金融风险方面形成的专业优势，根据资产公司"盘活存量"的新功能定位，将"防范和化解金融风险、盘活存量资产、优化资源配置"作为新的经营目标，充分发挥资产公司在防控金融风险、实体经济供给侧结构性改革中的独特作用。

### （三）优化资产公司的机构性质

现行《条例》规定资产公司为"收购国有银行不良贷款，管理和处置因收购国有银行不良贷款形成的资产的国有独资非银行金融机构"，已不能适应资产公司的现状和未来发展的定位。

在四大金融资产管理公司方面，一方面，"国有独资"已不适应股改制改革后的情况，资产公司的业务已经从收购、管理、处置"不良贷款"，扩大到与收购、管理、经营、处置"不良资产"及相关业务领域。为更好地盘活存量，还需要扩大到资产管理及相关的综合金融服务业务领域。另一方面，原《条例》将资产公司定性为政策性非银行金融机构，也不合适了。事实上，从业务性质上考虑，资产公司经营和处置不良资产是信贷业务的延续，出具不良资产收购承诺的本质是授信，资产公司实质上具有经营货币信贷功能，应属于银行业金融机构；从监管角度看，资产公司业务也受"中国银行业监督管理委员会"监管；从金融机构分类角度看，中国人民银行关于印发《金融机构编码规范》的通知中，将资产公司归类于"银行业非存款类金融机构"。综合以上因素，采纳人民银行的归类方法，可以考虑将资产公司的性质界定为"经国务院决定设立的从事不良资产收购、管理、经营、处置及相关业务的银行业非存款类金融机构"更为科学和准确。

这里还需要考虑地方资产管理公司的发展阶段和现状。目前，地方资产管理公司还不是完全意义上的金融机构，是具有批量收购处置不良资产业务资质的工商企业。因此，对资产公司的性质界定，必须要界定好地方资产管理公司的金融机构性质。

## （四）确立资产公司的经营原则、组织形式、行业自律

股份制改革后，四大资产公司将成为独立的市场主体，地方资产管理公司也是独立的市场主体，应该按照市场主体属性，规范金融资产管理公司的经营原则、组织形式和行业自律等。在经营原则方面，借鉴商业银行法规的条款，考虑增加资产公司经营原则条款，即"金融资产管理公司以安全性、流动性、效益性为经营原则，实行自主经营、自担风险、自负盈亏、自我约束"。在组织形式方面，四大资产公司完成股份制改革后，其经

营行为必须符合《公司法》的要求，地方资产管理公司是按照《公司法》设立、运行的。因此，可以规定"金融资产管理公司采取的组织形式，适用《中华人民共和国公司法》的规定"。在依法经营和行业自律方面，可以考虑增加条款："金融资产管理公司开展业务，应当遵守法律、行政法规的有关规定，不得损害国家利益、社会公共利益；应当遵守公平竞争的原则，加强行业自律，不得从事不正当竞争。"

### （五）完善资产公司的业务范围

按照监管部门的持牌经营原则，规范资产公司的业务范围，包括确定原有政策法规许可的业务，合规增加新业务。主要考虑五个方面因素：一是保留现行《条例》已有的业务；二是增加现行《条例》上没有但司法解释、财政部和银监会相关文件中允许资产公司做的业务；三是增加目前资产公司创新的各项业务；四是根据非存款类银行业金融机构的性质，可以赋予资产公司的业务；五是根据资产公司"盘活存量资产，优化资源配置"的功能定位需要增加的业务。

就四大金融资产管理公司而言，在不良资产收购、管理、处置及投资业务方面，合理界定资产收购范围、投资范围，主要目的在于盘活存量资产时可能需要部分增量来激活存量。在负债业务方面，主要考虑将资产公司定义为"银行业非存款类金融机构"，应将其纳入银行同业市场，允许其同业拆借。在中间业务方面，考虑在"大资管"时代，资产管理服务将是大多数金融机构的业务，而资产公司冠以"资产管理"名称已经十几年了，在社会公众中也已形成"资产管理"认知。在国际业务方面，考虑增加"金融资产管理公司业务经营中涉及外汇管理事项的，需遵守国家外汇管理有关规定"。

就地方资产管理公司而言，目前资产端的业务基本放开，具有了批量不良资产的收购资质，也可以开展正常金融资产、正常非金融资产、不良非金融资产的收购等业务。因此，应该考虑增加或放宽地方资产管理公司的负债业务，是否可以以金融企业的身份开展各类资金拆借、负债等资金来源业务。

# 附录

## 现行关于金融资产管理的相关政策条例

附录一

# 金融资产管理公司条例

（中华人民共和国国务院令第 297 号）

《金融资产管理公司条例》已经 2000 年 11 月 1 日国务院第 32 次常务会议通过，现予公布，自公布之日起施行。

总理　朱镕基

二〇〇〇年十一月十日

# 金融资产管理公司条例

## 第一章　总　　则

第一条　为了规范金融资产管理公司的活动，依法处理国有银行不良贷款，促进国有银行和国有企业的改革和发展，制定本条例。

第二条　金融资产管理公司，是指经国务院决定设立的收购国有银行不良贷款，管理和处置因收购国有银行不良贷款形成的资产的国有独资非银行金融机构。

第三条　金融资产管理公司以最大限度保全资产、减少损失为主要经营目标，依法独立承担民事责任。

第四条　中国人民银行、财政部和中国证券监督管理委员会依据各自的法定职责对金融资产管理公司实施监督管理。

## 第二章　公司的设立和业务范围

第五条　金融资产管理公司的注册资本为人民币100亿元，由财政部核拨。

第六条　金融资产管理公司由中国人民银行颁发《金融机构法人许可证》，并向工商行政管理部门依法办理登记。

第七条　金融资产管理公司设立分支机构，须经财政部同意，并报中国人民银行批准，由中国人民银行颁发《金融机构营业许可证》，并向工商行政管理部门依法办理登记。

第八条　金融资产管理公司设总裁1人、副总裁若干人。总裁、副总裁由国务院任命。总裁对外代表金融资产管理公司行使职权，负责金融资产管理公司的经营管理。

金融资产管理公司的高级管理人员须经中国人民银行审查任职资格。

第九条　金融资产管理公司监事会的组成、职责和工作程序，依照《国有重点金融机构监事会暂行条例》执行。

第十条　金融资产管理公司在其收购的国有银行不良贷款范围内，管理和处置因收购国有银行不良贷款形成的资产时，可以从事下列业务活动：

（一）追偿债务；

（二）对所收购的不良贷款形成的资产进行租赁或者以其他形式转让、重组；

（三）债权转股权，并对企业阶段性持股；

（四）资产管理范围内公司的上市推荐及债券、股票承销；

（五）发行金融债券，向金融机构借款；

（六）财务及法律咨询，资产及项目评估；

（七）中国人民银行、中国证券监督管理委员会批准的其他业务活动。

金融资产管理公司可以向中国人民银行申请再贷款。

## 第三章　收购不良贷款的范围、额度及资金来源

第十一条　金融资产管理公司按照国务院确定的范围和额度收购国有银行不良贷款；超出确定的范围或者额度收购的，须经国务院专项审批。

第十二条　在国务院确定的额度内，金融资产管理公司按照账面价值收购有关贷款本金和相对应的计入损益的应收未收利息；对未计入损益的应收未收利息，实行无偿划转。

第十三条　金融资产管理公司收购不良贷款后，即取得原债权人对债务人的各项权利。原借款合同的债务人、担保人及有关当事人应当继续履行合同规定的义务。

第十四条　金融资产管理公司收购不良贷款的资金来源包括：

（一）划转中国人民银行发放给国有独资商业银行的部分再贷款；

（二）发行金融债券。

中国人民银行发放给国有独资商业银行的再贷款划转给金融资产管理公司，实行固定利率，年利率为2.25%。

第十五条　金融资产管理公司发行金融债券，由中国人民银行会同财政部审批。

## 第四章　债权转股权

第十六条　金融资产管理公司可以将收购国有银行不良贷款取得的债权转为对借款企业的股权。

金融资产管理公司持有的股权，不受本公司净资产额或者注册资本的比例限制。

第十七条　实施债权转股权，应当贯彻国家产业政策，有利于优化经济结构，促进有关企业的技术进步和产品升级。

第十八条　实施债权转股权的企业，由国家经济贸易委员会向金融资产管理公司推荐。金融资产管理公司对被推荐的企业进行独立评审，制定企业债权转股权的方案并与企业签订债权转股权协议。债权转股权的方案和协议由国家经济贸易委员会会同财政部、中国人民银行审核，报国务院批准后实施。

第十九条　实施债权转股权的企业，应当按照现代企业制度的要求，转换经营机制，建立规范的公司法人治理结构，加强企业管理。有关地方人民政府应当帮助企业减员增效、下岗分流，分离企业办社会的职能。

第二十条　金融资产管理公司的债权转股权后，作为企业的股东，可以派员参加企业董事会、监事会，依法行使股东权利。

第二十一条　金融资产管理公司持有的企业股权，可以按照国家有关规定向境内外投资者转让，也可以由债权转股权企业依法回购。

第二十二条　企业实施债权转股权后，应当按照国家有关规定办理企业产权变更等有关登记。

第二十三条　国家经济贸易委员会负责组织、指导、协调企业债权转股权工作。

## 第五章　公司的经营和管理

第二十四条　金融资产管理公司实行经营目标责任制。

财政部根据不良贷款质量的情况，确定金融资产管理公司处置不良贷款的经营目标，并进行考核和监督。

第二十五条　金融资产管理公司应当根据不良贷款的特点，制定经营方针和有关措施，完善内部治理结构，建立内部约束机制和激励机制。

第二十六条　金融资产管理公司管理、处置因收购国有银行不良贷款形成的资产，应当按照公开、竞争、择优的原则运作。

金融资产管理公司转让资产，主要采取招标、拍卖等方式。

金融资产管理公司的债权因债务人破产等原因得不到清偿的，按照国务院的规定处理。

金融资产管理公司资产处置管理办法由财政部制定。

第二十七条　金融资产管理公司根据业务需要，可以聘请具有会计、资产评估和法律服务等资格的中介机构协助开展业务。

第二十八条　金融资产管理公司免交在收购国有银行不良贷款和承接、处置因收购国有银行不良贷款形成的资产的业务活动中的税收。具体办法由财政部会同国家税务总局制定。

金融资产管理公司免交工商登记注册费等行政性收费。

第二十九条　金融资产管理公司应当按照中国人民银行、财政部和中国证券监督管理委员会等有关部门的要求，报送财务、统计报表和其他有关材料。

第三十条　金融资产管理公司应当依法接受审计机关的审计监督。

金融资产管理公司应当聘请财政部认可的注册会计师对其财务状况进行年度审计，并将审计报告及时报送各有关监督管理部门。

## 第六章　公司的终止和清算

第三十一条　金融资产管理公司终止时，由财政部组织清算组，进行清算。

第三十二条　金融资产管理公司处置不良贷款形成的最终损失，由财政部提出解决方案，报国务院批准执行。

## 第七章　附　　则

第三十三条　金融资产管理公司违反金融法律、行政法规的，由中国人民银行依照有关法律和《金融违法行为处罚办法》给予处罚；违反其他有关法律、行政法规的，由有关部门依法给予处罚；构成犯罪的，依法追究刑事责任。

第三十四条　本条例自公布之日起施行。

附录二

# 中国银监会、财政部、中国人民银行、中国证监会、中国保监会关于印发《金融资产管理公司监管办法》的通知

(银监发〔2014〕41号)

各银监局；财政部驻各省、自治区、直辖市、计划单列市财政监察专员办事处；中国人民银行上海总部，各分行、营业管理部，各省会（首府）城市中心支行、副省级城市中心支行；各证监局；各保监局；各金融资产管理公司：

为加强对商业化转型后的金融资产管理公司的监管，规范其经营行为，根据国家有关法律法规，银监会、财政部、人民银行、证监会、保监会联合制定了《金融资产管理公司监管办法》。现予印发，请遵照执行。

2014年8月14日

## 金融资产管理公司监管办法

### 第一章 总 则

第一条 为适应金融资产管理公司集团化、多元化发展的监管需要，

规范其经营行为，根据《中华人民共和国银行业监督管理法》《金融资产管理公司条例》等法律、法规，制定本办法。

第二条 本办法适用于金融资产管理公司（以下简称"资产公司"）及其附属法人机构等组成的集团的监管。

本办法所称集团是指资产公司、附属法人机构以及特殊目的实体等其他附属经济组织组成的集团。

本办法所称集团母公司是指资产公司总部及分支机构。

本办法所称附属法人机构（不包括政策性债转股企业）是指由资产公司控制的境内外子公司以及其他被投资机构。"控制"概念按照财政部《企业会计准则第33号——合并财务报表》有关标准界定。

当被投资机构不为资产公司所控制，但符合下列情况的应当纳入集团范围监管：被投资机构总体风险足以对集团的财务状况及风险水平造成重大影响；被投资机构合规风险、声誉风险足以对集团声誉造成重大影响。

本办法所称集团层面监管是指对集团母公司的审慎监管以及通过集团母公司对集团内未受监管实体的间接监管。集团未受监管实体是指不直接受到金融分业监管机构审慎监管的附属法人机构以及特殊目的实体等其他附属经济组织。

本办法所称集团范围监管是指通过金融分业监管机构（及其他行业监管机构）之间的协调合作，对集团实施的全面审慎监管。

第三条 根据国家有关法律和国务院的授权，中国银行业监督管理委员会（以下简称银监会）依法监督管理集团母公司和实施集团并表监管，并负责集团层面监管。集团附属法人机构根据法律规定接受相关监管机构或部门的监管。

银监会与财政部、中国人民银行、中国证券监督管理委员会（以下简称证监会）、中国保险监督管理委员会（以下简称保监会）等监管机构和主

附录二：中国银监会、财政部、中国人民银行、中国证监会、中国保监会关于印发《金融资产管理公司监管办法》的通知

管部门加强监管合作和信息共享，协调实现集团范围的全面、有效监管。

第四条 银监会建立风险为本的审慎监管框架，并定期评估、及时更新，以确保对资产公司集团监管的有效性。

集团审慎监管侧重于同集团经营相关联的特有风险，包括但不限于：多重杠杆、风险传染、风险集中、利益冲突、内部交易及风险敞口等。

集团审慎监管框架的基本要素包括但不限于：公司治理、风险管控、内部交易、资本充足性、财务稳健性、信息资源管理和信息披露等。

## 第二章 公司治理

### 第一节 公司治理框架

第五条 集团应建立全面的公司治理框架。集团母公司及各附属法人机构应当遵循独立运作、有效制衡、相互合作、协调运转的原则，建立合理的治理制衡机制和治理运行机制，确保集团有效履行审慎、合规的义务，治理框架应关注的内容包括但不限于：

（一）集团架构的一致性；

（二）集团组织和管理结构的适当性；

（三）集团重要股东的财务稳健性；

（四）集团母公司董事、高级管理人员和集团风险管理、内部控制等重要部门的主要负责人在集团管理中的适当性；

（五）对集团内部利益冲突的管理；

（六）集团内部控制、风险管理体系、内部审计及合规职能。

第六条 集团母公司应当参照《商业银行公司治理指引》等有关规定，建立健全公司治理机制，满足集团运营的组织、业务和风险管理需要。

集团母公司应规范指导附属法人机构建立和完善与其业务性质、规模相匹配的公司治理机制，并在符合《公司法》等相关法律、法规以及附属

法人机构公司章程的前提下，确保附属法人机构的公司治理机制服从集团整体的治理要求。

第七条　集团母公司董事会应对集团管理承担最终责任。董事会下设专业委员会，向董事会提供专业意见或根据董事会授权就专业事项进行决策，包括但不限于：

（一）战略委员会负责制定集团整体发展战略，制定集团战略应当听取主要附属法人机构董事会或类似机构的意见；

（二）审计委员会负责检查集团内部控制及合规情况，评估集团合并财务报告信息的真实性、准确性、完整性和及时性；

（三）风险管理委员会负责督促和指导高级管理层建立集团整体的风险偏好以及有效、适当的内部控制体系和风险隔离机制，风险隔离的具体内容参照《商业银行并表管理及监管指引》执行；

（四）关联交易委员会负责集团关联交易的管理、审查和批准，识别和控制内部关联性引起的合规和风险问题；

（五）薪酬委员会应负责审议集团激励约束制度和政策。

第八条　集团母公司监事会应当履行对集团管理的监督职责，包括但不限于：

（一）监督集团整体发展战略的制定及实施；

（二）监督集团合并财务报告的制定，以及财务报告信息的真实性、准确性、完整性和及时性；

（三）监督集团整体风险、内部控制体系和风险隔离机制；

（四）监督集团关联交易和内部交易的管理、审查、批准及合规情况；

（五）监督集团激励约束机制的建立和实施情况。

第九条　集团母公司高级管理层执行董事会对集团管理的决策，包括但不限于：执行董事会关于集团管理的战略方针和重大决策；制定集团管

附录二：中国银监会、财政部、中国人民银行、中国证监会、中国保监会关于印发《金融资产管理公司监管办法》的通知

理制度，对集团的人力资源、财务会计、信息系统、品牌文化等实施有效管理，确保集团管理各项决策的有效实施；确保集团的监管、合规以及审计问题得到及时解决，并落实监事会对集团监督的意见和建议。

第十条 集团公司治理框架应当能够恰当地平衡集团母公司与附属法人机构，以及各附属法人机构之间的利益冲突。集团母公司负责制定能识别和管理集团内部利益冲突的政策和程序。利益冲突来源包括但不限于集团内部交易及定价，母公司和附属法人机构之间的资产转移、利润转移、风险转移等。

第二节 集团组织架构

第十一条 集团应当根据相关法律规定，设定其职能、业务条线和区域组织结构，确保整体的组织架构有助于集团稳健经营，且不影响监管机构对其实施有效监管。

第十二条 集团应当建立健全与业务策略和风险状况相符合的管理架构，明确集团管理的职责、政策、程序和制度，建立清晰的报告路线和完善的信息管理系统，确保集团母公司及附属法人机构的内部控制、风险管理等关键职能的适当性。

第十三条 集团母公司应当在遵守《公司法》等相关法律、法规的前提下，按照"合规、精简、高效"的原则，控制集团层级及附属法人机构数量，集团层级控制在三级以内，金融监管机构另有规定的除外。附属法人机构的设立需征得股东同意或者根据集团母公司章程及授权制度等规定履行相关程序。

第十四条 银监会评估和监测集团组织管理架构的适当性，尤其是集团母公司审批和控制架构的调整，以及新设附属法人机构的适当性。

银监会对集团的股权结构进行评估，包括但不限于：

（一）股权结构的必要性、合理性和透明度；

（二）入股行为以及入股资金的来源是否依法合规；

（三）控股法人股东的公司治理安排及其影响；

（四）股东对集团的潜在不利影响。

第三节　集团管控

第十五条　集团母公司应当在遵守《公司法》等相关法律、法规，尊重附属法人机构独立地位的前提下，根据集团整体战略和安全稳健运营的需要，并考虑附属法人机构不同的股权结构和治理结构，通过适当的管控模式，规范行使集团母公司的管理职能。

第十六条　集团母公司应当加强对附属法人机构的管理，督促附属法人机构遵守行业监管的相关规定，实现集团经营的协同性。集团母公司主要在战略、财务、经营决策、人事等方面，按照相关法律、法规以及附属法人机构的公司章程或协议规定的程序，对附属法人机构实施控制权，包括但不限于：

（一）加强集团战略管理，指导、检查、监督各附属法人机构贯彻落实集团战略规划；

（二）制定集团整体经营策略，加强附属法人机构之间的业务协同和资源共享；

（三）指导各附属法人机构建立健全财务、业务及会计管理制度，制定经营计划，通过适当的预算管理、绩效考核和激励约束机制，确保各附属法人机构完成计划目标；

（四）优化内部资源配置，根据各附属法人机构的实际运营绩效以及对集团战略目标实现的贡献程度，整合配置资金、资本和人才等核心资源，推动集团的集约化、协同化发展；

（五）构建和实施集团全面的风险管理框架和有效的内部控制体系，指导各附属法人机构制定适当的风险管理程序和执行准则；

（六）通过附属法人机构董事会，加强对附属法人机构的管理；

（七）提高集团支持服务能力，推进产品研发、客户服务、会计核算、人力资源、信息技术、行政后勤等集团统一平台和共享服务中心建设，提升集团协同水平。

第十七条　集团母公司应当在符合《公司法》等相关法律、法规以及附属法人机构公司章程的前提下，通过影响附属法人机构股东大会（股东会）、董事会决策，确保附属法人机构能落实集团管理的制度、政策和要求。

第十八条　集团母公司应当建立责任机制或制衡机制，包括但不限于：

（一）在保证自身安全稳健的前提下，可对附属法人机构提供适当的资金支持；

（二）附属法人机构资本充足率达不到监管要求时，母公司应当督促其补足资本金；

（三）确保母公司的管理控制不会存在损害附属法人机构及其相关利益人权益的行为。

### 第四节　任职管理

第十九条　集团母公司董事和高级管理人员除达到《银行业金融机构董事（理事）和高级管理人员任职资格管理办法》等相关规定的条件以外，还应当具备与集团组织、管理、业务结构的复杂性相匹配的任职条件，包括但不限于：

（一）拥有足够的知识和经验以便恰当、公平和有效地对集团所有机构实施管理和监督，以及拥有足够的公信力；

（二）完全理解与集团综合经营相关的组织结构、业务管理的复杂性，具有相关的管理能力；

（三）全面掌握集团的业务情况和财务状况，理解与把握集团的风险承受能力、风险偏好以及同集团经营相关的特有风险。负责风险管理的董事和高级管理人员应对集团风险状态和风险类型，以及测量、监控和管理各种风险的技术有深入了解。

第二十条　集团母公司应当确保附属法人机构董事和高级管理人员履职的适当性，并建立持续监测和评估的程序。集团母公司在考核时除评估上述人员对附属法人机构自身发展贡献方面的履职情况外，还应当重点考虑其履职情况是否符合集团整体的发展要求。

第二十一条　集团母公司的董事、高级管理人员以及负责内部控制和风险管理的关键人员原则上不得兼任附属法人机构的董事、高级管理人员等重要职位。如确有兼任必要，应当确保集团安全稳健运行，避免内部利益冲突。

第五节　激励约束机制

第二十二条　集团应当建立和实施适当的激励约束机制。集团母公司对集团范围的激励约束机制承担最终责任，确保集团母公司及各附属法人机构的绩效考核、薪酬政策符合集团整体的长期利益以及集团风险管理的需要。

第二十三条　集团母公司应当参照《商业银行公司治理指引》《商业银行稳健薪酬监管指引》等相关规定，建立适当的激励约束机制和稳健的薪酬制度，并指导附属法人机构根据各自的行业规定，建立与集团审慎管理相匹配的激励约束机制。集团母公司及各附属法人机构的激励约束机制可根据经营性质和行业监管要求的不同，存在合理差异，但履职评价、绩效考核、薪酬机制的整体目标应当保持一致，确保与绩效考核、薪酬政策相关的风险控制在集团整体的风险管理框架中予以体现，减少由不当激励约束安排引发的风险。

第二十四条　集团母公司应当建立和完善科学、客观、合理的责权利对称、可操作性强的集团综合考评指标体系，形成适当的内部资源配置机制，定期对自身和附属法人机构的经营业绩和发展情况进行全面考核，确保稳健经营和资本合理回报。

集团绩效考评应当建立规范、透明、公开的管理流程，兼顾效益与风险、财务因素与非财务因素，突出合规经营和风险管理的重要性。

第二十五条　承担集团财务管理、内部控制、风险管理等职能的人员的业绩衡量和薪酬应当独立于其所监督管理的业务领域，不得与所监督管理业务领域的经营业绩挂钩。

## 第三章　风险管控

### 第一节　风险治理

第二十六条　集团应当整合风险管理资源，建立独立、全面、有效的综合风险管理体系，集团母公司董事会全面负责集团范围的风险管理、内控机制、内部审计和合规管理，确保集团风险管理行为的一致性。

（一）集团母公司董事会应当设立独立的风险管理委员会；

（二）集团母公司董事会应当设立独立的审计委员会，审计委员会成员主要由非兼任高级管理人员职务的董事担任，审计委员会的召集人由独立董事担任；

（三）集团母公司应当建立独立的风险管理部门和内部审计部门，在人员数量和资质、薪酬等激励政策、信息科技系统访问权限、专门的信息系统建设以及集团内部信息渠道等方面给予风险管理部门和内部审计部门必要的支持；集团母公司应当确保风险管理部门和内部审计部门具备向董事会和高级管理层直接报告的渠道和路径；

（四）集团母公司应当规划集团整体经营策略、风险管理政策与指导原则，指导附属法人机构做好风险管理，附属法人机构应当根据集团母公司相关规定拟定自身风险管理程序及执行规则。

第二十七条　集团风险管控机制包括但不限于：

（一）根据集团母公司及各附属法人机构的业务规模、信用风险、市场风险与操作风险等状况及未来发展趋势，监控其资本充足性；

（二）制定适当的长、短期资金调度原则及管理规范，建立衡量及监控集团母公司及各附属法人机构流动性风险的管理机制，衡量、监督、管控集团的流动性风险；

（三）根据集团整体风险情况、自有资本及负债的特征进行各项投资资产配置，建立各项投资风险管理制度；

（四）建立资产性质和分类的评估方法，计算及管控集团母公司及各附属法人机构的大额风险暴露，定期监测、核实并计提损失准备；

（五）针对集团母公司与附属法人机构，以及附属法人机构之间的业务、交易、信息共享等，建立信息安全防护机制及危机管理计划。

第二十八条　集团应当建立健全有效的风险管理流程和内控机制。包括但不限于：

（一）职权与责任的明确安排；

（二）资金管理部门与会计部门的分离；

（三）相关流程的协调机制；

（四）集团的资产保全；

（五）适当的独立内部审计与合规管理，促进上述控制措施、相关法律和监管要求得到遵守。

第二十九条　集团应当建立统一的内部审计制度，检查集团的业务活动、财务信息和内部控制，指导和评估附属法人机构的内部审计工作。

（一）附属法人机构应当向集团母公司上报董事会会议记录、会计查核报告、金融监管机构非现场监管、现场检查意见书或其他有关资料；

（二）附属法人机构应当设立内部审计部门，并将内部审计报告所提重大缺陷及整改情况上报集团母公司审核；

（三）集团母公司审计部门应当定期对附属法人机构内部审计的成效进行考核，考核结果经报集团母公司董事会后，送交附属法人机构董事会作为改进工作的参考。

第三十条　集团母公司应当逐步建立与其风险状况相匹配的前瞻性的压力测试方案，并作为其风险管理体系的组成部分。集团母公司应当定期评估集团的压力测试方案，确定其涵盖主要风险来源并采用可能发生的不利情景假设。集团母公司应将压力测试结果应用到决策、风险管理（包括应急计划）以及资本和流动性水平的内部评估中。

如果发现压力测试方案存在实质性缺陷，或者决策过程没有充分考虑压力测试结果，银监会可要求采取纠正措施。

第三十一条　集团应当定期审查集团范围风险管理框架的有效性，并确保恰当地加总风险：

（一）集团母公司风险敞口的计算适用资产公司有关监管规定；

（二）附属金融类法人机构风险敞口的计算适用相关分业监管机构的监管规定，按集团母公司对其享有的权益额和借款额作为计入集团风险敞口的上限；无相关风险敞口计量监管规定的，按集团母公司对其享有的权益额和借款额计算计入集团的风险敞口；

（三）附属非金融类法人机构风险敞口的计算，按集团母公司对其享有的权益额和借款额作为计入集团风险敞口的上限，具体计算根据业务活动类型分别处理，对其从事金融活动的风险敞口参照金融业相关监管规定执行，对其从事非金融活动的风险敞口参照具有专业资质的评估机构或审计机构的公允价值评价结果确定；

（四）集团母公司按照在附属法人机构中的持股比例对风险敞口进行加总，但附属法人机构风险敞口计入集团的总额不得大于集团母公司对附属法人机构享有的权益总额和借款总额。

第三十二条　集团在识别、评估、监测、控制、缓释重大风险时，应当做好危机管理：

（一）危机包括但不限于：大批交易对手破产，导致财务状况恶化；不法行为造成信誉严重丧失；灾害和意外事故，如严重自然灾害或恐怖行为，使经营难以继续；因谣言等各种不利因素造成集团突发性的声誉风险事件，使集团无法及时从外部融入资金，从而导致集团出现流动性问题；

（二）如果其中一家附属法人机构面临风险，可能对集团内其他附属法人机构或整个集团产生损害时，集团应当建立有效管理系统妥善应对此情况；

（三）集团应当制定应急计划以妥善处理危机，应急计划应定义报告和沟通方式；

（四）集团应当根据环境的变化及时审查应急计划；

（五）集团应当做好公共关系管理，应对附属法人机构在财务稳健性和运营适宜性等方面可能产生的重大事件。

第三十三条　集团应当管理特定功能外包风险：

（一）不得将自身权利责任委托给外包机构；

（二）不得将下列管理职能委托给外包机构：集团的计划、协调、控制和管理约定；法律或其他法规已明确分配的管理职能或规范；相关风险敞口决策；

（三）不得影响监管机构对集团的有效监管。

第三十四条　集团应当重点防范风险在集团母公司及各附属法人机构之间的传染。

（一）集团应当制定制度以规范集团内部交易，防范机构之间的投融资以及担保等行为引起风险在集团内部传染；

（二）集团应当避免通过收取不恰当的管理费用或以其他方式挪用集团母公司及附属法人机构的利润来救助面临破产危机的附属法人机构，从而影响集团内部其他实体的清偿力、流动性或盈利性；

（三）集团应当建立和完善人员、资金、业务、信息等方面的防火墙制度，防范风险传染；

（四）集团应当妥善应对因附属法人机构经营不善或倒闭引发的集团债务偿付要求，避免给整个集团带来损失和声誉风险的事件发生。

第三十五条　集团应当建立整体的风险容忍度和风险偏好政策，明确可接受和不可接受的风险承受行为，并与集团的业务战略、风险状况以及资本规划保持一致。集团母公司在考虑整体风险状况的基础上，应当始终确保其风险承受能力可应对重大风险，并考虑风险之间的相关性。

第三十六条　集团母公司应当建立识别、评估、管理和监测风险流程来确保其有足够的风险承受能力。风险管理部门应当明确集团所面临的各类风险，高级管理层应当积极参与集团风险限额的制定和监测。在确定或调整风险管理战略时，应当考虑集团的风险承受能力。

第三十七条　集团母公司董事会和高级管理层应当认真培育风险管理文化，积极采取有效措施建立相关程序和流程形成集团范围内的风险管理文化，措施包括但不限于：

（一）要求集团各个层面、各个阶段（包括产品设计阶段）决策中均应考虑风险管理因素；

（二）风险管理文化应当考虑集团业务的整体性，包括对未受监管实体和金融产品的风险意识；

（三）对员工特别是对董事、高级管理人员、重要部门关键人员等提供风险管理培训；

（四）培育和倡导全员风险管理文化建设，为所有人员特别是基层员工发现风险、防范和管理风险提供正当渠道。

## 第二节 战略风险

**第三十八条** 本办法所称战略风险，是指集团因缺乏对市场环境的了解、战略定位不当、关键资源能力不足、集团业务条线和机构之间缺乏战略协同、无法形成有效的盈利模式，以及战略推动力和执行力不足，导致对集团盈利、资本、声誉产生影响的现有或潜在风险。

**第三十九条** 集团母公司应当在对市场环境和自身关键资源能力分析的基础上制定集团战略规划，明确集团战略定位和集团的盈利模式。集团母公司应当采取措施加强集团战略规划的推动力和执行力，推动集团管理模式、盈利模式和信息技术的创新和融合。

**第四十条** 集团母公司应当加强战略规划的管控能力，确保业务条线、主要职能部门和附属法人机构的子战略规划服从和符合集团的整体战略规划。

（一）集团应当根据发展战略，制定相应的年度工作计划并分解和落实年度目标；应当完善集团发展战略管理制度，并建立完整的集团战略发展评估体系。附属法人机构应当以集团战略发展规划为指引制定相应的战略规划和工作计划。

（二）战略规划应当覆盖三至五年的时期，并经过董事会批准。集团母公司应当对附属法人机构的战略规划进行定期审查，要求附属法人机构根据环境的变化定期对其战略规划进行评估，依据评估情况确定修订与否及修订方案。

**第四十一条** 集团战略决策应当反映外部市场环境、监管等方面的变化。在进行战略决策时，集团母公司及各附属法人机构应当关注集团关键资源能力、集团企业文化、协同和考核机制能否支持业务发展战略。

**第四十二条** 集团母公司应当要求附属法人机构确保其战略目标的设

定在符合监管导向的前提下与集团的定位、价值、文化及风险承受能力相一致,并确保其战略风险能被识别、评估、监测、控制和报告。

第四十三条 集团母公司应当加强集团企业文化和激励约束考核机制建设,促进战略协同,加强附属法人机构对集团战略规划的贯彻执行,确保集团整体战略目标的实现。

第四十四条 集团母公司应当确保附属法人机构的组织模式、关键资源能力足以支持集团战略的实施。当附属法人机构的发展战略与集团发生偏差和利益冲突时,集团母公司应当恰当地平衡各方利益,在维护集团整体利益的同时,不得损害子公司及其少数股东的正当权益。

第四十五条 集团母公司战略委员会应当加强对集团战略实施情况的监控,定期收集和分析相关信息,并及时向集团母公司董事会报告明显偏离发展战略的情况。如果董事会在审议方案中发现重大问题和由环境变化所产生的战略风险,应当责成战略委员会对方案做出调整。

附属法人机构应当加强对自身战略实施情况的监控,定期收集和分析相关信息,并及时向集团母公司报告明显偏离发展战略的情况。如果附属法人机构在发展战略中发现因环境变化所产生的战略风险,应当及时向集团母公司反映情况,并根据集团母公司的要求对战略方案做出调整。

### 第三节 集中度风险

第四十六条 集中度风险是指单个风险暴露或风险暴露组合可能威胁集团整体偿付能力或财务状况,导致集团风险状况发生实质性变化的风险。存在集中度风险的情形包括但不限于:

(一)交易对手集中风险。由于集团母公司及各附属法人机构对同一个交易对手或多个风险高度相关的交易对手有较高的风险暴露而产生的风险。

(二)地区集中风险。集团母公司及各附属法人机构对同一地区交易对手具有较高的风险暴露而产生的风险。

（三）行业集中风险。集团母公司及各附属法人机构对同一经济、金融行业具有较高的风险暴露而产生的风险。

（四）信用风险缓释工具集中风险。集团母公司及各附属法人机构由于采用单一的抵质押品、由单个担保人提供担保而产生的风险。

（五）资产集中风险。集团母公司及各附属法人机构高比例持有特定资产的风险，特定资产包括债权、衍生产品、结构性产品等。

（六）表外项目集中风险。集团母公司及各附属法人机构从事对外担保、承诺所形成的集中风险。

（七）其他集中风险。集团母公司及各附属法人机构其他可能给集团带来损失的单个风险暴露或风险暴露组合。

第四十七条　集团应当逐步采用多种技术手段充分识别、计量和管理信用风险、市场风险和流动性风险的集中度风险。

第四十八条　集团大额风险暴露是指集团并表后的资产组合对单个交易对手或一组有关联的交易对手、行业或地区、特定类别的产品等超过集团资本一定比例的风险集中暴露。集团母公司应当严格按照资产公司有关监管要求，计量管理大额风险暴露。

第四十九条　集团应当建立全面的集中度风险管理框架，集中度风险管理框架至少包括：

（一）书面的集中度风险管理制度。该制度对集团面临的集中度风险做出明确的定义并规定相关的管理措施。

（二）有效地识别、计量、监测和控制集中度风险的方法。

（三）集中度风险限额管理体系。集团根据其经营规模和业务复杂程度对集中度风险确定适当的限额，并采取有效的措施确保限额在经营管理中得到遵守。

（四）定期的集中度风险报告和审查制度。

（五）压力测试制度。集团母公司定期对面临的主要集中度风险进行压力测试，识别可能对集团经营带来不利影响的潜在因素，并根据压力测试结果采取相应的处置措施。

第四节　流动性风险

第五十条　集团母公司及各附属法人机构应当建立与业务规模、性质、复杂程度和经营范围相适应的流动性风险管理体系，从而满足其所承担或可能承担的流动性风险的资金需求。流动性风险管理体系的基本要素包括但不限于：

（一）有效的流动性风险管理治理结构；

（二）完善的流动性风险管理策略、政策和程序；

（三）有效的流动性风险识别、计量、监测和控制；

（四）完善的管理信息系统。

第五十一条　集团应当明确在正常及压力情况下可承受的流动性风险水平，制定流动性风险管理的具体政策及程序。

第五十二条　集团母公司应当要求附属法人机构在流动性策略中明确应对日常经营现金流出以及季节性和周期性现金流波动的主要资金来源。同时，集团母公司应当对流动性风险进行分类管理，持续关注附属法人机构的流动性风险，制定向附属法人机构提供流动性支持的预案，并报银监会、人民银行备案。集团母公司还应当制定向附属法人机构提供处理潜在临时、中期及长期流动性风险情况的计划和流程。

第五十三条　集团应当在策略规划及预算编制流程中将流动性成本、利润以及风险纳入考虑范围。集团附属法人机构应当按照集团母公司的要求进行流动性策略规划，开展重要业务活动时，应当对流动性风险敞口及盈利能力进行评估。

第五十四条　集团应当坚持审慎性原则，充分识别、有效计量、持续监测和控制流动性风险,确保其资产负债结构与流动性要求相匹配。集团母公司及各附属法人机构应当通过设立更加稳定、持久和结构化的融资渠道来提高应对流动性风险的能力。同时,集团母公司应当要求附属法人机构对其在正常和压力情景下未来不同时间段的流动性风险水平及优质流动性资产储备情况进行前瞻性分析评估。

第五十五条　集团应当定期评估集团流动性管理政策的充分性和有效性,以及流动性应急预案的充分性和可操作性;关注并分析集团整体的资产负债状况、现金流状况、融资能力的持续有效性等,特别是负债集中度、资产负债期限错配对流动性可能带来的负面影响。

第五十六条　集团可根据自身发展状况,对集团的流动性风险进行统一的限额管理,充分考虑投、融资和其他业务活动,确保集团母公司及各附属法人机构具有充足的流动性,并充分考虑到实际和潜在的对附属法人机构之间以及各附属法人机构与母公司之间资金流动的限制性因素,包括法律和监管因素。

第五十七条　集团应当对整体的流动性风险状况进行监测分析,具体内容包括但不限于:现金流缺口、现金流预测、重要的流动性风险预警指标、融资可行性、应急资金来源的现状或者抵押品的使用情况等。在正常的业务环境中,流动性风险报告应当及时上报高级管理层,定期上报董事会或董事会专门委员会并抄报监事会,报告次数可依据业务组合及流动性风险状况复杂程度进行调整。

### 第五节　声誉风险

第五十八条　集团应当建立统一的声誉风险管理机制、相关制度和管理政策,建立集团声誉风险管理体系,持续、有效监控声誉风险管理的总体状况和有效性,防范声誉风险,应对声誉事件,以减少负面影响或损失。

第五十九条　集团应当配备与集团业务规模及复杂程度相适应的声誉

风险管理资源，识别影响集团母公司及各附属法人机构的声誉或业务、或应引起高级管理人员高度重视的主要风险，建立声誉风险或潜在问题的预警指标，及时应对声誉事件。

第六十条 集团应当对母公司及各附属法人机构进行声誉风险排查，查明声誉风险在母公司与附属法人机构之间的传导途径以及发生声誉事件的因素。

第六十一条 集团母公司应当制定自身的声誉风险应急预案，附属法人机构应当根据集团母公司的声誉风险管理要求，制定相应的声誉风险应急预案报集团备案。同时，集团母公司应当提升客户满意度并及时准确地发布信息，提升集团在金融市场中的整体形象。

第六十二条 集团应当对附属法人机构声誉事件实行分类分级管理。附属法人机构应当对声誉事件进行应急处置，并及时向集团母公司报告，防止因声誉风险的传递对集团造成不良影响。

第六十三条 附属法人机构应当按照集团母公司的要求，评估声誉事件应对措施的有效性，及时向集团母公司反馈情况。

集团应当根据附属法人机构发生的声誉风险，动态调整应对方案，发生重大声誉事件应当及时向银监会报告有关情况，并及时上报声誉事件处置和评估报告。

### 第六节 新业务风险

第六十四条 集团母公司应当制定相关制度对新业务进行定义，明确新业务试点开展的具体流程、风险评估和控制措施，以及实施前的测试工作等要求。对于提交董事会或高级管理层审查的创新试点项目，应当重点审查新业务的创新性及风险管理计划。集团的新业务制度应当随着市场情况、监管法规发生变化而更新。

第六十五条 集团母公司及各附属法人机构应当在新业务已成功实施，

且识别、评估、处理、监控风险的流程已就绪的情况下持续开展该业务。新业务运作中所涉及的部门和人员（包括内部审计部门和合规管理部门）应当参与到新业务计划的制定及测试阶段中。

第六十六条　集团母公司及各附属法人机构应当制定防范新业务风险的制度，并对新业务及其风险进行评估，包括但不限于：

（一）分析新业务的法律、法规要求；

（二）分析新业务与集团主业的关联度情况以及新业务收益成本；

（三）描述相关金融产品和相关目标市场；

（四）描述新业务活动可能给集团带来的风险，以及任何已有的风险管理程序和系统的细节，包括风险定义、量化、管理和控制的程序；

（五）评估新业务活动对集团整体财务状况和资本水平影响程度；

（六）描述相关会计核算、交易组织架构以及关键风险控制职能。

## 第四章　内部交易管理

### 第一节　定义和原则

第六十七条　集团内部交易是指集团母公司与附属法人机构以及附属法人机构之间发生的包括资产、资金、服务等资源或义务转移的行为。不包括集团母公司及各附属法人机构与对其有直接或间接控制、共同控制、实际控制或重大影响的其他股东之间的交易。

第六十八条　集团内部交易应当遵循诚信、公允、审慎、透明的原则，确保内部交易的必要性、合理性、合规性。

（一）必要性。内部交易应当符合集团及各附属法人机构的战略发展目标，有利于加强集团协同，提高集团的综合经营效益，防止通过内部交易掩盖风险。

（二）合理性。内部交易应当符合商业原则、行业和市场惯例，交易价格应当公允。

（三）合规性。内部交易应当遵守国家法律、法规以及相关行业的监管规定。

第六十九条　集团内部交易范围主要包括：

（一）以资产为基础的内部交易。包括：资产买卖与委托（代理）处置、资产重组（置换）、资产租赁等。

（二）以资金为基础的内部交易。包括：投资、授信、融资（借款、买卖公司债券、股东存款及提供担保等）、理财业务等。

（三）以中间服务为基础的内部交易。包括：提供评级、评估、审计、法律顾问、拍卖、咨询、业务代理、中介服务等。

## 第二节　内部交易的管理

第七十条　集团母公司及各附属法人机构在依法合规和有效控制风险的前提下，可建立客户、渠道、品牌等方面的共享机制，逐步对会计核算、信息技术、行业研究等后台支持部门进行集中管理，有效配置和使用资源，实现规模效益。

第七十一条　集团母公司及各附属法人机构开展银行、证券、信托、基金、期货、保险等业务的综合营销时，应当符合下列要求：

（一）从事综合营销的业务人员，应当取得监管部门规定的有关业务所需的资质。

（二）集团内部各经营单位代理内部业务应当签订协议，明确各自的权利和义务。确保代理业务前期尽职调查到位，落实项目后期管理责任。

（三）附属法人机构之间进行综合营销时，其营业场所、业务人员及服务项目应当使客户易于识别。

（四）从事综合营销的业务人员办理相关业务时，其行为由开办相关业务的附属法人机构承担法律责任。

（五）集团母公司及附属法人机构之间共享客户资源进行营销时，客户数据的提供、贮存、使用必须符合法律、法规要求，附属法人机构之间应当签订保密协议，建立客户数据库，妥善储存、保管及管理客户相关数据。

第七十二条　集团母公司应当按照相关法律、法规及监管规定，制定集团内部交易管理制度，加强内部交易管理，规范内部交易行为。内部交易管理制度应当报送银监会。

第七十三条　监管机构明确界定的重大关联交易对应的内部交易应当按照相关监管机构规定执行，按照规定需经审批的关联交易对应的内部交易，应当报监管机构批准。

第七十四条　集团母公司应当明确内部交易审议（审查）和决策机构及相应的管理职能，制定并严格履行科学、规范的内部交易审议（审查）和决策程序。

附属法人机构可根据业务开展情况，明确内部交易审议（审查）和决策机构及其对应的职责。

第七十五条　集团母公司应当健全和完善内部交易的定价机制，集团内部交易定价应当以市场交易价格为基础，无法获取市场交易价格的，可按照成本加成定价或协议价定价。集团内部交易按照协议价定价的，业务发生机构应当按照国家法律、法规要求，提供价格形成的有效依据。

第七十六条　集团母公司应当建立健全集团内部交易风险隔离机制，增强内部交易透明度，降低内部交易的复杂程度，防止通过内部交易不当转移利润和转嫁风险，减少利益冲突，避免风险过度集中，保护利益相关者的合法权益，维护公平竞争的市场环境。

第七十七条　集团母公司及各附属法人机构应当对内部交易的成本和收入进行分析，并按照会计准则和有关规定真实、及时地进行会计处理。

第七十八条　集团母公司内部审计部门应当每年至少对集团内部交易

情况进行一次审计。审计结果报董事会（或经营决策机构）和监事会，董事会（或经营决策机构）应当每年向股东大会（股东会）报告。

集团母公司应当于每年第一季度末向银监会报送上一年度集团内部交易开展情况的综合报告。

### 第三节　内部交易的禁止性规定

第七十九条　集团母公司在内部交易中不得利用其控股地位损害附属法人机构、附属法人机构的其他股东和客户的合法权益。

第八十条　不得通过内部交易进行监管套利。

第八十一条　附属法人机构应当遵守所属行业的监管规定，不得违规从事下列事项：

（一）附属银行类机构不得对集团母公司及其他附属法人机构提供无担保授信，或发放无担保贷款。不得对集团母公司及其他附属法人机构的融资行为提供担保，但关联方以银行存单、国债提供足额反担保的除外。

（二）附属信托类机构不得将集合信托资金直接或间接运用于集团母公司及其他附属法人机构，但集合信托资金全部来源于集团母公司及其他附属法人机构的除外。

（三）附属证券类机构不得对集团母公司和其他股东提供融资或担保。附属证券类机构不得持有集团母公司和其他股东的股权（但法律、法规或者证监会另有规定的除外），不得通过购买集团母公司或其他股东持有的证券等方式输送不当利益。

（四）附属保险类机构不得违反保监会有关关联交易的监管要求，违规对集团母公司及其他附属法人机构提供担保和投资。

## 第五章　特殊目的实体管理

第八十二条　本办法所称特殊目的实体是指为特殊目的而建立的法人

和其他经济组织。

第八十三条　集团母公司及各附属法人机构以特殊目的实体从事业务时，应当依照有关法律、法规、部门规章的规定和各业务的法律约定履行相应职责，并有效地识别、计量、监测和控制相关风险。

第八十四条　集团母公司及各附属法人机构以特殊目的实体从事业务时，特殊目的实体应当具有良好的公司治理、风险管理体系和内部控制制度，规范的标准和程序等。

第八十五条　集团应当充分认识设立特殊目的实体从事交易而承担的责任，并根据特殊目的实体在所从事交易业务中担当的角色，制定相应的风险管理政策和程序，以确保持续有效地识别、计量、监测和控制特殊目的实体从事交易过程中的风险，避免因特殊目的实体在交易过程中承担多种角色可能产生的利益冲突。

第八十六条　集团对特殊目的实体的设立和运营监管承担以下责任：

（一）集团应当设立评估流程，根据特殊目的实体与集团关系的性质，确定是否全部或部分纳入并表监管；

（二）集团应当在压力测试和情景分析中考虑因特殊目的实体产生的表外业务风险；

（三）集团应当重点评估特殊目的实体所带来的风险传染。

第八十七条　集团应当评估特殊目的实体在交易过程中所承担的风险和商业目的，区分风险转移与风险转化。集团应当确保评估持续进行，且管理层对上述风险充分了解。

第八十八条　集团应当对特殊目的实体中增加交易复杂性的风险管理因素进行评估（如特殊目的实体的结构化特征）。如特殊目的实体交易的复杂程度增加，超出特殊目的实体和投资者对有关风险进行量化的能力，则不得发起该交易。

第八十九条　集团母公司及各附属法人机构应当对其特殊目的实体的资本充足情况、杠杆作用及流动性措施的影响进行分析，对其各类风险进行评估。集团母公司应评估加总、评价和报告所有特殊目的实体的风险敞口，将其与集团内其他所有实体的风险共同考虑并加以管理。

第九十条　集团应当定期监督、监测特殊目的实体活动的开展状况，评估它们对集团的影响，识别可能导致的系统脆弱性及系统性风险传染。

## 第六章　资本充足性管理

### 第一节　资本要求

第九十一条　对集团的资本监管分为单一机构监管、同业的并表监管及集团补充资本监管三个层次：

（一）集团母公司及附属金融类法人机构应当分别满足各自监管机构的单一资本监管要求。其中，集团母公司资本充足率不得低于12.5%。

（二）集团母公司、附属银行业金融机构及附属非金融机构应当满足银监会相关并表监管的资本监管要求，附属证券业和保险业金融机构，应当分别满足各自分业并表的资本监管或偿付能力监管要求。

（三）集团应当满足集团补充资本监管要求。

第九十二条　集团补充资本计量方法为，将母公司和附属金融类法人机构的合格资本按持股比例全部相加，从中减去附属法人机构之间及各附属法人机构对其母公司的持股额（包括过度杠杆，即将发债和借入资金以股权或其他方式注资获得的持股额）和经审核无法转移的资本额。然后，将扣除内部持股和无法转移资本后的集团合格资本与母公司及其对附属金融类法人机构按持股比例计算的资本监管要求之和进行比较，以确定集团的资本是否充足。

## 第二节　资本管理

**第九十三条**　集团应当建立审慎、健全的资本管理政策、制度及实施流程，同时要兼顾未受监管业务的额外风险和跨业经营的复杂情况。可根据集团发展情况，建立资本管理政策委员会，统一负责集团的资本政策、制度和规划管理，也可由集团母公司董事会指定的委员会负责。集团母公司应当保持集团范围的资本充足，缓冲集团经营活动带来的风险。资本管理要考虑和评估集团范围的风险状况。

**第九十四条**　资本管理政策应当经集团母公司董事会批准并定期审查，资本管理决策应当体现稳健的资本规划要求，并考虑压力情景下的结果。资本规划应当确保集团内部资本充足性评估程序的稳健性。

**第九十五条**　资本规划流程应当符合对整个集团范围以及单个被监管机构的资本要求。资本规划应当在考虑集团战略重点和经营计划的基础上设定与风险敞口规模和类别对应的资本充足性目标；考虑集团范围的风险状况、风险偏好及重要附属法人机构已暴露的相关业务风险对集团资本状况可能造成的影响；识别和计量重大风险（包括表内、表外业务风险及未受监管实体的业务风险）；量化内部资本目标，制定保持内部资本目标水平的管理计划，明确未达标需采取的行动和措施；考虑当前和可预测的商业和宏观经济环境，采用前瞻性的压力测试识别可能的时间或市场状况的变化对集团资本状况带来的不利影响。

集团资本规划主要内容包括：

（一）对规划周期（至少九个季度）内的资本预期使用和补充来源的评估及超过规划周期的资本潜在使用和潜在补充来源的预测评估。包括在预期和压力条件下，集团的规模、复杂性、风险状况和经营范围等。

（二）集团资本充足性评估程序的详细描述。包括但不限于：评价集团活动产生风险的程序，确保资本与风险水平相适应；集团如何保持资本充足的战略；如何设定集团风险状况相关的资本目标、风险偏好；如何在预期和压力条件下保持超过最低监管要求资本；如何加强对附属银行业法人机构资本支持，在偏离监管资本要求时所采取的补救措施；如何加强对特殊目的实体、中间控股公司等未受监管实体的资本缺口管理；集团应当说明如何能够获得足够的合格资本覆盖缺口。

（三）对资本规划、发行、使用和分配的原则和规定的评估。包括内部资本目标，分红和股份回购的定量和定性规定，应对潜在资本不足的策略，围绕资本政策的内部治理程序等。

（四）对集团资本充足性和流动性有重大影响业务规划的任何预期改变。

（五）明确集团母公司与附属法人机构、附属法人机构之间进行转让的资本的性质以及对该类资本如何进行转让的说明。

（六）明确对未受监管实体持有足够的资本或可随时调用足够资本所做的安排。

第九十六条　集团母公司应当识别和明确集团内相互持股产生的双重或多重的资本杠杆，避免资本的重复计算。持续关注对于集团与其他集团之间的相互持股以及集团通过未受监管的中间控股公司对附属法人机构持股，充分考虑上述行为对集团资本管理可能造成的不利影响。

第九十七条　集团母公司应当减少过度资本杠杆对整个集团造成的风险。防范集团母公司将发债或借入资金以股权或其他方式注资附属法人机构，以及附属法人机构将发债或借入资金以股权或其他方式注资集团母公司或其他附属法人机构对整个集团可能造成的不利影响。

第九十八条　集团母公司应当加强对附属法人机构的审慎管理。集团母公司对附属法人机构的持股比例超过20%低于50%，并获得实际控制权时，只有按比例分配的合格资本高于附属法人机构资本要求的超额部分才可用于弥补集团或集团母公司资本。

第九十九条　按照外部监管与内部监管相结合的原则，集团母公司应当通过逐步建立和强化内生经济资本管理，提升外部资本监管的有效性。集团母公司应当加强经济资本管理建设规划，逐步建立有利于经济资本计量的数据采集、模型选取等制度，并在有效计量经济资本的基础上，逐步建立健全经济资本的预算分配制度，以及以经济增加值和经风险调整的资本回报率为核心的绩效考核制度，以提高与集团整体的业务发展及风险相匹配的资本计量和管理能力，提升资本使用效率。集团母公司应当通过集团内部审计，确保集团整个资本管理过程的完整性。

第一百条　集团母公司应当关注集团经营业绩是否能够支持整个风险资本要求，分析资产和权益增长率的水平和趋势对资本补充的影响，持续检查资产损失头寸的现有水平，关注集团母公司依赖的核心盈利或收入是否来自于非主营业务，强化在经营恶化趋势中通过盈利增加资本的管理能力，并提升通过存续股东增加资本、发行新资本工具或使用资本替代来源的能力。

第一百零一条　集团母公司应当促进资本工具的创新，加强对资本工具的有效运用和合规性的管理，拥有分红支付优先权的股票不得作为普通股纳入一级资本。

## 第三节　资本评估

第一百零二条　集团母公司应当对集团范围内经营活动和交易中的内在风险的资本充足性进行评估，充分考虑整个集团的经营风险，妥善处理第三方参与者与少数股东权益，包括对未受监管实体的资本处理方式以及对重要的风险敞口和特定机构的投资是否需要提出具体的额外资本要求。

集团母公司进行资本评估，应当涵盖集团内所有从事金融和准金融活动的机构（包括受监管实体和未受监管实体），当集团内风险由受监管实体转移至未受监管实体时,应当对未受监管实体的资产数量和质量进行审查。

**第一百零三条** 集团母公司应当评估计量和扣除资本重复计算采取措施的适当性和一致性。集团资本充足性评估和计量技术应当能解决过度杠杆评估和计量问题,充分考虑资本结构、注资方式、附属法人机构通过分红帮助母公司偿债对资本充足率评估的影响。

**第一百零四条** 集团母公司应当在不考虑集团内部资本转移能力的情况下,评估集团内部资本分配的适当性。集团资本评估和计量技术应当能够评估集团内部资本转移的限制,判断是否存在影响集团内部资本有效转移的现有或潜在障碍,包括法律限制、税收规定、其他股东利益、资本质量的审慎要求、对未受监管实体出资相关的限制和针对单个附属法人机构的监管要求的限制、外汇管制及所在地的特殊要求等,并考虑上述限制和障碍可能对资本是否纳入集团资本评估产生的影响。

**第一百零五条** 集团母公司应当明确对附属法人机构资本充足性的具体要求,并对集团内股权投资对集团资本充足性的影响进行持续评估,附属法人机构应当将其重大投资计划提前报告集团母公司。集团母公司应当评估附属法人机构超额资本的适当性,并确保附属法人机构超额资本由合格资本构成。

**第一百零六条** 集团母公司应当评估资本规划的合理性,包括但不限于:评估现金或其他价值的分红是否与目前和未来的资本需求相一致,资本需求包括可能的未来储备的增加、资产核销和短期内通过市场培育额外资本的可行性;依据盈利或潜在的资本需求评估是否限制超额分红,消除分红可能导致集团资本结构发生重大不利变化;评估是否建立和完善集团范围内全面的分红政策,为集团资本规划提供帮助;持续关注集团内附属法人机构为适应经济环境改变分红政策可能造成的不利影响;评估股票回购和赎回对资本规划的影响,确保资本能够满足集团持续发展的需要。

### 第四节　资本质量

**第一百零七条**　集团母公司应当建立资本的自救安排机制，以抵御系统性风险对集团的影响，提升集团监管资本的损失吸收能力。

银监会在必要时可允许集团母公司根据逆周期管理的需要，适当调整资本监管要求，缓解资本监管的亲经济周期效应。

**第一百零八条**　集团母公司经批准发行非普通股的各级资本工具的条款必须规定，除非在资本工具持有者承担损失前能够充分吸收集团的损失，否则，根据银监会的相关要求，触发条件一旦发生，资本工具或者经批准核销，或者转为普通股。触发条件为下列两者中较早者：

（一）银监会认定，如不做出核销或转为普通股的决定，集团将无法生存；

（二）财政部、人民银行等国家相关管理部门认定，如不做出公共部门注资或提供同等效力支持的决定，集团将无法生存。

## 第七章　财务稳健性管理

### 第一节　资金管理

**第一百零九条**　集团内部资金管理应当遵循统筹安排、合理使用、提高效益的原则，保障集团母公司及各附属法人机构资金需要，按时编制资金使用计划，提高资金使用的安全性、效益性和流动性。

**第一百一十条**　资金计划管理是通过编制下达资金计划，运用资金调度手段，对资金总量及结构进行主动调节和量化控制，保证资金支付和收支计划的顺利实施，减少不合理资金占用、提高资金使用效率，监测计划期内资金总量平衡和结构调整状况，指导集团母公司及附属法人机构的资金管理活动。

**第一百一十一条**　集团应当保持债务规模和期限结构合理适当，新增债务融资应充分评估财务风险。集团应当关注资金的动态情况，实时监控集团的资金头寸（附属信托公司、证券公司、基金管理公司、期货公司等机构受托管理的资金可除外），对集团母公司及各附属法人机构资金运用出现异常情况，应当及时发出预警，向集团母公司高级管理层汇报。

第一百一十二条　集团应当建立内部资金转移定价机制，制定科学合理的内部资金转移利率。集团母公司从其附属金融类法人机构融资必须符合有关法律、法规规定，不得以资金占用等形式侵占附属法人机构及其他利益相关者的合法权益。

第一百一十三条　集团应当对附属法人机构的对外担保业务进行统一管理，制定审慎的审批程序，规范对外担保行为，严格控制对外担保产生的债务风险。

## 第二节　投资管理

第一百一十四条　集团应当协调附属银行业、证券业、保险业法人机构金融业务发展，提高竞争力和盈利能力，并根据国家宏观政策和集团发展战略，优化金融业务投资布局。

第一百一十五条　集团母公司及各附属法人机构应当对对外投资项目的可行性进行研究，对被投资企业的财务信息进行甄别和分析，并及时进行对外投资项目的效益测算和分析评价。

第一百一十六条　集团母公司及各附属法人机构从事境外投资活动，应当按照国家有关境外投资管理规定和相关要求，履行报批程序。集团应当加强境外业务的管理和协调，及时应对形势发展变化，防范和化解财务风险。

## 第三节　预算与财务控制

第一百一十七条　集团应当根据经济发展状况、市场变化、发展战略和风险偏好等因素，审批确定审慎、可行的年度经营计划。

第一百一十八条　集团应当实施全面预算管理，包括财务预算、业务预算和资本预算；明确集团母公司及各附属法人机构各自的职责和权利，设置专门委员会或明确相应的决策体系，负责预算的编制、审定、组织实施和调整等，以实现集团的整体战略目标。

第一百一十九条　集团母公司及各附属法人机构应当确保其资产、业务增长速度与其资本积累能力和抗风险能力相匹配，确保附属法人机构达到集团母公司规定的风险控制指标要求，不断改善资产负债结构。集团母公司及各附属法人机构应当建立健全动态指标监测系统，及时提示并化解财务风险。

第一百二十条　集团应当全面识别和清理风险隐患，完善财务风险控制制度，建立健全应对财务风险的应急处理机制，有效防范和化解风险。

第一百二十一条　集团应当加强资产质量管理，建立健全资产风险分类管理制度，并逐步实现动态评价。对预计可收回金额低于账面价值的部分，按照有关规定及时足额计提资产减值准备。

### 第四节　会计信息管理

第一百二十二条　集团母公司及各附属法人机构应当严格依据会计准则进行会计核算，提高会计信息的可靠性、可比性；集团母公司应当定期对附属法人机构重要业务会计政策的准确性和恰当性进行指导和监督。

第一百二十三条　集团母公司应当定期对附属法人机构会计管理工作进行指导和监督，及时纠正不规范会计操作；集团母公司应当规范附属法人机构外部审计机构选聘管理机制，提高附属法人机构所聘用审计机构的资质、独立性和审计水平，提升会计信息质量。具体按照银监会颁布的《银行业金融机构外部审计监管指引》执行。

第一百二十四条　集团应当全面进行财务信息化建设，提高会计信息

附录二：中国银监会、财政部、中国人民银行、中国证监会、中国保监会关于印发《金融资产管理公司监管办法》的通知

管理的效率和财务信息的及时性，满足对外及时披露会计信息和报送监管信息、对内提供管理数据的集团财务信息管控要求。集团应当规范会计基础信息的业务标准，支持财务数据的汇总分析，实现集团内部抵消，提高并表效率。

## 第八章 信息资源管理

### 第一节 数据管理

第一百二十五条 信息资源管理是指对信息内容及包括应用系统、设备、技术、信息科技人员等在内的与信息内容相关的资源进行管理的过程，包括规划整合相关资源，建设应用系统，建立管理体系，提供信息服务等。集团应当充分认识数据在集团经营决策、内部管理与金融服务中的核心价值和战略意义，从管理体系和技术上不断改进数据的统一管理模式，持续加大数据积累与整合的广度和深度。

第一百二十六条 在符合相关法律、法规前提下，集团应当建设统一的数据管理机制，建立集团管理信息数据库，集中汇总各级附属法人机构的业务、财务和风险管理数据，满足监管信息报送、信息披露、综合营销、集团风险管理、资本管理和经营分析的需求，并持续提升对数据的分析和运用能力。

第一百二十七条 集团母公司应当明确数据统一管理的部门及其职责，负责集团数据管理的领导、组织、协调工作，协调和督促集团母公司各相关部门及各附属法人机构，共同做好数据管理工作，定期检查并发现数据质量存在的问题，提出合理化建议。

第一百二十八条 集团母公司各相关部门及各附属法人机构负责本部门及本机构业务范围内有关数据的日常管理工作，在集团数据统一管理部门的组织协调下，全面开展数据管理工作。

第一百二十九条　集团数据统一管理部门应当牵头建立全面、科学的集团管理信息指标体系，做好信息的监测、分析和风险预警，推进集团管理信息数据库建设，为监管信息报送、经营分析、管理决策、信息披露提供信息分析和支持服务。

第一百三十条　集团母公司应当逐步推进集团数据标准建设，重点加强集团管理信息指标的数据标准建设，推动数据信息逻辑整合，提高监管机构、集团母公司与附属法人机构信息系统之间数据对接的准确性、一致性。

### 第二节　信息科技治理

第一百三十一条　集团应当逐步健全信息科技治理结构，明确董事会、高级管理层、信息科技管理委员会、信息科技风险管理部门、信息科技管理部门、审计部门的信息科技工作要求和职责。

第一百三十二条　集团母公司应当设立由高级管理层、信息科技部门、主要业务部门和附属法人机构的代表组成的信息科技管理委员会，负责定期向董事会和高级管理层汇报信息科技战略规划执行、信息科技管理与科技风险管理情况。

第一百三十三条　集团母公司应当明确集团的信息科技风险管理部门及其职责，根据集团风险管理体系制定全面的信息科技风险管理策略，建立风险识别和评估流程，持续开展信息科技风险计量和监测。

第一百三十四条　集团母公司应当明确集团信息科技管理部门及其职责，统一负责集团信息系统的规划、信息科技资源的协调与共享、信息科技制度体系建设、信息化需求管理等。

第一百三十五条　集团应当持续提高集团信息技术服务能力，提高信息技术人力资源规划与管理水平，培养专业技术人才，减少关键岗位对外包服务的依赖。

第一百三十六条　集团母公司及各附属法人机构应当将信息科技风险管理审计作为内外部审计的一部分，确保内部审计部门配备足够的资源和具有专业能力的信息科技审计人员，定期进行独立有效的信息科技风险管理审计。

第一百三十七条　集团母公司应当制定信息科技外包管理策略，明确外包管理职责，不能将信息科技管理责任外包，并审慎监督外包职能的履行。

### 第三节　信息系统建设

第一百三十八条　集团母公司应当制定与其经营战略相适应的信息化建设规划，并结合实际情况，在集团范围内逐步做到"统一规划、统一标准、统一建设、统一管理"。

第一百三十九条　集团母公司应当结合业务实际，制定与附属法人机构业务性质相适应的信息系统技术架构和数据标准，并完善附属法人机构信息系统间的风险隔离机制。

第一百四十条　集团母公司应当建立和完善符合监管要求的管理信息系统，及时、准确、全面获取附属法人机构的相关信息，在集团层面汇总资本、流动性、大额风险暴露、内部交易、盈利、绩效评价等信息，并实现与非现场监管系统的对接。

第一百四十一条　集团母公司应当按照相关法律、法规的要求，集中建设符合专业技术标准的数据中心、灾备中心、开发测试中心和业务后援中心，提高信息技术服务能力，建立健全各项开发测试、运行维护及业务连续性方面的管理措施和应急机制，保障业务持续、安全、稳定运行。

### 第四节　信息安全管理

第一百四十二条　集团母公司应当研究制定和完善集团信息安全标准

规范和信息安全制度体系，落实信息安全管理职责，建立信息安全管理机制，运用各项安全技术，提高员工信息安全意识，依据已确立的法律、法规、内部制度与相关技术标准，定期开展信息安全检查和评估。

第一百四十三条　集团母公司及各附属法人机构对于客户个人资料、往来交易资料及其他相关资料，除法律或监管机构另有规定外，应当保守秘密。集团母公司与附属法人机构之间应当就所集中使用的保密资料签订书面保密承诺，并以监管机构指定的方式，揭示保密措施的重要事项。

第一百四十四条　集团母公司及各附属法人机构进行交叉销售，共同使用客户个人资料时，应当符合为客户保密的监管规定，且事先向客户提示，并经客户同意。集团母公司因法律、监管规定或因内部管理需要，要求附属法人机构将业务或客户信息集中建立数据库并加以应用，不适用本条规定，按本办法第一百四十三条处理。

第一百四十五条　集团应当遵循相关法律、法规对于上市公司未公开信息管理的要求，加强对内幕信息的管理。在符合相关法律、法规的前提下，上市附属法人机构如需向集团披露未公开的业务、财务和风险管理等信息，应当限定集团知悉的人员和内容，签署相关保密及承诺协议，做好内幕信息知情人的登记备案。

## 第九章　信息披露

### 第一节　信息披露的基本要求

第一百四十六条　集团信息披露的主体为集团母公司。集团母公司应当建立和完善信息披露制度，规范披露程序，明确内部管理职责，按照相关法律、法规的要求对外披露信息。

第一百四十七条　集团对外披露管理信息应当遵循真实性、准确性、完整性、及时性和公平性原则，对信息披露中的虚假和误导性陈述及重大遗漏等承担相应的法律责任。

第一百四十八条 集团对外披露信息应当严格执行国家保密相关规定，依法确定信息披露的范围和内容，制定合规的披露方式。

第一百四十九条 信息披露内容应当包括：集团法人治理情况、财务状况、风险管理、重大事件等。根据自身实际情况，可以自主增加披露其他相关信息。

第一百五十条 信息披露的方式、途径、频率、对象等，应当遵守监管机构的相关规定。因特殊原因不能按照上述有关规定及时披露的，集团应当遵守监管机构规定合规处理。

## 第二节 信息披露内容

第一百五十一条 法人治理信息。包括但不限于：

（一）集团概况。包括治理结构、组织结构和股权结构信息。

（二）集团母公司股本变动情况。

（三）集团母公司主要股东及实际控制人基本情况。

第一百五十二条 会计信息。包括但不限于：集团及母公司财务会计报表，包括资产负债表、利润表、现金流量表、所有者权益变动表、财务报表附注和审计报告的主要审计意见。

第一百五十三条 风险信息。包括但不限于：

（一）风险管理体系的组织架构和管理职能；

（二）风险管理的政策和程序，风险计量、监测和管理信息系统，内部控制和全面审计情况等；

（三）根据监管机构规定需要披露的其他风险信息。

第一百五十四条 重大事件信息。集团应当按照相关的法律、法规要求，及时披露可能具有较大影响的重大事件，说明事件的起因、目前的状态和可能产生的影响。重大事件包括但不限于：

（一）控股股东或者实际控制人发生变更；

（二）更换董事长或者总裁；

（三）当年董事会成员发生变动；

（四）公司名称、注册资本或者注册地发生变更；

（五）经营范围发生重大变化；

（六）合并、分立、解散或者申请破产；撤销分支机构信息；

（七）重大交易和关联交易；

（八）董事长、总裁因经济犯罪被判处刑罚；

（九）重大诉讼或者重大仲裁事项；

（十）更换或者提前解聘会计师事务所等。

第一百五十五条　集团应当按照有关法律、法规要求披露的重大交易和关联交易信息，包括但不限于：

（一）交易对手；

（二）定价政策；

（三）交易目的；

（四）交易的内部审批流程；

（五）交易对公司本期和未来财务及经营状况的影响；

（六）独立董事的意见。

# 第十章　监督管理

## 第一节　监管协调

第一百五十六条　银监会作为集团层面的监管机构，依法履行监管职责，针对集团范围的有效监管问题，加强与财政部、人民银行、证监会、保监会等监管机构和主管部门的监管协调，最大限度地消除监管空白和减少监管套利。监管协调的内容包括但不限于：

附录二：中国银监会、财政部、中国人民银行、中国证监会、中国保监会关于印发《金融资产管理公司监管办法》的通知

（一）银监会同其他监管机构和主管部门签署监管合作谅解备忘录，明确各相关监管机构和主管部门在集团监管中的职责，明确信息交流的内容、方式和渠道，确定联席工作会议、联系机制、重大紧急问题磋商机制、合作开展检查与联合采取监管措施等协调工作机制。

（二）银监会积极寻求同集团附属非金融法人机构的行业主管部门签署合作谅解备忘录，同该行业的主管部门保持沟通与信息共享。

（三）为避免重复监管，银监会对集团附属金融法人机构的了解和评估，在集团母公司提供的信息之外，主要依赖证监会、保监会等监管机构提供的信息，如有必要，可委托相关监管机构收集附属法人机构的特定信息。在监管协作的范围内，证监会、保监会等监管机构可从银监会获得集团运营中有可能影响到附属法人机构的信息。

（四）如果发现附属法人机构的活动可能会给集团运营带来实质性风险，银监会将与相关监管机构协调，联合开展检查或测试。

（五）银监会促进各相关监管机构就集团范围监管问题形成统一意见。对于金融监管政策等方面的协调，通过金融监管协调部际联席会议协调解决。如存在具体监管分歧，银监会通过与其他监管机构监管合作途径，及时协调解决。

（六）银监会和财政部、人民银行、证监会、保监会等相关监管机构及主管部门建立健全集团监管信息共享平台，包括检查报告、风险评估报告、内外部处罚情况和日常监管情况等信息。

第一百五十七条　银监会与境外监管机构开展监管合作，对集团跨境业务的监管和协调做出安排。

第二节　监管检查

第一百五十八条　银监会通过持续的非现场监管，现场检查以及不定期地对集团重要的风险管理和内部控制进行压力测试及情景分析等方式，

持续深入了解集团的运营状况,判断集团是否符合相关法律、法规规定和满足审慎监管要求。

第一百五十九条　银监会持续监测和分析集团信息,评估集团整体的风险状况。集团母公司应当为银监会的持续监管提供必要的信息,并定期报送集团风险评估报告,适时报送集团重大事项以及监管部门要求报送的其他资料。

第一百六十条　银监会和集团母公司董事会、高级管理层之间应当就监管检查中发现的问题深入沟通,确保监管检查取得实效,促进集团母公司董事会和高级管理层及时采取纠正措施。

银监会可对集团的监管检查结果落实情况进行跟踪或实施后续检查。

### 第三节　监管罚则

第一百六十一条　银监会依法对集团母公司采取监管措施,督促其遵守审慎监管要求,确保集团稳健经营。

对附属法人机构达不到集团审慎监管要求的,银监会可责令集团母公司对附属法人机构提出限期纠正的要求。附属法人机构属于证券业或保险业机构的,银监会进行协调,由证监会、保监会等监管机构对其采取监管措施。

第一百六十二条　对于集团母公司未按照银监会监管要求进行整改,或者严重违反法律、法规的行为,银监会依据《中华人民共和国银行业监督管理法》《中国银行业监督管理委员会行政处罚办法》等相关法律、法规进行处罚或移送司法部门进行处理。

## 第十一章　附　　则

第一百六十三条　本办法中的"以上""以内"包括本数或者本级。

第一百六十四条　本办法中董事会、监事会、董事、监事等有关规定不适用于未改制资产公司，信息披露有关规定不适用于未上市资产公司。资产公司可分阶段落实本办法中风险计量及压力测试、数据管理及信息系统建设有关规定，但已改制资产公司至少应在 2020 年底前达标，未改制资产公司至少应在改制后 7 年内达标。资产公司应制定分步实施规划。

第一百六十五条 本办法自 2015 年 1 月 1 日起施行。

附录三

# 中国银监会、国土资源部关于金融资产管理公司等机构业务经营中不动产抵押权登记若干问题的通知

（银监发〔2017〕20号）

各银监局，各省、自治区、直辖市国土资源主管部门，新疆生产建设兵团国土资源局，各政策性银行、大型银行、股份制银行，邮储银行，外资银行，金融资产管理公司：

为贯彻落实党中央、国务院关于"三去一降一补"工作的决策部署，进一步发挥好金融资产管理公司服务实体经济发展、防范和化解金融风险的重要作用，根据《中华人民共和国物权法》《中华人民共和国担保法》《中华人民共和国城市房地产管理法》《不动产登记暂行条例》等法律法规，现就金融资产管理公司等机构经营活动中涉及不动产抵押权登记的有关问题通知如下。

一、金融资产管理公司是经国家有关部门依法批准设立的非银行金融机构。金融资产管理公司及其分支机构（以下统称金融资产管理公司）在法定经营范围内开展经营活动，需要以不动产抵押担保方式保障其债权实现的，可依法申请办理不动产抵押权登记。

**附录三：中国银监会、国土资源部关于金融资产管理公司等机构业务经营中不动产抵押权登记若干问题的通知**

二、金融资产管理公司收购不良资产后重组的，与债务人等交易相关方签订的债务重组协议、还款协议或其他反映双方债权债务内容的合同，可作为申请办理不动产抵押权登记的主债权合同。金融资产管理公司收购不良资产涉及大量办理不动产抵押权转移登记或者变更登记的，不动产登记机构要积极探索批量办理的途径和方法，切实做到依法规范、高效便利，为金融资产管理公司健康发展提供有力保障。

三、金融资产管理公司收购不良资产后重组的，需要以在建建筑物、房屋、土地使用权抵押担保其债权实现的，不动产登记机构应根据当事人的申请依法予以登记。

四、金融资产管理公司、银行等经依法批准设立的金融机构与抵押人持不动产权属证书、主债权合同和抵押合同等必要材料，可以直接向不动产登记机构申请不动产抵押权登记，不动产登记机构应当依法受理、及时办理，不得要求金融资产管理公司、银行或者抵押人提供没有法律法规依据的确认单、告知书等材料，不得将没有法律法规依据的审核、备案等手续作为不动产登记的前置条件或纳入不动产登记流程。

五、各省、自治区、直辖市人民政府（含计划单列市人民政府）按照规定设立或授权，并经中国银监会公布的地方资产管理公司，在从事金融企业不良资产批量转让、收购和处置业务活动中需办理抵押权登记的，参照本通知执行。

中国银监会<br>
国土资源部<br>
2017 年 5 月 15 日

附录四

# 金融资产管理公司资本管理办法
# （试行）

（银监发〔2017〕56号）

各金融资产管理公司：

现将金融资产管理公司资本管理办法（试行）印发给你们，请遵照执行。

2017年12月26日

## 第一章 总 则

第一条 为加强金融资产管理公司（以下简称资产公司）资本监管，维护资产公司稳健运行，根据《中华人民共和国银行业监督管理法》《金融资产管理公司条例》等法律法规，制定本办法。

第二条 本办法适用于资产公司及其附属机构组成的集团。

本办法所称集团母公司是指资产公司总部及分支机构。

本办法所称附属机构是指由集团母公司直接或间接持股的、按照本办法第三章第一节规定应当纳入集团资本监管范围的机构，包括附属法人机构以及特殊目的实体等附属经济组织。

第三条　集团及集团母公司应当确保持有的资本能够抵御所面临的风险，包括集团风险、个体风险和系统性风险。

第四条　集团及集团母公司应当持续满足本办法规定的资本充足性监管要求和监管指标。

第五条　本办法所称资本充足率，是指集团母公司持有的符合本办法规定的资本与风险加权资产之间的比率。

一级资本充足率，是指集团母公司持有的符合本办法规定的一级资本与风险加权资产之间的比率。

核心一级资本充足率，是指集团母公司持有的符合本办法规定的核心一级资本与风险加权资产之间的比率。

第六条　本办法所称集团超额资本，是指集团持有的符合本办法规定的合格资本净额超出本办法规定的集团最低资本要求之上的部分。

第七条　本办法所称资本净额，是指从集团母公司及附属机构持有的符合本办法规定的各级资本中对应扣除扣减项（调整项）后的资本余额。

第八条　除上述集团超额资本和资本充足率监管要求外，集团及集团母公司还应当满足杠杆率监管要求。

本办法所称杠杆率，是指集团母公司持有的、符合本办法规定的一级资本净额与调整后的表内外资产余额的比率。

集团财务杠杆率，是指集团合并净资产与符合本办法规定的、经调整后的合并表内外资产的比率。

第九条　集团及集团母公司资本充足性相关监管指标的计算应当建立在充分计提资产减值准备的基础之上。

第十条　集团母公司应当参照国务院银行业监督管理机构关于商业银行资本监管的相关规定，建立全面风险管理架构和内部资本充足性管理及评估程序。

第十一条　集团母公司应当按照本办法披露资本充足性信息。

第十二条　国务院银行业监督管理机构依照本办法对集团及集团母公司资本充足性、杠杆率、资本管理等情况进行日常监管和现场检查，可以视情况采取相应的监管措施。

第十三条　国务院银行业监督管理机构在国务院金融稳定发展委员会的领导下，加强与财政部、人民银行、国务院证券监督管理机构、国务院保险监督管理机构等主管部门和监管机构的监管协调和监管合作，最大限度地消除监管空白和减少监管套利。

## 第二章　集团母公司资本监管要求

### 第一节　资本充足率计算及监管要求

第十四条　集团母公司应当按照以下公式计算资本充足率：

$$核心一级资本充足率 = \frac{核心一级资本 - 对应资本扣减项}{风险加权资产} \times 100\%$$

$$一级资本充足率 = \frac{一级资本 - 对应资本扣减项}{风险加权资产} \times 100\%$$

$$资本充足率 = \frac{总资本 - 对应资本扣减项}{风险加权资产} \times 100\%$$

第十五条　集团母公司总资本包括核心一级资本、其他一级资本和二级资本。集团母公司应当按照本章第二节的规定计算各级资本和扣减项。

第十六条　集团母公司风险加权资产包括信用风险加权资产、市场风险加权资产和操作风险加权资产。集团母公司应当按照本章第三节的规定分别计量信用风险加权资产、市场风险加权资产和操作风险加权资产。

第十七条　集团母公司各级资本充足率不得低于如下最低要求：

（一）核心一级资本充足率不得低于9%。

（二）一级资本充足率不得低于10%。

（三）资本充足率不得低于12.5%。

## 第二节　资本定义

第十八条　核心一级资本包括：

（一）实收资本或普通股。

（二）资本公积。

（三）盈余公积。

（四）一般风险准备。

（五）未分配利润。

（六）其他综合收益。

（七）其他可计入部分。

第十九条　其他一级资本包括：

（一）其他一级资本工具。

（二）其他一级资本工具溢价。

第二十条　二级资本包括：

（一）二级资本工具。

（二）二级资本工具溢价。

（三）超额信用风险类资产减值准备。

1. 集团母公司采用权重法计量信用风险加权资产的，超额信用风险类资产减值准备可计入二级资本，但不得超过信用风险加权资产的1.25%。

前款所称超额信用风险类资产减值准备是指集团母公司实际计提的信用风险类资产减值准备超过最低要求的部分。信用风险类资产减值准备最低要求是指100%拨备覆盖率对应的信用风险类资产减值准备和应计提的信用风险类资产减值准备两者中的较大者。集团母公司信用风险类资产减值准备的计提标准，由国务院银行业监督管理机构另行制定。

2. 集团母公司采用内部评级法计量信用风险加权资产的，超额信用风险类资产减值准备可计入二级资本，但不得超过信用风险加权资产的0.6%。

前款所称超额信用风险类资产减值准备是指集团母公司实际计提的信用风险类资产减值准备超过预期损失的部分。

第二十一条　计算资本充足率时，集团母公司应当从核心一级资本中全额扣除以下项目：

（一）商誉。

（二）其他无形资产（土地使用权除外）。

（三）由经营亏损引起的净递延税资产。

（四）信用风险类资产减值准备缺口。

1. 集团母公司采用权重法计量信用风险加权资产的，信用风险类资产减值准备缺口是指实际计提的信用风险类资产减值准备低于信用风险类资产减值准备最低要求的部分。

2. 集团母公司采用内部评级法计量信用风险加权资产的，信用风险类资产减值准备缺口是指实际计提的信用风险类资产减值准备低于预期损失的部分。

（五）资产证券化销售利得。

（六）固定收益类的养老金资产净额。

（七）直接或间接持有的本公司股票。

（八）对资产负债表中未按公允价值计量的项目进行套期形成的现金流储备，若为正值，应予以扣除；若为负值，应予以加回。

（九）自身信用风险变化导致负债公允价值变化带来的未实现损益。

（十）对纳入集团资本监管范围的附属机构的核心一级资本投资。

第二十二条　集团母公司与其他金融机构之间通过协议相互持有的各级资本工具，或国务院银行业监督管理机构认定为虚增资本的各级资本投资,应从相应的监管资本中对应扣除。

集团母公司直接或间接持有本公司及附属机构发行的其他一级资本工具和二级资本工具,应从相应的监管资本中对应扣除。

对应扣除是指从集团母公司自身相应层级资本中一次性全额扣除。集团母公司某级资本净额小于应扣除数额的,缺口部分应从更高一级的资本净额中扣除。

第二十三条　集团母公司对未纳入集团资本监管范围的金融机构的小额少数资本投资,合计超出本公司核心一级资本净额30%的部分,应从各级监管资本中对应扣除。

小额少数资本投资是指集团母公司对金融机构各级资本投资（包括直接和间接投资）占该被投资金融机构实收资本（普通股加普通股溢价）10%（不含）以下,且根据本办法第三章第一节规定可不纳入集团资本监管范围的资本投资。

第二十四条　集团母公司对未纳入集团资本监管范围的金融机构的大额少数资本投资中,核心一级资本投资合计超出本公司核心一级资本净额30%的部分应从本公司核心一级资本中扣除；其他一级资本投资和二级资本投资应从相应层级资本中全额扣除。

大额少数资本投资是指集团母公司对金融机构各级资本投资（包括直接和间接投资）占该被投资金融机构实收资本（普通股加普通股溢价）10%（含）以上,且根据本办法第三章第一节规定可不纳入集团资本监管范围的资本投资。

第二十五条　除本办法第二十一条规定的递延税资产外,其他依赖于本公司未来盈利的净递延税资产,超出本公司核心一级资本净额10%的部分应从核心一级资本中扣除。

第二十六条　根据本办法第二十四条、第二十五条的规定,未在集团母公司核心一级资本中扣除的对金融机构的大额少数资本投资和相应的净递延税资产，合计金额不得超过本公司核心一级资本净额的 35%。

第二十七条　计算资本充足率时，其他应在核心一级资本、其他一级资本、二级资本中扣除的项目，应从相应的监管资本中对应扣除。

第三节　风险加权资产计量

第二十八条　集团母公司应采用权重法计量信用风险加权资产，并可结合实际申请采用内部评级法。未经国务院银行业监督管理机构核准，集团母公司不得变更信用风险加权资产计量方法。

第二十九条　权重法下信用风险加权资产为表内资产信用风险加权资产与表外项目信用风险加权资产之和。

第三十条　集团母公司计量各类表内资产的风险加权资产，应首先从资产账面价值中扣除相应的减值准备，然后乘以风险权重。

本办法施行后新增的各类表内资产的风险权重按照本办法附件 1 的规定执行，存续的表内资产按照《中国银监会办公厅关于印发金融资产管理公司非现场监管报表指标体系的通知》（银监办发〔2016〕38 号）规定的集团母公司表内资产的风险权重执行。

第三十一条　集团母公司计量各类表外项目的风险加权资产，应将表外项目名义金额乘以信用风险转换系数得到等值的表内资产，再按表内资产的处理方式计量风险加权资产。

各类表外项目的信用风险转换系数按照本办法附件 1 的规定执行。

集团母公司应当按照本办法附件 2 的规定计量资产证券化风险暴露的信用风险加权资产。

第三十二条　集团母公司采用权重法计量信用风险加权资产时，可按照本办法附件 1 的规定考虑合格质物质押或合格保证主体提供保证的风险缓释作用。

合格质物质押的债权（含证券融资类交易形成的债权），取得与质物相同的风险权重，或取得与对质物发行人或承兑人直接债权相同的风险权重。部分质押的债权（含证券融资类交易形成的债权），受质物保护的部分获得相应的较低风险权重。

合格保证主体提供全额保证的债权，取得与对保证人直接债权相同的风险权重。部分保证的债权，被保证部分获得相应的较低风险权重。

第三十三条　集团母公司采用权重法的，质物或保证的担保期限短于被担保债权期限的，不具备风险缓释作用。

第三十四条　集团母公司应采用标准法计量市场风险资本要求。

第三十五条　集团母公司应当制定清晰的交易账簿和非交易账簿划分标准，明确纳入交易账簿的金融工具和商品头寸以及在交易账簿和非交易账簿间划转的条件，确保执行的一致性。

第三十六条　集团母公司交易账簿总头寸如未达到 80 亿元或未超过表内外总资产的 5%，可不计提市场风险资本。

第三十七条　集团母公司市场风险加权资产为市场风险资本要求的 8 倍，即：市场风险加权资产＝市场风险资本要求×8。

第三十八条　集团母公司应当按照本办法附件 3 的规定分别计量利率风险、汇率风险、商品风险和股票风险的资本要求，并单独计量以各类风险为基础的期权工具风险的资本要求。

第三十九条　集团母公司应采用基本指标法计量操作风险资本要求。

第四十条　集团母公司操作风险加权资产为操作风险资本要求的 8 倍，即：操作风险加权资产＝操作风险资本要求×8。

第四十一条　集团母公司应当以集团母公司最近三年平均总收入为基础计量操作风险资本要求。

总收入按照本办法附件 4 的规定进行确认，包括不良资产经营及处置净收入、手续费及佣金净收入、投资收益、利息净收入以及其他收入。

操作风险资本要求按照以下公式计量：

$$K_{BIA} = \frac{\sum_{i-1}^{n}(GI_i \times \alpha)}{n}$$

其中：

$K_{BIA}$ 为按基本指标法计量的操作风险资本要求。$GI$ 为过去三年中每年正的总收入。$n$ 为过去三年中总收入为正的年数。$\alpha$ 为15%。

### 第四节 杠杆率计算及监管要求

**第四十二条** 集团母公司杠杆率的计算公式为：

杠杆率＝一级资本净额/(调整后的表内资产余额＋衍生产品资产余额
＋证券融资交易资产余额＋调整后的表外项目余额)×100%

**第四十三条** 调整后的表内资产余额为表内总资产扣减衍生产品资产会计余额、证券融资交易资产会计余额及一级资本扣减项后的表内资产余额。

表内总资产是指扣减针对相关资产计提的准备或会计估值调整后的表内资产余额。

扣减的衍生产品资产是指衍生产品的公允价值及其变动形成的衍生资产会计余额，但不包括作为有效套期的衍生工具。

扣减的证券融资交易资产是指交易合约价值通过市场估值确定且通常要求提供现金或证券作为抵质押品的交易形成的资产会计余额，包括买入返售、卖出回购、证券借贷及保证金贷款交易等。

**第四十四条** 调整后的表外项目余额为集团母公司表外业务根据相应的信用转换系数计算得到的风险暴露。

**第四十五条** 集团母公司杠杆率不得低于6%。

## 第三章 集团资本监管要求

### 第一节 集团资本监管范围

第四十六条 集团资本监管范围包括集团母公司及其附属机构。

第四十七条 集团应当遵循"实质重于形式"的原则,以控制为基础,兼顾风险相关性,将符合下列条件之一的被投资机构,纳入集团资本监管范围:

(一)集团母公司或其附属机构直接拥有,或与附属机构共同拥有50%以上表决权的被投资机构。

(二)集团母公司拥有50%(含)以下的表决权,但有下列情形之一的被投资机构:

1. 通过与其他投资者之间的协议,拥有该机构50%以上的表决权。

2. 根据章程或协议,有权决定该机构的财务和经营政策。

3. 有权任免该机构董事会或类似权力机构的多数成员。

4. 在该机构董事会或类似权力机构拥有多数表决权。

确定对被投资机构的表决权时,应考虑集团持有的该机构的当期可转换公司债券、当期可执行的认股权证等潜在表决权因素。对于当期可以实现的潜在表决权,应当计入集团母公司对被投资机构的表决权。

(三)其他证据表明受集团母公司实际控制的被投资机构。

控制,是指投资方拥有对被投资方的权力,通过参与被投资方的相关活动而享有可变回报,并且有能力运用对被投资方的权力影响其回报金额。

国务院银行业监督管理机构有权根据集团母公司的股权结构变动、风险类别等确定和调整集团资本监管范围。

第四十八条 集团母公司未拥有被投资机构多数表决权或控制权,具有下列情况之一的,应当纳入集团资本监管范围:

（一）具有业务同质性的多个机构，虽然单个机构资产规模占集团整体资产规模的比例较小，但根据风险相关性，该类机构的总体风险足以对集团母公司的财务状况及风险水平造成重大影响。

（二）被投资机构所产生的合规风险、声誉风险造成的危害和损失足以对集团母公司造成重大影响。

第四十九条 下列被投资机构可以不纳入集团资本监管范围：

（一）已关闭或已宣告破产的机构。

（二）因终止而进入清算程序的机构。

（三）有证据证明决定在三年内出售的、集团母公司或附属机构的权益性资本在50%以上的被投资机构。

（四）受所在国外汇管制或其他突发事件影响、资金调度受到限制的境外附属机构。

（五）集团母公司或经批准实施债转股的附属机构短期或阶段性持有的债转股企业。

集团母公司或附属机构应制定阶段性持有债转股企业的退出计划，并报国务院银行业监督管理机构备案。超出计划退出期限仍未退出且具有实际控制权的债转股企业，原则上应纳入集团资本监管范围。

（六）符合以下任一条件的附属非金融机构：

1. 金融资产占总资产的比重低于50%（金融资产的范围应符合《企业会计准则第22号——金融工具确认和计量》的相关规定）。

2. 资产负债率低于70%。

3. 经国务院银行业监督管理机构认定不具有投融资功能。

本项规定的条件，主要依据该附属非金融机构最近两年经审计的年末财务报表的算术平均值进行判断，成立不满两年的，可依据自成立之日起至最近一期经审计财务报表进行判断。

第五十条　集团母公司及其附属金融机构对附属非金融机构提供长期清偿担保的，该非金融机构应纳入集团资本监管范围；无清偿担保或清偿担保可无条件撤销的，由集团母公司按审慎原则处理。

第五十一条　集团母公司应当加强附属机构资本管理，根据自身实际情况确定对各级附属非金融机构资本充足性的管理要求，并督促附属机构持续满足资本管理和监管要求。

## 第二节　集团合格资本计量

第五十二条　集团合格资本包括集团母公司合格资本和附属机构合格资本两部分。集团母公司应当根据集团内部交叉持股、互持资本工具、过度杠杆、未纳入集团资本监管范围的附属机构资本缺口等情况计量集团合格资本调整项，对集团合格资本进行相应调整。

第五十三条　集团合格资本净额按照以下公式计算：

$$集团合格资本净额 = 集团母公司合格资本净额 + \sum(附属机构合格资本净额 \times 集团母公司对该附属机构的持股比例) - 集团合格资本调整项$$

前款公式中的附属机构只包括集团母公司直接持股的一级附属机构（含附属金融机构和非金融机构，并对二级及以下附属机构进行资本并表），对附属机构持股比例应包括直接及间接持股；集团母公司应当按照本办法第二章第二节的规定计算合格资本净额，按照本办法第五十六条的规定计算集团合格资本调整项。

第五十四条　附属金融机构是指由国务院银行业监督管理机构、证券监督管理机构和保险监督管理机构依法监督管理的集团附属机构，其合格资本净额是指在资本并表口径下按照相关行业资本监管规定计量得出的资本净额。

对于相关行业资本监管要求只适用于法人口径的附属金融机构，其合格资本净额按照法人口径计量；若其还存在附属机构，按照相关行业监管规定计量其合格资本，若无资本监管规定的，按本办法第五十五条规定计量其合格资本，并按照第五十六条规定计入二级及以下附属机构的资本缺口调整项。

第五十五条　附属非金融机构是指应纳入集团资本监管范围的除附属金融机构以外的其他附属机构，其合格资本净额是指在资本并表口径下参照本办法第二章第二节规定计量得出的合格资本净额，资本并表中产生的少数股东权益可按规定部分计入合格资本。

本办法发布前附属非金融机构已经持有的、按照此前相关监管规定属于合格资本但按照本办法规定不能认定为合格资本的部分，自2018年1月1日起按年递减20%计算，2022年1月1日起不得计入监管资本；因新旧计量规则差异导致集团母公司和附属非金融机构增加资本扣除要求的部分，自2018年1月1日起分五年逐步实施，即第一年扣除20%，第二年扣除40%，第三年扣除60%，第四年扣除80%，第五年全额扣除。

第五十六条　集团合格资本调整项包括：

（一）集团补充资本调整项。该调整项包括集团母公司和各级附属机构之间、各级附属机构之间的持股额及相互持有的其他合格资本工具、经审核无法转移的资本额或国务院银行业监督管理机构认定为虚增资本的其他资本投资。

前款所称持股额主要包括过度杠杆，即将发债和借入资金以股权或其他方式注资获得的持股额；相互持有的其他合格资本工具包括优先股、二级资本债券等被认定为被投资机构合格资本的其他资本工具。但上述两项均不包括已在附属机构按照资本并表口径计量资本数据时合并抵销掉的持股额，以及在集团母公司合格资本中已扣除的各级资本工具。

（二）二级及以下附属机构的资本缺口调整项。该调整项是指，相关行业资本监管要求只适用于法人口径的一级附属金融机构时，该金融机构的附属机构的资本缺口与集团母公司对其持股比例（包括直接及间接持股）的乘积汇总之和。

二级及以下附属机构的资本缺口等于该附属机构的合格资本小于最低资本要求的差额，如合格资本超过最低资本要求，则超额部分在本项目中列为负值，即资本缺口调整项为负值。若相关行业监管机构对二级及以下附属机构有资本监管规定的，按相关规定计量其合格资本及最低资本要求，若无资本监管规定的，按本办法第五十五条、第六十条相关规定计算。

### 第三节 集团最低资本要求计量

第五十七条 集团最低资本要求包括集团母公司最低资本要求和附属机构最低资本要求两部分。集团应当根据集团内部借款、担保（含等同于担保的或有项目）等情况计量集团最低资本要求调整项，对集团最低资本要求进行相应调整。

第五十八条 集团最低资本要求计算公式如下：

$$集团最低资本要求 = 集团母公司最低资本要求 + \sum（附属机构最低资本要求 \times 集团母公司对该附属机构的持股比例）- 集团最低资本要求调整项$$

集团母公司最低资本要求，应取以下二者中较高值：

风险加权资产总额 × 资本充足率监管要求，（调整后的表内资产余额 + 衍生产品资产余额 + 证券融资交易资产余额 + 调整后的表外项目余额）× 杠杆率监管要求。

第五十九条 附属金融机构最低资本要求是指在资本并表口径下按照相关行业资本监管规定计量得出的最低资本要求。对于相关行业资本监管要求只适用于法人口径的附属金融机构，其最低资本要求按照法人口径计量；若其还存在附属机构，按照相关行业监管规定计量其最低资本要求，若无资本监管规定的,按本办法第六十条规定计量其最低资本要求,并按照第五十六条规定计入二级及以下附属机构的资本缺口调整项。

第六十条　附属非金融机构最低资本要求计算公式如下:

$$附属非金融机构最低资本要求 = 风险加权资产 \times 资本充足率要求 \times 管理层级难度系数$$

公式中的附属非金融机构最低资本要求是指对一级附属非金融机构在资本并表口径下参照本办法第二章第三节规定计量得出的风险加权资产总额与本办法第二章第一节规定的资本充足率监管要求以及管理层级难度系数三者的乘积。其中,附属非金融机构交易账簿总头寸未超过表内外总资产的5%,可不计提市场风险资本。

管理层级难度系数为(100+N)%,附属非金融机构的集团层级不超过三级时N=0,层级为四级时N=10,层级为五级时N=20,以此类推。集团层级由集团母公司起算,特殊目的实体和项目公司可不纳入层级计算。管理层级难度系数自2018年底开始纳入附属非金融机构最低资本要求计算。

第六十一条　集团最低资本要求调整项,是指由于集团母公司与集团各级附属机构之间的借款、担保及等同于担保的或有项目形成的监管资本要求在集团范围内的重复计算而产生的调整项,等于上述借款、担保余额与集团母公司对附属机构持股比例(包括直接及间接持股)以及对集团母公司的资本充足率监管要求的乘积汇总之和。

### 第四节　集团超额资本计算及监管要求

第六十二条　集团超额资本计算公式如下:

$$集团超额资本 = 集团合格资本净额 - 集团最低资本要求$$

第六十三条　集团超额资本不得低于0。

第六十四条　国务院银行业监督管理机构有权根据集团母公司及其附

属机构的股权结构、业务类别及风险状况等确定和调整集团超额资本的计算范围。

### 第五节 集团财务杠杆率计算及监管要求

**第六十五条** 集团财务杠杆率的计算公式为：

$$集团财务杠杆率 = 集团合并净资产 / (集团表内总资产 + 集团表外项目 + 集团表外管理资产 - 调整项) \times 100\%$$

集团表外项目，包括远期收购承诺、信用增级、对外提供融资性担保、非融资性担保、不可撤销的流动性支持承诺及其他或有项目。

集团表外管理资产，包括集团母公司及其附属机构实际进行管理而未纳入资产负债表内的各类资产，主要包括资产证券化资产、银行理财、委托贷款、信托计划、资产管理计划、私募基金等形式的资产。

调整项，包括集团母公司及其附属机构有充分证据证明自身对表外管理资产不承担会计、法律和事实上的本金或收益兑付义务的资产。虽未在合同中约定本金或收益的兑付义务，但根据此类资产的历史兑付情况很有可能履行兑付义务的资产不得列入调整项。国务院银行业监督管理机构有权通过日常监管和现场检查对调整项科目进行核实，如发现集团将不符合规定的资产纳入调整项，可根据有关监管法规及本办法第四章的相关规定对集团采取监管措施。

**第六十六条** 集团财务杠杆率不得低于8%。

## 第四章 监督检查

**第六十七条** 国务院银行业监督管理机构对集团及集团母公司实施资本充足性监督检查，确保资本能够充分覆盖所面临的各类风险。

**第六十八条** 除最低资本要求外，国务院银行业监督管理机构有权根据日常监管和现场检查情况提出更审慎的附加资本要求，确保资本充分覆盖风险，包括：

（一）根据单家资产公司的功能定位及发展战略执行情况、不良资产主业经营和发展状况、投资设立金融和非金融附属机构以及附属机构经营和发展情况等，提出的集团附加资本要求。

（二）根据对特定资产组合的风险及与主业相关度的判断，通过调整风险权重、相关性系数、有效期限等方法，针对特定资产组合提出的附加资本要求。

（三）根据监督检查结果，针对集团或集团母公司提出的附加资本要求。

（四）根据单家集团母公司未建立内部资本充足评估程序，或内部资本充足评估程序未达到相关要求等情况，结合对风险状况的评估结果，针对集团母公司提出的附加资本要求。

（五）根据单家集团母公司操作风险管理水平及操作风险事件发生情况，针对集团母公司提出的操作风险附加资本要求。

第六十九条　集团母公司应当在年度结束后的四个月内向国务院银行业监督管理机构提交内部资本充足性评估报告。

第七十条　根据资本充足状况，国务院银行业监督管理机构将资产公司分为三类：

（一）第一类资产公司：集团超额资本、资本充足率、一级资本充足率和核心一级资本充足率均达到本办法规定的各级资本要求。

（二）第二类资产公司：集团超额资本、资本充足率、一级资本充足率或核心一级资本充足率均不低于最低资本要求，但未达到附加资本要求。

（三）第三类资产公司：集团超额资本、资本充足率、一级资本充足率和核心一级资本充足率任意一项未达到最低资本要求。

第七十一条　对第一类资产公司，国务院银行业监督管理机构支持其稳健发展业务。为防止其资本充足水平快速下降，国务院银行业监督管理机构可以采取下列预警监管措施：

（一）要求资产公司加强对资本充足水平下降原因的分析及预测。

（二）要求资产公司制定切实可行的资本充足性管理计划。

（三）要求资产公司提高风险控制能力。

第七十二条　对第二类资产公司，除本办法第七十一条规定的监管措施外，国务院银行业监督管理机构还可以采取下列监管措施：

（一）与集团母公司董事会、高级管理层进行审慎性会谈。

（二）印发监管意见书，内容包括：集团资本管理存在的问题、拟采取的纠正措施和限期达标意见等。

（三）要求集团母公司制定切实可行的资本补充计划和限期达标计划。

（四）督促集团母公司对附属机构资本充足状况进行排查，督促资本不足的附属机构尽快提升资本水平。

（五）提高对集团资本充足性的非现场监管和现场检查频率。

（六）要求集团母公司对特定风险领域采取风险缓释措施。

（七）限制集团分配红利和其他收入。

（八）限制集团向董事、高级管理人员实施任何形式的激励。

（九）限制集团进行股权投资或回购资本工具。

（十）限制集团重要资本性支出。

（十一）要求集团控制风险资产增长。

第七十三条　对第三类资产公司，除本办法第七十一条和第七十二条规定的监管措施外，国务院银行业监督管理机构还可以采取以下监管措施：

（一）要求集团大幅降低风险资产的规模。

（二）责令集团停办全部高风险资产业务。

（三）限制或禁止新设机构、开办新业务。

（四）责令集团对附属机构进行清理整合，调整附属机构股权结构或转让资产。

（五）强制要求集团对非普通股的其他各级资本工具进行减记或转为普通股。

（六）责令集团母公司调整董事、高级管理人员或限制其权利。

（七）依法对集团母公司实行接管或者促成机构重组，直至予以撤销。

在处置此类资产公司时，国务院银行业监督管理机构还可以综合考虑外部因素，采取其他必要措施。

第七十四条　对于杠杆率低于最低监管要求的集团母公司，国务院银行业监督管理机构可以采取以下监管措施：

（一）要求集团母公司在限定期限内补充一级资本。

（二）要求集团母公司控制表内外资产增长速度。

（三）要求集团母公司降低表内外资产规模。

第七十五条　对于集团财务杠杆率低于最低监管要求的集团，国务院银行业监督管理机构可以采取以下监管措施：

（一）要求集团在限定期限内补充合格资本。

（二）要求集团控制表内外资产增长速度。

（三）要求集团降低表内外资产规模。

（四）限制或禁止新设机构、开办新业务。

（五）责令集团对附属机构进行清理整合，调整附属机构股权结构或转让资产。

## 第五章　信息披露

第七十六条　集团母公司应当通过公开渠道，向投资者和社会公众披露相关信息，确保信息披露的集中性、可访问性和公开性。

第七十七条　集团母公司信息披露频率分为临时、半年及年度披露。其中，临时信息应及时披露，半年度信息披露时间为期末后60个工作日内，年度信息披露时间为会计年度终了后四个月内。因特殊原因不能按时披露的，应至少提前15个工作日向国务院银行业监督管理机构申请延迟披露。

第七十八条　集团母公司应当分别按照以下频率披露相关信息：

（一）实收资本或普通股及其他资本工具的变化情况应及时披露。

（二）核心一级资本净额、一级资本净额、资本净额、最低资本要求、附加资本要求、核心一级资本充足率、一级资本充足率、资本充足率、集团合格资本、集团最低资本要求、集团超额资本、杠杆率、集团财务杠杆率等重要信息应每半年披露一次。

（三）资本充足性相关指标的计算范围、信用风险暴露总额、逾期及不良资产总额、信用风险资产减值准备、信用风险资产组合缓释后风险暴露余额、资产证券化风险暴露余额、市场风险资本要求、市场风险期末风险价值及平均风险价值、操作风险情况、股权投资及其损益、非交易账簿利率风险情况等相关重要信息应每年披露一次。

第七十九条　经国务院银行业监督管理机构同意，在满足信息披露总体要求的基础上，未在境内外上市的集团母公司可以适当简化信息披露内容。

# 第六章　附　　则

第八十条　本办法未尽事宜，资产公司应当参照国务院银行业监督管理机构关于商业银行资本监管的相关规定执行。

第八十一条　资产公司应当在2020年底前达到本办法规定的集团超额资本和集团财务杠杆率监管指标要求，鼓励有条件的资产公司提前达标。

第八十二条　集团母公司应当根据本办法制定资本充足性指标计算的内部制度。集团母公司调整本办法规定的资本充足性相关指标计算范围的，应当说明理由，并及时报国务院银行业监督管理机构备案。

第八十三条　本办法由国务院银行业监督管理机构负责解释。

第八十四条　本办法自 2018 年 1 月 1 日起施行。